地图上的中国史 [上]
两晋南北朝

主编⊙李不白

中国画报出版社·北京

图 例

古

● 王城	京城
● 新郑	主要城市
● 鄢陵	普通城市
践土	重要地名
● 虎牢	关隘
● 风陵渡	渡口
济水	河流

今

⊛ 北京	首都
⊚ 郑州	省级行政中心
◎ 洛阳	地级行政中心
○ 新郑	县级行政中心
———	国界
------	未定国界
洛河	河流

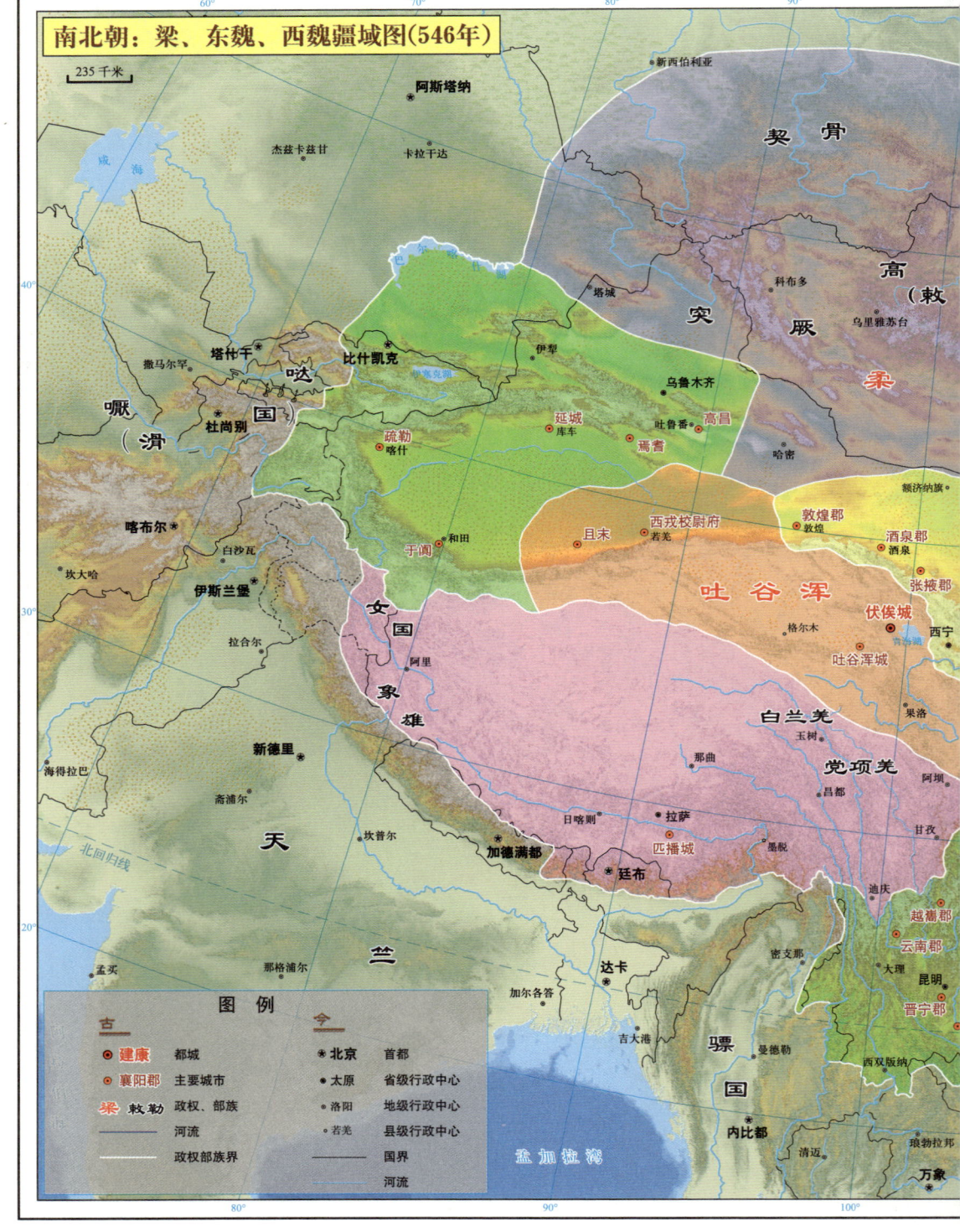

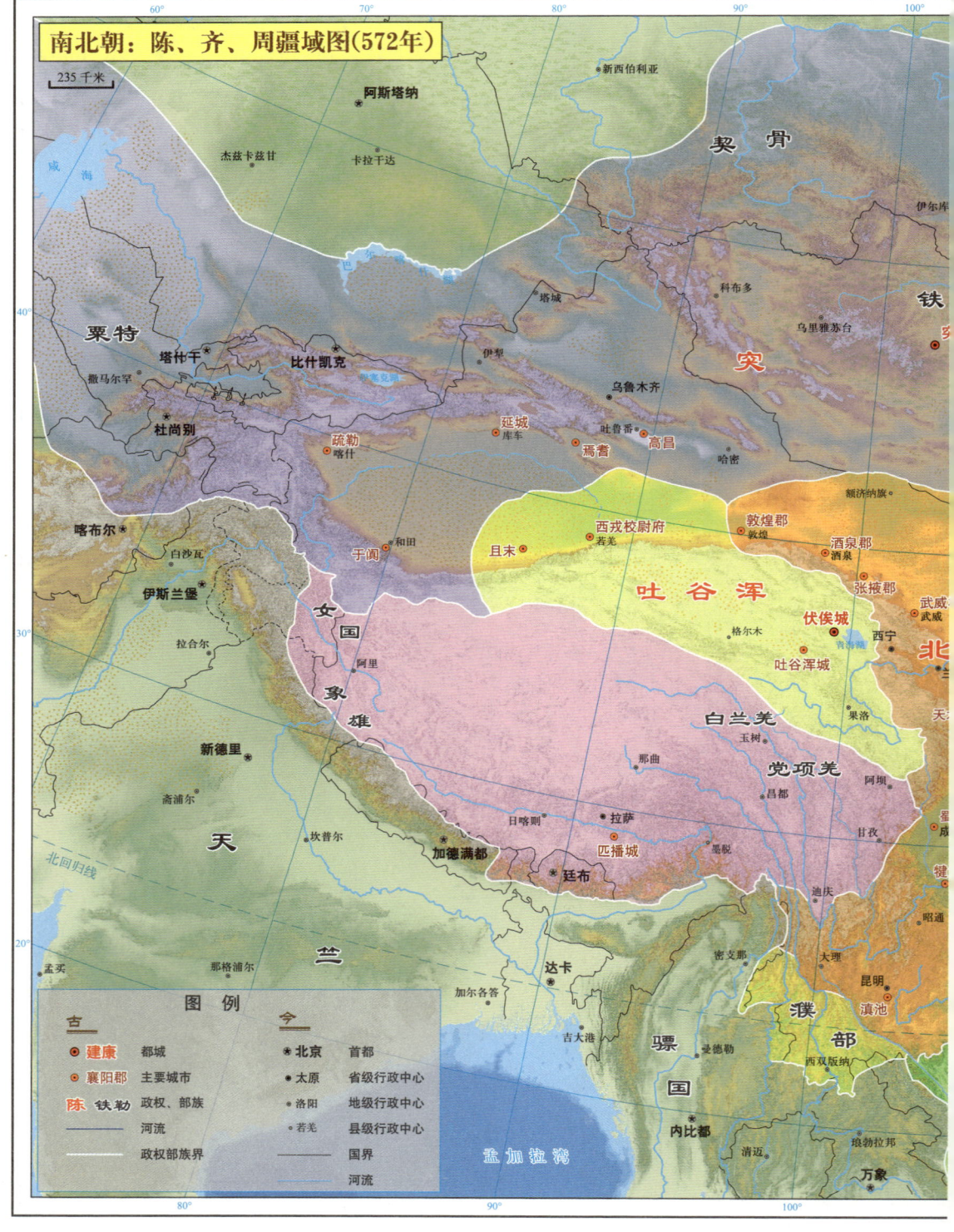

目 录 CONTENTS

01 太康之治下的黑暗伏笔
- 太康盛世与亡国伏笔　002
- 帝王无情因有情　006
- 豪门斗富，清谈玄虚　008

02 罂粟般的毒皇后
- 两后争权，八王始乱　012
- 神童太子的悲哀结局　014
- 罂粟虽除，流毒未已　018

03 动摇国本的八王之乱
- 百日皇帝司马伦　020
- 城头变换八王旗　023

04 八王内争，四方动乱
- 流民建立的成汉政权　026
- 鲜卑民族的北方崛起　030
- 长江南岸的动乱　032
- 地图专题：五胡内迁　034

05 乱消晋亡，衣冠南渡
- 匈奴建立了"新汉朝"　036
- 汉赵版"八王之乱"　040
- 八王之乱的落幕　042

	乱消晋亡，衣冠南渡	045
	地图专题：八王之乱	048
	地图专题：衣冠南渡	052

06　汉赵之乱与三定江南

五十步笑百步的汉赵	054
江南豪族，再造金陵王气	056
西晋北境的孤勇者	059
汉赵相争，后赵得利	061

07　偏安的王室和北伐的英雄

乞活军，意难平	064
北伐不还，有如大江	067
南方的金石，东方的竹箭	070

08　王与马争天下

捏皇帝命门的大臣	074
一波未平，一波又起	077

09　贤不过一代的后赵政权

大赵天王	082
真枭雄与假枭雄	086
穷兵黩武，后赵灭亡	089

10　为篡位，做英雄

奇骨儿平蜀地	092
树犹如此，人何以堪	095
染指九锡	099
地图专题：桓温北伐	102

11	**前秦统一北方**	燕秦对立，逐鹿北方	**104**
		管仲辅佐齐桓公（前秦版）	**106**
		平燕·擒代·吞凉	**109**
		地图专题：前秦统一	**112**
12	**历史转折，淝水之战**	武侯病逝，前秦折翼	**114**
		拯救者与掘墓人	**117**
		投鞭流未断，草木皆成兵	**119**
		昙花一现的前秦帝国	**123**
		地图专题：淝水之战	**126**
13	**燕相啄，亡邦国**	西来燕，回乡难	**128**
		后燕血，染中原	**132**
		燕南飞，永不回	**134**
14	**从代国到北魏**	从代国到北魏	**138**
		群燕相争，北魏得利	**141**
		坐拥中原，窥视关中	**142**
15	**荆扬相争，北府得利**	父为九州伯，儿为五湖长	**146**
		子承父业，篡晋登基	**150**
		拨乱，不反正	**153**
		地图专题：法显取经	**156**
		地图专题：东晋和十六国形势	**158**

16	南征北战，以武建宋	伐南燕，平卢循	162
		统北府，起寒门	165
		降蜀伐秦，以武建宋	167
		地图专题：刘裕北伐	172

17	铁马秋风陕甘宁	二十三年的大秦遗风	174
		崛起宁夏的匈奴强国	177
		统一黄河流域的终战	181

18	元嘉草草，北顾仓皇	元嘉之治，风俗淳美	184
		全线北伐，威逼关中	187
		潦草的北伐，残酷的南侵	190
		地图专题：刘宋初次北伐	194
		地图专题：刘宋二次北伐	196

19	统一北方的北魏雄主	大破柔然	198
		征辽西，通河西	201
		国史之狱，世族悲歌	203
		地图专题：北魏统一	206

20	大改革家孝文帝	铁腕太后与聪明皇孙	208
		要么南征，要么迁都	211
		均田·易俗·汉化	214
		地图专题：北魏迁都	218

21	刘宋萧齐，丑剧重演	宗室内讧，萧氏夺权	220
		萧齐内斗，丑剧重演	225
		南朝的门第鄙视链	229

22	六镇起义——北魏丧钟	大洛阳的繁华与腐朽	232
		抗争之火，遍起伽蓝	234
		买敌之矛，破己之盾	236
		河阴惨变，尔朱夺权	239
		地图专题：六镇起义	242

23	北魏分裂	千军万马避白袍	244
		尔朱暴死，高欢崛起	248
		东边一个魏，西边一个魏	251
		枭雄终末路，病唱《敕勒歌》	253

24	引狼入室，萧梁哀歌	刻苦博学的模范皇帝	258
		宠小家，害国家	260
		八千人作乱，二十万围观	263
		侯景败亡与萧梁末日	266

25	鸠占鹊巢三重奏	鸠占鹊巢，北齐建立	270
		南陈版鸠占鹊巢	272
		北周版双重鸠占鹊巢	276

26	三个朝廷、三种强盛	统一王朝的制度发明	278
		统九州之五的强大王朝	281
		笼络豪强，修补河山	284

27	铲除权臣，统一北方	善于弑君，不善作战	286
		劝酒引发的政变	288
		兰陵星芒陨，北齐昏茫茫	290
		宇文雄主，天不假年	294

28	北伐不成，躺平填词	太建北伐，与虎谋皮	298
		躺平填词的陈后主	301
		没谱的儿子和"靠谱"的丈人	303

| 世系表 | | 北朝世系表 | 306 |
| | | 魏晋-南朝世系表 | 308 |

| 附　录 | | 两晋南北朝文学史大事年表 | 310 |

280—290……太康之治
291—300……贾后专政
291—307……八王混战
303—315……荆扬之乱
304—306……氐建成汉
304—308……刘渊建汉
307—317……衣冠南渡
308—316……匈奴灭晋
313—321……祖逖北伐

西晋

265—317

　　司马氏的成功是狡黠而不知义理的军阀得势。……加以运祚短促,自不足以致人忠诚之心。门阀用人之习既成,贵游子弟,出身便做好官,富贵吾所自有,朝代变换,这班人却并不更动,遂至"忠君之念已亡,保家之念弥切"。

——吕思勉《吕著中国通史》

时间 280—290

01 太康之治下的黑暗伏笔

> 帝宇量弘厚，造次必于仁恕；容纳谠正，未尝失色于人；明达善谋，能断大事，故得抚宁万国，绥静四方。承魏氏奢侈刻弊之后，百姓思古之遗风，乃厉以恭俭，敦以寡欲。
>
> ——《晋书·帝纪第三·世祖武帝》

【人物】司马炎、司马衷、司马遹、司马攸、王恺、石崇

【事件】太康盛世、行占田法、修《泰始律》、立痴太子、豪门斗富

司马炎继承祖业，灭吴建晋，结束了汉末近百年的分裂局面，中国短暂地再次归于统一。虽然灭吴之后司马炎开始沉迷于享受，但在他主政期间，推行了合理制度、恢复了部分生产，创建了经济繁荣和文学兴盛的太平盛世。

太康盛世与亡国伏笔

统一天下后，晋武帝司马炎关注的重点不再是战争，而是新政权的维护。为了巩固统治，他论功行赏、劝课农桑，颁布宽容精简的新律法，并大举限制州郡权力。这些举措大部分对维护统治起到了积极作用，让中国在动乱后出现了恢复繁荣的趋势，呈现出太康之治的盛况。但是，随着时间推移，一些在当时有利的举动却逐渐显现出弊端，为晋朝埋下了败亡的伏笔。

建国以后，司马炎需要解决的第一个问题就是功臣的封赏。西晋灭吴

时，由于东吴末帝孙皓曾向两位征吴将领分别投降，导致灭吴功臣王濬和王浑产生了极大矛盾。两人中，王濬是灭吴的首功，可王浑的家族是朝中大族，不甘心把功劳都给王濬。因此王浑家弹劾王濬的事闹得很凶，最后甚至闹到廷尉那里。好在司马炎为政比较公道，他不仅数次下诏保护王濬，还把将王濬的功劳判在王浑之下的廷尉贬职。

司马炎不仅公道，而且是个好脾气：王濬父子曾数次出言失当，他都没有追究；司隶校尉刘毅曾因为朝廷卖官讽刺司马炎连东汉桓帝、灵帝都不如，因为桓帝、灵帝卖官好歹是填充国库，而司马炎卖官的钱都给了私人，司马炎哈哈大笑，竟然不加责怪。

司马炎的好脾气可不全是天生的，这和晋朝的立国形势密不可分。晋这个朝代是靠篡位建立的，因而不能沿用前代的正统理论，而是需要倚靠世家大族和大地主的扶持。世家大族基本就是在汉末大乱中崛起的各路军阀和其中高层（汉末名士基本在其中），他们代代为官，权势极大。大地主豪强的出现则和汉末几十年的大战分不开，战乱中，老百姓流离失所，根本没有办法安分地种田生活。各路军阀会像捉猎物一样强行将良民征为士兵，将百姓辛苦种下的粮食抢走充军用。老百姓为了生活，不得不放弃自家的土地，附属于势力强大的大地主、大家族，给他们种地，受他们剥削，只为不被强抓上战场。这些大地主利用归附的农民，修建堡垒、组织军队，军阀们不仅不敢得罪他们，还得讨好他们，求他们到军中为官，好利用这些人的力量。曹操的大将许褚，就是典型的大豪强。

有了这些铺垫，读者就应该明白，晋朝是一个巴结拉拢了诸多豪强才得以维系的朝代，根本就没有历代王朝的强大凝聚力。而且，天下统一后，归附于大地主的农民依旧只受地主剥削，不能给国家提供赋税收入。所以真正给国家交税的户口是不多的，国家因此很缺钱，缺到要靠卖官鬻爵来满足统治阶层的奢侈生活。所以司马炎不得不采取宽容的政策，尽量在各方势力中把水端平。

靠宽容稳定了政局之后，司马炎推行节俭、仁孝，重视农业，使国家走上恢复和发展之路。晋朝建立以前，各方军阀主要采用的是屯田制，也就是命令无地农民和军队士兵种地，官家给予保护，所得粮食按比例分成的生产手段。这种手段在战乱年代能保证农民安心种地、土地不被抛荒，但在和平年代，对农民的剥夺就过大了，还会导致豪强兼并土地。为此司马炎采用占田制，顾名思义，就是农民有权力依法把无主土地登记到自己名下使用，上限是正丁（十六岁到六十岁）男子七十亩、女子三十亩。这些田不一定是现有的，也可以是没开垦的荒地，只要在额度内且跟政府打过招呼，就归百姓使用。那怎么征税呢？法律规定，男子、女子各有一定数量的课田，按每亩交八升粮食来征税，这个课田不一定对应实际的田，不管百姓有没有这么多田都要按规定的亩数交税，说白了，就是按人的年龄性别制定的定额税。这样一来，农民为了能负担定额税，就不得不尽量把能占的田都种上，并且花心思多种地、多开荒。

　　从长远来看，占田对世族门阀更有利，但在实行初期，个体农民也获得了实实在在的好处：比起屯田的三七分成、二八分成，占田终究是赋税较轻的，也能保证农民更多的人身自由。因此，无论世族门阀、庶族寒门，还是个体农民，农业生产积极性都很高。

　　为了发展农业，司马炎还重视兴建农业水利设施。他下令修建新渠、富寿、游陂三条水渠，让一千五百顷良田的产量大幅提高。

　　发展农业之外，司马炎颁布了更完备的法律来维护统治，这部法律其实在司马昭时期就开始制订，是贾充、羊祜、杜预等人参考汉律、魏律完成的，因颁行于泰始年间，故又称《泰始律》。《泰始律》清晰地划分了律和令的界限，不再允许皇帝的命令转化为法律，同时它的篇幅也由汉律的七百万字缩减到十二万字左右，条例更加精简。《泰始律》的另一大特色是首次将儒家的礼教观念写入法律，定罪不仅要看罪行，还要看罪犯和受害人的身份关系，比如同样是伤人，父伤子的罪远低于子伤父。这样做的目的是推行仁孝。因为编纂合理，《泰始律》在两晋南北朝被广泛沿用。

帝鉴图说·焚裘示俭

司马炎继位之初，太医司马程据用野鸡头上的羽毛织成裘，进献给他。司马炎认为那样的服饰过于华丽，怕增长奢靡之风，叫人在殿前用火烧了，以表示不推崇华丽服饰。然而，讽刺的是，司马炎却安然享用了数以万计的后宫，花费每日都是天文数字。

当然司马炎的政策中也有一些贻害深远的，比如废除了州郡的兵马，以至于大郡能拥有的武吏不过百人，同时却让诸侯王拥有大量军队。这是晋朝统治者吸取了汉末地方割据和魏朝皇室没有诸侯拱卫的历史经验制订的，但这样一来地方对诸侯王作乱和盗贼兴起，就完全无力制衡了。

此时，汉魏以来击败并安置在内地州郡的少数民族日渐壮大，经常失去控制。为此侍御史郭钦建议将少数民族迁回祖地，但司马炎没有同意，这又为晋朝动乱时的少数民族南下埋下了伏笔。

帝王无情因有情

上节提到，司马炎成功代魏建晋，离不开他的世族门阀身份以及其他世族门阀的支持。所以建立西晋后，回馈世族门阀非常重要。

为拉拢世族门阀，司马炎设置了太宰、太傅、太保、太尉、司徒、司空、大司马、大将军等虚职，通过尊崇的地位来满足世族的身份需求，同时将实际权力转移到尚书台。在官员选拔上，晋朝采取按品德才干选取人才的九品中正制度，但评定的权力掌握在现有的高官手中。这些评选官出自世族门阀，不可能不给世族子弟极大优待，选上的世族又接着偏私世族，实际上形成了上品无寒门的垄断情况。

更讽刺的是，尽管为维护皇权做了这么多工作，但司马炎在选择继承人上却棋差一着，以致全盘皆输。

司马炎选的继承人是嫡长子司马衷，司马衷倒是没有残暴奢靡的毛病，但他是中国历史上不多见的痴傻皇帝，天生智力低于常人。司马炎对儿子的状况不是不了解，之所以选司马衷当继承人要从一个晚上说起。

当时宫中失火，司马炎正想登上高楼眺望火情，一个五岁的小男孩赶忙拉住他，一直到司马炎走出火光照射的范围才松手。司马炎好奇地问孩子原因，男孩严肃异常，说道："夜里发生火情，宫中混乱，应该防备意外

奇闻逸事

官私蛤蟆

有一年夏天，司马衷在华林园玩。池塘边有蛤蟆叫。司马衷问随从："什么在叫？是官家的，还是私家的？"随从听了，只好说："在官家叫的，就是官家的；在私家叫的，就是私家的。"

发生，不能让火光暴露天子的所在。"司马炎大为惊异，由此起了传位给这个男孩也就是他的皇孙司马遹（yù）的心思。

司马遹是痴太子的儿子，要传给孙儿就得先传给儿子，司马炎有些不放心，便亲自出题考司马衷，限他三天之内拿出对策。

司马衷自然不会做，但拿到考题后，他的妃子贾南风早已安排好了写答案的人，而且故意让枪手写得水平不高，但意思直接明白，以贴合司马衷的水平。司马炎看到后，心里甚是欣慰：太子虽然才学差点儿，但大道理还是懂的，思维还是清晰的，只要有忠臣辅佐，坚持十几年，再传位给聪明伶俐的嫡孙司马遹，江山还是稳固的。

唐 阎立本 历代帝王图卷·晋武帝

于是司马炎不再考虑换太子。

为了给痴太子登位铺路,他不得不打压一些有威望的诸侯王。原来,晋初诸侯王虽然各有封国和军队,但大都不在封国,仍和天子一起住在皇都,有不小的政治影响。其中最有影响力的是齐王司马攸,司马攸和司马炎是亲兄弟,但因为司马师没有儿子,所以被过继到司马师一脉。这次过继产生了一个继承人的问题——司马炎的父亲司马昭当年以弟弟身份继承司马师是特殊情况,因此,司马昭百年之后应该把权力交还司马师一脉,也就是交给既有司马师一脉的身份,又很有才干的司马攸。当时,朝中很多人把司马攸比作周公,让他继承大统的呼声很高。

但为了儿子,司马炎忍痛以齐王司马攸为典型,勒令诸侯王回到封国去。此举引发轩然大波,朝中重臣纷纷上书阻拦,还有公主到大殿哭泣。这些人越劝,司马炎越忌惮诸侯王的影响力,就强行通过了决议。

司马攸明白哥哥的意思,由此忧愁成疾,请求到父亲的陵墓守墓终老。但司马炎不信,叫了一批太医去探视,这些医生明白司马炎的意思,谁也不敢据实禀报。司马攸又好强,虽然深受病痛折磨,但平时仍然维持整洁端庄的仪态,司马炎于是越加怀疑。结果还没到启程去封国之日,司马攸就呕血而死了。

司马炎悲不自胜,将太医全都处死,可内心也已明白,这是儿子登位必经的道路。

豪门斗富,清谈玄虚

国家统一了,政治上了轨道,儿子继位的路也铺平了,司马炎自以为江山稳固,开始纵情享受生活。

他大量选妃,光是从孙皓的后宫中就选拔了五千多人,加上原有的,后宫几乎达到万人规模。由于妃嫔太多,司马炎每天都不知道去哪里睡觉。于是就让羊拉着车在宫里随便逛,羊车停在哪里,就住在哪里。宫中嫔妃

帝鉴图说·羊车游宴

羊车有两个含义，一般指制作精美、门帘绣羊的辇车。但晋武帝的不是，他坐的是货真价实的羊拉小车。

为了引得皇帝宠幸，就纷纷在门前插竹枝，并在地上和竹枝上洒羊喜欢的盐水……

司马炎的生活已经很奢侈了，然而比起他的臣子们，还是小巫见大巫，当时的贵族圈中奢靡成风，斗富规格令后世瞠目。

其中最有名的就是王恺和石崇。王恺是司马炎的舅舅，既是世族门阀，又是皇亲国戚。他仗势作威作福，搜刮民财。石崇是晋朝开国元勋石苞的儿子，武力出众、文采风流，更是有名的大富豪。两人针锋相对，以斗富为乐。

王恺家用糖水洗锅，彰显富有，石崇听说后，就让家里用蜡烛当柴火烧；王恺做四十里的紫丝布步障彰显排场，石崇就令人做五十里的锦步障……只要王恺家有的、受人关注的、用来彰显富有的，石崇就得高出他一筹，打压一下他。

王恺斗不过石崇，觉得丢脸，就向司马炎求助。司马炎不仅没阻止，反而觉得很有趣，鼓励他不要灰心，继续去斗，并赞助他一棵两尺多高的

> 奇闻逸事

如厕更衣

据《世说新语》记载：石崇家的厕所非常奢华，有香水、香皂，还有十多个衣着华美的女仆。客人在他家上厕所时，要由女仆帮客人脱下衣服，换上新衣，因为如厕之后的衣服太臭，就不能要了。

石崇生活奢靡，视美人如玩物，却非常迷恋宠妾绿珠，为了她不惜得罪权贵。石崇失势时，对绿珠说，我因为你得罪了权臣。绿珠哭泣不已，跳楼殉情。

◀ 明 仇英 千秋绝艳图·绿珠

珊瑚树。

那棵珊瑚树光彩夺目，世间罕见，加上是皇帝赐予的，王恺以为这回赢定了。没想到，石崇看到珊瑚树后，神情淡定，二话不说，顺手将它打得粉碎。王恺心疼不已，指责石崇妒忌他。石崇笑着说："别心疼了，我赔给你就是。"言罢，他令人取出自家的收藏，任王恺挑选，其中高三四尺的珊瑚树有六七株，像王恺那般规格的不计其数，王恺只得黯然离去。

王恺和石崇斗富助长了晋朝贵族的奢侈之风，导致人人都想方设法聚集财富，向别人展示自己的富有。尤其是掌握权势的世族门阀，他们不直接创造财富，而是残酷地剥削百姓。

除斗富外，世族门阀也搞一些文化活动，其中虽然不乏陆云、陆机、左思一类文坛大家参与，但是，由于大环境如此，文化活动大多是以附庸风雅、清谈玄学、空虚无聊和迷惘为基调。当时为人盛赞的文人群体"金谷二十四友""洛阳三俊""太康之英",无不如此。

酒色伤身,堕落的生活很快腐蚀了晋朝皇帝和士人的身心,司马炎没几年便染上疾病,到太熙元年(290),已经病入膏肓了。由于长期病弱无力,司马炎没能定下顾命大臣,重病期间他的命令大多依赖在病榻之侧侍奉的车骑将军杨骏(杨皇后之父)传达。杨骏于是借机篡改司马炎的命令,任用自己的亲信。

生死之际,司马炎才意识到同宗兄弟的作用,想要命令还没离开皇都的司马亮和杨骏一起为辅政大臣,但杨骏胆大妄为地把诏书藏下不发。司马炎此时已经没有精力管这些了,只能任由杨骏布置一切,点头而已,临死之前才问了句:"汝南王(司马亮)来了吗?"还没听到回答他就昏睡过去。

这一年,司马炎去世,谥号晋武帝,太子司马衷继位,杨骏成了辅政大臣,太子妃贾南风成为皇后。

清 华嵒 金谷园图

金谷园是西晋石崇的一处别馆,因为修建在河阳金谷而得名,又名为梓泽。金谷园本就风光秀美,加上富可敌国的主人石崇尽心布置,顿时成为高门大族、文人雅士的集会胜地。虽然金谷园中每日都是挥金如土,但那种觥筹交错、雅士云集的情景仍然为后代文人所怀恋。

时间 290—300

02 罂粟般的毒皇后

> 后不能遵之，遂专制天下，威服内外。更与粲、午专为奸谋，诬害太子，众恶彰著。
> ——《晋书·列传第一·后妃上·惠贾皇后》

【人物】贾南风、杨骏、司马遹、司马玮、司马亮、司马伦、张华

【事件】两后争权、八王乱起、毒死太子、赐死贾后

司马衷无力理事，司马炎又没能留下托孤大臣，各方势力由此纷纷觊觎朝政大权。在这场权力角逐中，狠毒的贾皇后大权在握。这场权力的游戏不仅为她带来杀身之祸，还引发了动荡国本的八王之乱。

两后争权，八王始乱

司马衷智力低下，一旦当皇帝，必然是由身边人掌权。于是朝政大权被杨太后的父亲杨骏和皇后贾南风把控。

贾南风是晋朝开国元勋贾充的女儿，贾充就是下令杀死魏帝曹髦的人，出身这种家庭，贾南风的家教就可想而知了。贾南风长得不漂亮，而且阴险又有谋略，忌妒心很强，为了太子只宠她一人，曾数次杀人，还有一次用长戟刺向一个怀着司马衷孩子的小妾，让她流产。这件事惹恼了晋武帝，一度准备废掉她，但是贾南风家世显赫，所以杨太后以及不少世族门阀都

站出来为她说情。晋武帝念贾南风年少，又是功臣之后，便没废太子妃，只是令杨太后多劝诫一下。可贾南风误以为是杨太后参与污蔑她，所以司马衷继位之后她一直对太后态度恶劣，婆媳二人势同水火。只是当时杨太后的父亲杨骏任太傅、大都督、假黄钺，总领百官处理朝政，所以贾南风无法太过分。

杨骏是个热衷权力却目光短浅的人，身居高位不知收敛，反而任用亲族大肆专权，为了控制内宫，他安排亲信段广、张劭做近侍，监视司马衷的一举一动，又安排亲信统领禁兵。为争取群臣支持，他大肆封赏，不管有功无功全都加官晋爵，结果一些人稀里糊涂得到的封赏比平定东吴的功臣还高，很多人怨气在心。

这些心怀不满的人和贾南风一起，罗织了杨骏将要危害社稷的罪状，打算诛杀杨骏，废掉太后。为了得到军队支持，贾南风又联络了司马炎死前念念不忘的汝南王司马亮和勇武的楚王司马玮。楚王于是申请入朝，带兵来到洛阳。准备停当后，贾南风令中郎孟观、李肇控制皇帝，连夜"下诏"称杨骏谋反，命诸葛繇、司马玮等人调动人马，掌控了内宫。

杨骏知道宫变发生，慌忙和属下商议，主簿朱振建议他火烧云龙门威慑宫内的叛党，再调动东宫和外营的兵马拥立皇太子入宫，斩杀作乱的首领。但杨骏优柔寡断，觉得云龙门耗资巨大，不敢焚烧。由于指挥不力，他手下的禁军也调动得一团糟，其中掌管左军的刘豫竟然听了右军裴頠（wěi）的建议，丢下大军自投廷尉去了。于是杨骏等人孤立无援，被宫中的兵马围堵在府邸中一一杀死，受到牵连而死的多达数千人。

然而，这场惨烈的争斗只是晋朝浩劫的开始，在此后的十几年间，为争夺统治权，包括司马亮、司马玮在内的八位晋朝宗室参与斗争，这就是历史上有名的八王之乱。

八王之乱的第一阶段以贾南风胜出告终，趁此机会，她假借皇帝的命令废黜杨太后为庶人，将太后饿死在金墉城。这次政变的参与者汝南王司马亮、楚王司马玮都被加封重要职位，贾皇后的族兄贾模、外甥贾谧、舅舅郭彰等人也借着恩宠担当要职，大肆干预朝政。

在这个时期，参与政变的两位诸侯王权力很大，不是贾皇后能轻易对付的，但这两位并不团结。司马亮觉得司马玮拥兵自重威胁政权，打算削夺他的兵权，司马玮因此大怒，发动兵变将司马亮和另一位辅政大臣卫瓘一并杀死。兵变中，有人建议司马玮一鼓作气，直接铲除贾南风，但他犹豫不决，错失了最佳时机。由于这场兵变中司马玮没有得到皇帝的支持，全靠伪造皇帝的命令调动兵马，所以错过这次时机后，贾南风随便出示一些皇帝的信物，司马玮冒名调动的士兵就四散而去了，司马玮最终被抓到廷尉定罪斩首。贾南风渔翁得利，继续执掌大权。

神童太子的悲哀结局

贾皇后为人狠辣，大权独揽，但还是懂些政治，任用了几个从政经验丰富的人才。为了防止辅政大臣擅权，她特意选了出身庶民、没有夺权危险且有声望的张华主政，又任命亲族中有才干的裴頠辅助，所以虽然她没有治国安邦的心思，但国家也还勉强能够维持。

奇闻逸事

天理既灭

贾皇后政变之后，隐士董养游历太学，望着大堂喟然叹息："朝廷建立这大堂，到底是想做什么啊？谋反、大逆的人屡屡被特赦，对自己的祖父母、父母却以王法不容为由，毫不留情大加杀戮。公卿大臣处理大事，文过饰非竟然到这般地步了吗？天地和人伦的至理已经消亡了，大乱不久了！"

元康五年（295），晋朝的武库发生了一次大火，烧毁历代的宝物无数，更有两百万人份的器械，对晋朝打击很大。同时晋朝的外患也纷纷浮现，氐人、羌人纷纷作乱，以氐人领袖齐万年为帅，叛军规模高达七万。羌人，原本是青海草原上的游牧者，在东汉末年爆发过严重的羌乱，由此遍布西北边郡。氐人原本居住于四川，并且有向西发展的趋势，在曹魏时期先被移民到汉中，后来汉中被蜀国夺取，就移民到关中和西北边郡。总的来说，到晋朝时，氐人和羌人已经遍布关中，所以这次大叛乱导致了关中的大动荡，百姓难以安心种田，便纷纷流亡别处，形成了庞大的关中流民。他们有的归附其他强盛的少数民族，有的进入四川盆地，为益州的分裂埋下伏笔。

晋朝内部在贾皇后的专权下，也发生了矛盾。被立为太子的司马遹并非贾皇后亲生，贾皇后自己又没有子嗣，所以随着司马遹年长，两人的矛盾也越来越多。

司马遹到了谈婚论嫁的年龄，最初定的结婚对象是韩寿的女儿，太子也有意通过和韩家联姻增强势力，但贾皇后坚决不同意，太子只好娶王衍的女儿为妃。可即便如此，在王衍的两个女儿中，贾皇后又把美丽的大女儿许给了外甥贾谧，给太子留了小女儿。太子很不高兴，两人的矛盾由此升级。

说来可惜，司马遹少年时有神童之名，但年纪大了却不好学，对请来教导的老师很不尊重。他最爱的是和手下人玩乐，甚至令宫中人开设集市，出卖葵菜、篮子、鸡、面等东西牟利。为了吃喝玩乐，他开

西晋 骑马陶俑

销很大，东宫每月五十万钱的份额也不够用。贾皇后居心不良，乐得看太子堕落，不仅不规劝，反而让太监谄媚奉承，怂恿司马遹"趁着年轻力壮好好玩乐，没必要自我约束"。

司马遹在玩乐中越来越目空一切，对贾谧抢了自己漂亮老婆的恼恨也越来越深，有时贾谧到东宫来，司马遹也根本不见，直接撇下他，到后庭去玩。这样的次数多了，贾谧也恨上了太子，他对贾皇后说："太子置办那么多田产，积蓄那么多财产，结交那么多小人，目的是什么？目的就是想扳倒姓贾的人。他曾私下说过：'等皇后死了，我就收拾姓贾的人。'不但如此，如果皇帝死了，太子当了皇帝，恐怕还会效仿废黜杨太后的手段，在金墉城囚禁您。依我看，您不如早做安排，另立慈顺的人做太子……"

贾皇后听了后，火冒三丈，便派人四处宣扬司马遹的缺点，为废黜太子做准备，连朝野人士都意识到太子危险了。在这期间，有人劝太子和执掌朝政的张华发动政变，废黜贾皇后，但两人都犹豫不决，没有采取行动。

奇珍异宝

二十四友

太后的外甥贾谧虽然为官骄奢，但喜好学问，乐于交游名士，形成了一个颇有名望的文人团体。陆机、陆云、潘岳、左思这些闻名后世的文学家都在其列，其中的核心成员有二十四位，称为"二十四友"。诚然，贾谧交游文士不免有求名的动机，但"二十四友"的确对文学有着重大贡献，他们精力旺盛、创作颇丰，其存诗数量占了西晋文士诗歌总量的一半。其中尤以潘岳和陆机、陆云最为闻名，有"陆才如海，潘才如江"的盛赞。值得一提的是，陆机、陆云兄弟正是陆逊的孙子。

反倒是贾皇后率先动手，她借口皇帝身体不适将司马遹叫进宫来，假传皇帝的命令逼他饮酒，司马遹无法推辞被灌得大醉，神志不清时又接到诏令让他抄写一段文字。他可能已经没有辨识的能力了，笔迹断断续续，但贾皇后找人将它们一一补全，随后拿给皇帝和公卿大臣看，要治太子死罪。原来这段文字大意是："皇上、皇后，你们快点儿退位吧！你们不退位，我就进宫废掉你们。我做皇帝，蒋美人做皇后……"

西晋 青釉瓷神兽尊

大臣们知道有诈，但也没人敢说笔迹不是太子所写。太子的罪名由此坐实，但在张华等大臣的保护下，太子没有被杀而是被废为庶人，软禁在金墉城。

太子突然遭废，引得朝野震动。右卫督司马雅、常从督许超等太子旧臣和殿中中郎士猗等人不死心，就联络掌握兵权的赵王司马伦和他的宠臣孙秀一同铲除贾后，迎回太子。但孙秀别有用心，他为司马伦分析形势，认为太子聪明刚猛，一旦执掌大权必然不会受制于人，反而可能恩将仇报，不如暂缓起事逼迫贾皇后害死太子。赵王司马伦深以为然，于是按兵不动，并令孙秀放出有人要废皇后、迎太子回宫的消息。贾皇后大惊失色，立即狠毒地派人害死了司马遹，然后假惺惺地以安葬诸侯王的规格厚葬了他。

罂粟虽除，流毒未已

狠毒的贾皇后没有想到，司马遹一死，她也就失去了活着的价值。掌握兵权的司马伦暗中联络了亲卫军"欻飞虎贲"的长官闾和作为内应，约定以鼓声为号起事。为了增加获胜概率，他还试着联络了重臣张华，可张华虽然忠诚却比较迂腐，拒不参与。赵王司马伦便索性不管他，自己假传诏令叫来带兵的三部司马，述说贾皇后害死太子的罪行，要他们入宫废后，事成则封为关内侯，不从就要诛灭三族。

三部司马只好率兵跟司马伦一并闯宫，他们伪造诏书骗开宫门，和宫中内应一起长驱直入，很快就把皇帝迎到东堂，随后矫诏唤贾谧、贾皇后前来。贾谧不知有计，发现不对后已经晚了，临死前还大喊着"皇后救我"。贾皇后自然没有贾谧那么好骗，因为诏书都是她发的，但也无可奈何了。最终她远远地对着被当作傀儡的丈夫高喊："陛下，您自己的妻子如果让人废了，您离自废皇位也不远了！"但痴傻的司马衷无动于衷。贾皇后知道穷途末路了，恼恨地问："是谁带头起事的？"

齐王司马冏回道："赵王和梁王。"

贾皇后听到此话，悔恨不已，恶声恶气地说："我忘记了，拴狗应当拴它脖子，我却去拴了狗尾巴，真是活该如此啊！"

成语典故

何不食肉糜

天下乱成一团，傻皇帝司马衷还是没有半点儿开窍，智力低下的他根本弄不懂朝政大事，惹出了很多笑话。一次，大臣们上书跟他说天下正闹灾荒，没有粮食，百姓都饿死了，他还很奇怪地问："没粮食吃的话，怎么不吃肉糜（肉糊）？"

神兽纹玉樽

这次宫变之后,贾皇后被废为庶人,关在金墉城。贾皇后一脉群龙无首,贾氏亲党纷纷被捕,掌握机要的大臣也连夜被召唤到大殿,凡被怀疑的直接处死。随后,为了执掌大权,司马伦和孙秀又开始对一些无辜但德高望重的大臣下手,比如张华、裴頠等人。被捕之时,张华十分愤怒,质问:"你们难道想杀害忠臣吗?"然而,抓捕他的张林伶牙俐齿,质问道:"既然是忠臣,为何太子被废时你身为宰相却不能死谏?"张华喏喏一下,道:"当时我有上奏,谏书在案可查。"张林冷笑一声,又问:"那进谏失败后你为何不辞职谢罪,怎么还有脸在位?"张华无话可说,三族都被夷灭。他的亲党也大多被杀。

贾皇后集团和当朝重臣都死了,司马伦掌权再无争议,他出任相国,都督朝廷内外军事,像司马懿、司马昭一样独揽朝政大权,无用的贾皇后则被寻机用金屑酒毒死了。

这朵充满罪恶的罂粟花虽被铲除,但流毒已深入西晋王室的骨髓,大乱难以避免了。司马伦虽夺得了政权,但不能掩饰其行为的罪恶,其他宗王因而野心大起。晋朝宗室争夺权力的八王之乱愈演愈烈。

时间 300—304

03 动摇国本的八王之乱

> 自永熙以来，十有一载，人不见德，惟戮是闻。公族构篡夺之祸，骨肉遭枭夷之刑，群王被囚槛之困，妃主有离绝之哀。历观前代，国家之祸，至亲之乱，未有今日之甚者也。
> ——《晋书·列传第二十九·齐王冏》

【人物】司马伦、司马冏、司马颖、司马乂、司马颙、司马越、孙秀

【事件】司马伦百日为帝、司马乂兵变夺权、三王辅政

司马伦杀贾皇后看似"主持正义"，实则充满私心。晋朝的原有矛盾不仅没有化解，反而愈演愈烈。宗王们相互征战，酿成动摇国家根本的八王之乱。实际上，死于这场动乱的晋朝宗王多达三四十人，西晋也因此灭亡。

百日皇帝司马伦

上位成功的司马伦辈分很高，是司马懿的九儿子、司马炎的叔叔、傻皇帝的叔祖父。以这样的辈分做出这种事，自然难以服众。司马伦上位没多久，在朝掌管中护军的淮南王司马允就看不下去了，他收买了不少死士打算除掉司马伦，但司马伦对司马允并不放心，很快就夺了他的兵权。司马允只好铤而走险，带了封国的士兵和一些亲附的战士夜袭皇宫。但他缺乏谋略，除了这七百人外几乎没有后援，对着紧闭的宫门无计可施，只能

包围司马伦的相府。司马允正要进攻相府，却见一队人马从宫中而来，声称是奉诏书赶来相助的，对这批来历不明的人，司马允也没有戒备，打开阵形迎接，结果被偷袭而死。这队人正是司马伦儿子的布置。

这次兵变让司马伦更加警惕，对在京任职的诸侯王有了戒心。但他对这些不满的诸侯王不是加以钳制，而是把他们调出朝廷，比如齐王司马冏就被他封为平东将军，调到许昌去了。通过手段，司马伦虽然在内朝实现了眼不见为净，但无异于放虎归山。但他利欲熏心已经顾不上这些了，永宁元年（301），他不顾拥兵自重的诸侯，竟然以司马懿显灵为借口，把孙子辈的傻皇帝司马衷奉为太上皇，关在金墉城里，自己行使皇帝之权。

皇权到手了，司马伦却实在不是当皇帝的料，国家权力其实都是他的亲信孙秀在行使。孙秀本是个底层小吏，没多少道德操守，更无远大理想，掌权之后就开始篡改司马伦的诏令。为了获取支持，孙秀采取人人有赏的法子，把天下的官吏、太学生通通乱封一气，以至于朝中一群奴仆小吏和大臣一样加官晋爵。这种滥赏多到府库拿不出钱财，象征官位的大印都来不及铸造。天下自然大失所望。

被赶出京师的齐王司马冏本来就怀恨在心，听到消息后立即联络各方不满势力起义，一时间一呼百应。成都王司马颖第一时间起兵响应，常山王司马乂（yì）、新野公司马歆等王公贵族也纷纷起兵。手握重兵的河间王司马颙（yóng）原本想要依附司马伦，为此还杀了一些附和司马冏的义军，并派出将军张方对付司马冏，但他很快发现齐王、成都王人多势众，于是没什么原则地转头加入了起义队伍。当时宗王和州郡的反复，可见一斑。

见到这么多诸侯王起兵，司马伦大为恐惧，派出三路近万规模的人马去阻击司马冏，派出三万人马去拦截司马颖，如此布置以后，司马伦和孙秀两个就只有焚香祷告，靠迷信来获得心理安慰了。最初，司马伦的几路人马略占上风，但他们战斗意志并不坚定，被司马颖出其不意的反攻大败，而进攻司马冏的军队里竟有整支人马临阵脱逃的闹剧。这些逃兵跑回洛阳，为了免罪都佯称主力已经落败。

奇珍异宝

采桑图

采桑图反映西晋的平民生活。一名妇女头梳单鬟发髻，上着对襟衣，下着长裙，腰部系着帛带。上俭下丰，衣服部分紧身合体，袖口肥大，折叠裙下摆宽松，给人潇洒飘逸之感。

◀ 魏晋 彩绘采桑图壁画砖

洛阳于是人心惶惶，尽管孙秀慌忙传出已经活捉司马冏的假消息，但百官将士已有反心，还不等狡猾的孙秀做出反应，左卫将军王舆和尚书司马澹就策划了一场政变。王舆率七百人从南掖门攻入宫中，由于有三部司马做内应，孙秀的党羽只能束手就擒，当即被斩杀在中书省中。连司马伦也被迫下诏，表示自己是被孙秀等人所误才惹怒了三位诸侯王，如今他迷途知返，将立即迎太上皇复位，然后告老归乡。

然而，事已至此，告老还乡根本是妄想了，洛阳军民将司马伦关在囚禁过皇帝司马衷的金墉城里"体验"了几日，随后就假借诏书把他和几个儿子都杀了。孙秀、司马伦一死，禁军将士都放下武器，文武百官跪地谢罪，重迎天子，洛阳对司马冏大开门户。

几天后，司马冏亲率几十万大军兵临洛阳，京师震动，这场持续六十多日的动乱暂时告一段落。司马冏的威风背后，是晋朝国家精锐的急剧流失，死于这场内斗的人近乎十万，可怕的是，这不过是八王之乱的一个小高潮罢了。

5 城头变换八王旗

司马伦和孙秀死后,各方诸侯大多率兵回到领地,傻皇帝司马衷复位,但这不过是他的另一段傀儡生涯。平叛有功的司马冏被封为大司马,效法司马懿、司马师的先例,都督中外军事,掌握国家大权。司马颖、司马颙功劳也很大,分别被封为大将军、太尉。

经历贾皇后专政、司马伦篡位,晋朝若能由三个宗王共同执掌朝政,相互牵制,保持均衡,似乎是不错的选择。然而,彼时的晋朝宗室大都心怀私利,无心为天下奉献了。成都王司马颖获封以后,没有在朝中久留,他听取谋士卢志的计谋,以退为进,以母亲病重为由回到封国,拉拢人心等待时机。

执政的司马冏则没什么远大理想,掌权后先是任用亲信,大肆排挤其他势力,达到垄断政权的目的后就心满意足地沉迷酒色、大修宫室,连入朝拜见天子这种"形象工程"都中止了。这些举动让司马冏很快失去了人心,连杀掉司马伦迎接他入朝的王舆都有些不满。

最先起来造反的是司马冏的哥哥东莱王司马蕤(ruí),他性格跋扈,明明在除去司马伦之战中没什么功劳,却屡屡讨要职位。司马冏自然不予理睬,怀恨在心的司马蕤就联络王舆一起废黜司马冏,但他没什么实力,不仅没能得手,反而被司马冏察觉,贬为庶人后被密旨处死。

司马蕤虽死,天下反司马冏统治的意愿却愈演愈烈。因为权力分配不公而愤懑的长沙王司马乂也坐不住了。他和诸侯王中威望最高的司马颖、司马颙暗中通信,打算废黜司马冏。司马颙还在犹豫之际,一个叫李含的谋臣来到了司马颙身边,坚定了他的反心。李含其实是司马冏阵营的谋士,但他和司马冏阵营中的凉州刺史皇甫商、右司马赵骧关系都不好,一直担心被害,所以才有了这次叛逃。

李含在司马颙那里得到重用,他给司马颙出了个主意,让他别亲自带头,而是将司马乂讨伐司马冏的消息传檄天下,并且上表皇帝,请求废黜司马囧。此举看似为他人作嫁衣，实际是想让实力弱小的司马乂做个出头鸟，等他被杀再大兵压境收取胜利果实。

李含可能也没想到，司马乂的造反效率会这么高。他只带了一百多名侍卫直冲皇宫，就实现了挟持天子、将司马囧杀死的目的。司马囧一死，司马颙也没了武力夺取都城的理由，只好将开向洛阳的大军原路撤回，接受了司马乂夺取大权的事实。晋朝的核心权力便由司马乂为主，司马颖、司马颙配合一同行使。这几人的志向也没比几位前辈好到哪里去，大权在握后纷纷骄奢淫逸、不理朝政。所以晋朝屡经动乱的人心迟迟得不到安抚，再加上这种分权完全不符合三人的声望和势力底蕴，所以一场更大的危机已经呼之欲出。

司马颙最初的计策是刺杀司马乂，但不仅没能建功，还连累李含被杀。计划暴露后，太安二年（303）八月，司马颙决定直接起兵，他命张方为都

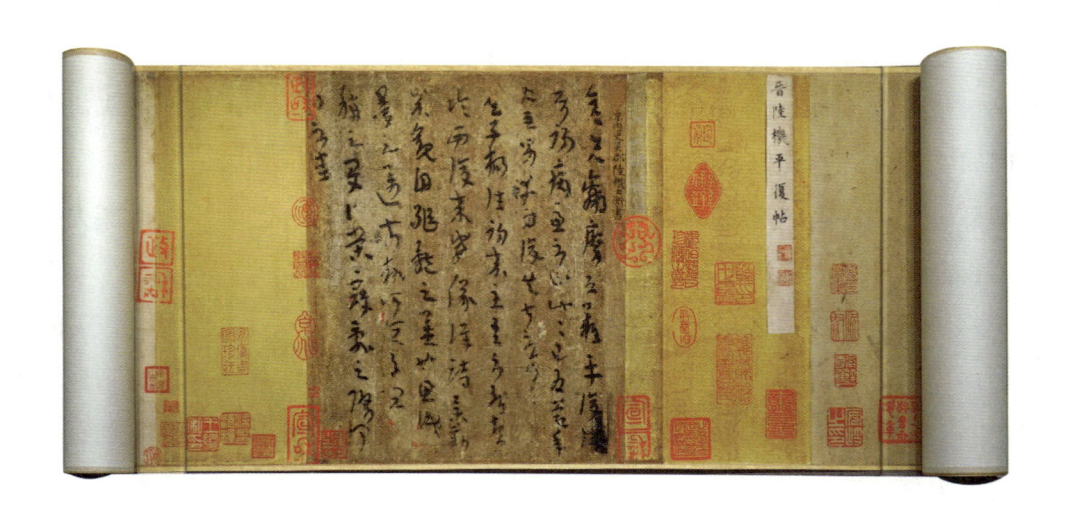

西晋 平复帖

平复帖是西晋陆机的书法作品，帖子本身是陆机向朋友询问病情时所写的一封短笺，平复的意思就是希望病情康复。平复帖是现今保存下来最早的名人书迹（不包含镌刻文字），全帖以章草写就，具有极高的书法价值和文物价值。

督，率军七万攻打洛阳，司马颖则任命陆机为大都督，起兵二十余万响应，同样向洛阳逼来。司马乂尝试过派兵阻挡，但败绩连连，两路叛军于是打入都城。这是一场浩劫，乱军攻入之后大肆杀掠，死者过万。

随着战事展开，乱军人数多但心不齐的弊端逐渐暴露。司马颖军的都督陆机虽是一时名士，但也无法让手下将帅心服，临阵之时，部将孟超竟不听陆机的命令贪功冒进，最终导致陆机大败，死伤的士兵把河水都堵塞了。趁此机会，司马乂率军反击，竟然将率领司马颙军队的张方也打出城去。

这次波折可以说是司马乂的回光返照，此时洛阳已被乱军包围了很多天，人疲马乏，全靠信念支撑。而司马颙的部将张方又很善战，他稳定局面后在城外的十三里桥建筑工事，驻屯下来。司马乂便无力驱赶了。城中很快断粮，一石米被炒到万钱高价。重压之下，城中守军哗变了，三部司马与左将军朱默发动兵变，将司马乂幽禁，于是洛阳便落入张方手中。这场政变最终以司马颙、司马颖胜出告一段落。

这场政变在当时的各方形势下是理所当然的，但对晋朝却是一件坏事，因为司马乂是诸王中较有能力的。他死后晋朝越加无望，残局中由司马颖出任相国，司马颙出任太宰，司马越出任尚书令。晋朝再次出现"三王"共同辅政。司马颖是傻皇帝司马衷的同父异母弟弟，所以他是有继承权的，为了进一步获取权力，司马颖借助司马衷的诏令废黜太子，改立自己为皇太弟，成了"事实上的皇帝"。但司马颖没有留在远离领地的洛阳，而是回到邺城（在今河北临漳西南）"遥控"政权，决定朝中一切政事。

时间 300—305

04 八王内争，四方动乱

> 天步艰难，始自吾州；州党流移，在于荆土。其所遇值，蔑之如遗。顿伏死亡者略复过半，备尝荼毒，足下之所鉴也。客主难久，嫌隙易构……
>
> ——《晋书·列传第七十·杜弢》

【人物】李特、李雄、慕容廆、拓跋力微、张昌

【事件】反晋建汉、鲜卑崛起、荆扬动乱

八王动武、天下大乱，晋朝首都洛阳被围，皇帝的命令不过通行于首都而已。在这场动乱中，各地州郡也不安宁，他们兵力少，又得不到中央的及时帮助。宗室的分裂，地方的动乱，最终导致这场八王之乱迟迟不能安定。

流民建立的成汉政权

晋朝既是一个刚刚靠武力统一四方的王朝，也是一个世族门阀以篡位建立的王朝。所以平蜀灭吴之后，晋朝距离天下归心的大一统其实仍相当遥远，需要大量有力的安抚工作。然而晋朝统治者普遍缺乏高尚的政治理想，哪怕是司马炎也在开国之后几年奢靡得不成样子，这种腐化速度在历朝开国之君中都是罕见的，更何况晋朝的危机早在八王之乱前就已经埋下了。

晋朝时，最早分地割据的应是蜀地。事情的起因要从元康年间氐人领袖齐万年起兵说起，起义的原因是晋朝统治者对氐、羌等少数民族的压迫过于残酷。这场起义一度发展到拥兵十万的规模，晋朝的名将周处就死于平乱。动乱最终被晋朝镇压，但战争彻底扰乱了关陇地区的民生，产生了十余万口的流民。由于处置不当，这些流民没有得到分散安置，都就近囤聚于临近关中地区的益州和梁州，和当地的百姓产生了很多矛盾。

流民的力量被益州刺史赵廞（xīn）利用，他开仓赈济流民，取得流民们的支持后，趁着永康元年（300）贾后废太子的风波，率众抗拒朝廷的命令，拒不离任不说，还将新刺史耿滕杀死。此后，他征集益州六郡万余人马镇守关中进入四川盆地的北方关隘，企图割地自立。

成都成汉墓出土文物　賨人陶俑

从秦朝至南北朝，中央王朝称居于四川、重庆、湖南一带的这个少数民族为賨（cóng）人。賨在当地人的语言里是赋税的意思，因为总给中央王朝交賨，所以这个少数民族就被称为賨人。

这时候，中央和地方都没有力量来对付这群流民。然而赵廞空有野心，却无雄才，大事未成就开始猜忌下属。当时为他所用的流民中有一个羌人叫李庠，是四千多人马的首领。李庠很有带兵的本事，这支军队军容整齐、十分威武。可赵廞担心这股人马不好节制，竟然将李庠和其亲属三十多人无故杀死。处死李庠后，他又匪夷所思地任命李庠的哥哥李特掌管人马以"安抚民心"。

不承想，李特比弟弟更有才干。大怒之下，李特暗中收拢兵马，偷袭了赵廞驻守北面的驻军，绝大部分驻军都被杀死。李特又攻入成都，大肆抢掠，而赵廞穷途末路，最后被下人杀死。赵廞死后，李特上书朝廷，声明赵廞的罪状，企图获得封赏。晋朝虽然还以赏赐，但不想放任益州被这股流民控制，于是委派凉州刺史罗尚为益州刺史，同时令广汉郡太守辛冉带了七千多人进入蜀地。

李特等人非常恐惧官军，所以纷纷贡献宝物、杀牛摆酒招待。但朝廷对他们并不放心，很快就下发诏令，要求流入蜀地、汉中的流民及时返乡。借此诏令，罗尚命令流民七月上路，这个时间选得很尴尬，因为当时流民以给当地人做工种田为生，而七月粮食没有收获，他们根本得不到返乡的盘缠。重压之下，流民都不愿意返乡，纷纷团聚在李特身边，聚集了两万多人。

罗尚等人见势不妙，出兵三万攻打李特营地，但作战不力，反而被李特打得节节败退，只能守城自保。李特于是趁机收拢六郡流民，自称大都督，上书请求效法东汉窦融割地自立。此时正是齐王司马冏等讨伐赵王司马伦之时，天下兵力都围在洛阳，只有益州周边零散有兵马前来援助，但数量不足，指挥不力，被李特屡屡挫败。

直到太安二年（303），朝廷在司马乂、司马颖、司马颙控制下安稳以后，才有精力派遣荆州刺史宗岱、建平太守孙阜率三万水军营救。

当时蜀地因为内乱，百姓纷纷抱团形成坞堡自保，这些本地人对流民拥戴的李特并不满意，罗尚于是派人暗中给各个坞堡传信，让他们和朝廷大军里应外合。这个计策很成功，李特腹背受敌，在战乱中被杀死。

李特虽然死了，可他的儿子李雄同样谋略出众，流民也仍然有很大力量。罗尚率军进攻流民大营，反而大败，被一路追杀到成都。李雄于是纠集人马偷袭孙阜的军队，孙阜完全没有防备，大败而归。无巧不成书，此时前来支援的荆州刺史宗岱偏在此时病死，于是荆州军也撤退了。蜀地再没有能对付李雄的力量。

李雄吸取了父亲战败的教训，开始结好在蜀地强大的地方势力领袖范长生。范长生手下有数千户民众的坞堡，靠他的帮助，李雄勉强解决了粮草危机，可以阻断粮道，暂时围困成都。两军于是都开始与饥饿作战。最终，成都城内发生哗变，李雄由此进入城中，他以李国、李离兄弟管理政事，以范长生为辅臣，在一年多时间内控制了蜀地局势。永兴二年（305）六月，李雄称帝，国号成，也即历史上十六国之一的成汉。

知识充电

十六国

西晋末年，天下大乱，在汉末三国期间迁居内地，逐渐壮大的各族人民和晋朝政府的矛盾越发激烈，他们在各自领袖的带领下纷纷摆脱中央控制，起兵在蜀地和中国的北方建立政权，割据一方。这些政权从西晋初年开始直到东晋末年，一直在陆续地建立之中，也都在存续一段时间后被吞并，先后共十六个，所以被称为"十六国"。需要注意的是，十六国并非都是少数民族，也有不少是北方的汉民族建立的。这十六国中并没有包括冉魏、翟魏、西燕、蜀，以及鲜卑的段部、仇池、宇文部和北魏的前身代国。如果算上这些，准确地说是二十四国。

时间　300—305

鲜卑民族的北方崛起

蜀地割据是以少数民族为领导的一次流民独立事件，这也意味着晋朝的另一痼疾彻底发作，这就是晋代的少数民族南下。在时间上，晋代的少数民族南下的发生基本以八王之乱为背景。

这些少数民族主要以匈奴、鲜卑、羌、氐、羯五个族为主，但他们并不是这场动乱的全部力量，还有很多小部族参与其中，形成了非常复杂的混乱局面，只不过以这五族最有影响力。

这五个少数民族其实在汉魏时期多是被中原政权所征服的民族，为了便于控制，汉人将他们调离驰骋的故土，划入内地郡县。但随着三国鼎立等一系列动乱，汉族人口锐减，反倒是少数民族繁衍生息成为不可忽视的力量，汉人对他们的态度也由管制变为拉拢，利用他们在争霸中取得优势。

五族中最强的应该是鲜卑，鲜卑本来居住在比匈奴更边远的地区，但随着匈奴降汉，鲜卑人便逐渐内迁，控制了不少匈奴空出的土地，在并州等地聚居。鲜卑并非铁板一块，其中主要有六个氏族：慕容氏、宇文氏、拓跋氏、段氏、秃发氏、乞伏氏，秃发氏、乞伏氏主要是割据一方，对中原影响较小，鲜卑各部中慕容、段、拓跋三氏对中原最有影响。

155年，鲜卑人的势力已经推进到匈奴汗国的本部，吞并了尚未迁走的匈奴部落。此时正当汉朝末年，鲜卑人实际上是在匈奴遭受接连打击的不到一个世纪里，由不开化的边远民族，发展成了"东接辽东，西当西域"的大国，并且按照地域分为中、东、西三部，各部的领袖被称为"大人"。东部大人是宇文部的祖先，中部大人是慕容部的祖先，西部大人是拓跋部的祖先。

慕容氏在魏朝初年住在辽西，和辽东的公孙渊是邻居。所谓的辽西、辽东，就是以今天的辽河为分界的两块地区。三国时，司马懿讨伐公孙渊，鲜卑慕容氏曾派兵相助，因功被封为义王，在此建立封国。

宇文氏来自辽东塞外，这一支鲜卑人像匈奴一样剪去周围头发，只留顶发作为装饰，语言也和鲜卑不同，所以他们的起源很可能和史书猜测一致，是南匈奴单于的后裔。

段氏同样来自辽西，其祖先名为段日陆眷，战乱时被卖为家奴，因为骁勇善战被主人信用，得到招抚流亡鲜卑人的委托。段氏由此逐步壮大，传到日陆眷孙辈段辽时，已经有三万多户，能骑马拉弓的战士多达四五万。

慕容氏和宇文氏是仇敌，但因为都臣属于晋朝，慕容氏想对宇文氏发动战争必须请示晋武帝。晋武帝不愿边境有争端，所以没有答应。这导致报仇心切的慕容氏领袖慕容廆在辽西叛乱，杀掠了很多百姓。此后，慕容氏不仅年年祸乱晋朝边郡昌黎，还消灭了周边的扶余国，实力更加强大。直到晋朝都护贾沈将其击败后，慕容廆才接受鲜卑都督的封赏，但作为代价他需要为晋朝安抚宇文、段两个鲜卑氏族，护卫晋朝边境安全。元康四年（294），宇文氏大肆掠夺晋朝边境，慕容廆根据约定出兵平定了这次动乱，击败宇文氏十万大军。凭借此战声威，慕容氏日渐壮大，到永嘉年间已经以"鲜卑大单于"自称，晋朝则册封慕容廆为昌黎、辽东二国公，承

四兽纹金饰牌

此器为鲜卑族金器工艺的代表作。背后有铭文"猗㐌金"三字，证明它是鲜卑拓跋部领袖拓跋力微赐予猗㐌部的遗物。

认了慕容氏在东北的地位。

拓跋氏的起源扑朔迷离，在一些史书中，他们将自己的祖上追溯到轩辕黄帝，但很多中原人并不认可。也有人认为拓跋氏是汉朝降将李陵后裔。后世学者大多认为拓跋氏是匈奴南迁后南下的一支北方鲜卑部落。

东汉末年时，拓跋氏的势力在慕容氏西面，如今的内蒙古大草原一带。此时，该部落出了著名的领袖力微。他率领少数部众居住在长川，因为治理得当，几十年间各方旧部都团结在他麾下，被打散的拓跋部再次凝聚。正始九年（248），力微平定鲜卑没鹿回部内乱，兼并了该部落，奠定了部落领袖的地位。当时，连魏国也得倚仗这支鲜卑势力，和他们建立了和亲关系。力微统治拓跋氏长达六十多年，奠定了拓跋氏的根基。他死后，拓跋氏内乱，最终自东向西分为三个小国，统治者分别是力微的儿子禄官，孙子猗㐌、猗卢。在他们的带领下，拓跋鲜卑从力微死后的二十年动乱中恢复元气，成为北方的重要力量，晋朝也不得不依靠他们对付匈奴。

5 长江南岸的动乱

除了流民割据的蜀地和鲜卑人驰骋的北方之外，晋朝的江南地区也不安分。这里是吴国的旧地，晋朝灭吴得天下后，一直面临如何把广阔的江南地区安定下来的问题。和蜀地偏安一隅的民风不同，吴地百姓久经战乱，民风非常剽悍，经常有叛乱发生，连当地童谣里都有"宫门柱，且当朽，吴当复，在三十年后"的句子。吴楚相连，吴地不安分，位于吴地西面，战略意义重要的荆楚就不免沦为战场，这就是晋朝南方的形势。

尤其是在李特于蜀地叛乱之后，晋朝官方为了镇压叛乱，就在处于蜀地东面的荆楚之地施行官方征兵。义阳的一个小吏张昌看到机会，就假借官方征兵的名头，私自聚拢了数千人马，他的目的可不是入蜀剿匪，而是浑水摸鱼，满足私利。张昌利用荆楚之地百姓不愿意到蜀地打仗的心理，借机煽动民变，把这些百姓联合在一起抗命。大家蒙在鼓里，都跟张昌落草为寇，靠劫掠为生，朝廷一时拿他们没有办法。后来，很多逃避兵役的百姓和流民为了自保，都加入张昌麾下。

张昌是个野心家，他从此改名李辰，找来一个叫丘沈的小官，让这个小官改名刘尼，装成汉朝皇室血脉，以此聚拢人心，控制了江夏一带。为了鼓动更多人加入，张昌谎称朝廷认定江淮地区叛乱，马上要派大军将百姓尽数杀死。人们非常害怕，张昌于是团聚起十三万人马，势力一度地跨五个州。

但是张昌并不善于治理，他手下的官员都是些只想着抢劫的小人，而周边郡县组织的平叛军队中却有周玘（周处之子）、陶侃（陶渊明祖父）、陈敏这样的出色将领，张昌的势力很快被打散，残余势力也于太安二年（303）被大体消灭。可是，由于晋朝中枢正面临大乱，晋惠帝也被掳到长安，这块刚平定的地区根本无人安抚。

于是在接下来的十几年里，先后有陈敏、钱璯、王如、杜弢、王机等人在南方引起变乱。这些人要么本是晋朝的地方官，要么平乱立功之后拥兵自重，要么就是被朝廷逼反的流民领袖。在天下大乱的背景下，这些人或者为了自保造反，或者存了割据自立的心思，但都没能成事，只是为荆扬一带的百姓带来了深重灾难。

西晋 青釉贴花六系扁壶

地图专题 五胡内迁

性质：东汉至魏晋之间，中国西部和北部边境地区的少数民族不断向内地迁徙和汉族杂居。

主要民族：匈奴、鲜卑、羯、氐、羌。

影响：促进了中国的民族融合，也是魏晋南北朝北方长时间战乱的原因之一。

透过地图说历史：

五胡是对东汉至魏晋期间内迁少数民族的统称，其数量远远多于五个，五胡是其中最重要的五个民族。这次内迁和北方各民族势力的崛起和衰落是分不开的。

这次内迁始于东汉，当时匈奴分裂，南北对立，南匈奴为自保依附东汉，而北匈奴则在东汉政府的连番打击下西迁欧洲。匈奴是北方草原曾经的霸主，他们丢下的故地成了无人放牧的肥美草场，很快被原居于蒙古草原东部的鲜卑族所占据。鲜卑族在匈奴人的牧场壮大，逐渐向南发展，剩余的匈奴人只好继续南迁到山西和陕西北部。这里本是汉族的地界，但由于汉末战乱，北方人口大量损失，这些要地反而成了空地。所以，三国时的曹操就因地制宜，把匈奴人分为五部，安置于内地，定居内地的匈奴人于是繁衍壮大起来。

匈奴壮大的同时，占据大草原的鲜卑人也壮大了，在统领檀石槐时期，鲜卑人从塞上分三部迁徙。中部和东部以慕容氏、宇文氏为主，主要向辽河流域发展。西部以拓跋氏为主，向内蒙古推进。还有一支乞伏部的鲜卑人走向西北，在陕西甘肃一带发展。鲜卑人的足迹，几乎遍布西晋北部。

在内迁匈奴的所在地，有少数区域涂有表示羯人的虚线。羯人其实是西域种族，如果我们穿越到晋代，会发现羯人高鼻梁、深眼窝、大胡子，和匈奴人完全不同，他们大约曾是匈奴的部属，和匈奴一起被安置于内地。

除了匈奴、鲜卑、羯人以外，当时的关中、汉中、巴蜀北部分布着大量氐人，而陕西、甘肃、青海则分布着大量的羌人。氐人原本是陇西、甘肃的民族，在西汉武帝时主要居于武都郡，三国时期，氐人臣服于曹操，被安置在天水、扶风一带，后来逐渐扩散到关中地区。

羌人是非常古老的游牧民族，在东汉年间曾游牧在青海草原。东汉整个时期都面临严重的羌患，羌患的结果一方面是大量羌人内迁，一方面是东汉边郡空虚。

在东晋十六国时期，氐人建立了前秦，匈奴建立了汉赵、前赵、北凉，羯人建立了后赵，羌人建立了后秦，鲜卑人建国最多，五燕、南凉、北魏、代国都是鲜卑人建立的。

时间 279—316

05 乱消晋亡，衣冠南渡

> 永兴元年，元海乃为坛于南郊，僭即汉王位，下令曰："昔我太祖高皇帝以神武应期，廓开大业……孤今猥为群公所推，绍修三祖之业……"乃赦其境内，年号元熙……
> ——《晋书·载记第一·刘元海》

【人物】刘渊、刘聪、刘和、刘曜、石勒、司马颙、司马颖、司马越、司马邺

【事件】匈奴建汉、汉赵内乱、八王之乱落幕、刘曜灭晋、晋帝出降

西晋有八王之乱，汉赵有诸子残杀。骨肉相残、同室操戈仿佛是那个时代的日常。残酷的内斗之后，终究是匈奴新起的政权更具武力，身为天下之主却叫不来一支救兵的晋帝，只好在群臣啼哭中忍受投降之辱。

匈奴建立了"新汉朝"

八王之乱中各方叛乱严重动摇了晋朝各地的稳定，大环境的动荡导致了晋朝境内多个民族的不安分，一支少数民族力量甚至直接撼动了晋朝中枢，这个少数民族就是匈奴。

匈奴人在三国时代曾经作乱，但被魏武帝曹操平定，曹操认为匈奴人多势众不好管理，就将其分为五个部分。到了魏晋之交，匈奴五部中出了一个雄主，他是匈奴左部帅刘豹的儿子刘渊。刘渊父子是匈奴单于于夫罗

的子孙，原本另有姓氏，刘是后来被赐予的汉朝国姓。刘渊早年曾作为侍子在洛阳生活，这让他对中原的文化非常了解，谋略也大有长进，出落得文武双全。咸宁五年（279），刘豹去世，刘渊便继承职位当上匈奴左部帅，深得匈奴人信赖。

但晋朝人顾忌刘渊的才干，害怕他带领匈奴变得强大，因此不允许刘渊回去为刘豹发丧。

就这样拖到天下大乱，司马颖击败司马乂，将天子劫到邺城，遥控天下大政时，刘渊终于有了离开的机会。当时，大权在握的司马颖延续了几位司马氏宗王的传统，生杀大权全都自作主张，并且立即开始兼并周围的地方势力。当时晋朝东中郎将王浚镇守许昌，是司马颖的一个兼并对象，为了获取王浚的人马，司马颖派右司马和演联络鲜卑的乌丸单于，打算奇袭王浚。

不承想，计划赶不上变化，奇袭途中天降大雨，司马颖和鲜卑的人马竟然无法进攻。鲜卑单于非常迷信，认为这是上天选中了王浚，竟然率兵倒戈，将消息告知王浚。王浚在贾后时代曾参与杀害太子，原本就一直担心受到清算，所以连年交好镇守地区的鲜卑部落，把几个女儿都嫁给鲜卑单于做妻子。因此，收到消息后，早有准备的他立即联合鲜卑势力起兵攻占幽州，之后和同样不满司马颖的东嬴公司马腾一起反攻司马颖的邺城。

面对突发事件，司马颖竟然因为妃子留恋邺城这种理由迟迟不肯撤退，错过了最佳时机。一直拖到守城的士兵溃散，司马颖才被迫带着皇帝仓皇出逃，百官士卒也纷纷逃命，王室的仪仗丢得七零八落。

中外对比

304年，刘渊起兵反晋，改称汉王。
303年，罗马皇帝戴克里先下令严禁基督教。

王浚于是攻入邺城，当时还有很多百姓来不及逃跑，被王浚手下的虎狼之师大肆杀掠。王浚倒是尝试过整顿军纪，严令私藏妇女者斩，但这条禁令起了反作用——凶残的鲜卑兵没有因此放过掳掠的男女百姓，而是将他们沉入河中毁尸灭迹，八千多人因此葬身鱼腹。

王浚起兵给了刘渊脱离晋朝掌控的机会，在鲜卑兵马扑向邺城时，他抓住时机，请求回到故土召集匈奴五部兵马来保护天子。司马颖病急乱投医，就把刘渊封为北单于，让他发兵去了。由于威望颇高，刘渊很快聚集了五万人马。

刘渊野心不小，所以哪怕重获自由也不愿违背承诺、坏了名声，而是真的率军去打鲜卑，还在鲜卑人手里吃了一次败仗。但听说司马颖狼狈逃出邺城的消息后，刘渊就明白晋朝没希望了。于是他变了心思，不再为救晋朝人和同为胡人的鲜卑开战，而是自称汉朝的外甥，打出"恢复汉朝"的旗号反晋。304年，实力壮大的刘渊改称汉王，建庭左国城（今山西离石北）。

为了博取支持，他追尊蜀汉后主刘禅为孝怀皇帝。

刘渊建国直接威胁到的是并州刺史司马腾。司马腾派兵镇压，却在大陵决战中惨败。他非常害怕，率并州两万多户百姓逃到山东。刘渊乘胜进军，一举攻占太原等多个城镇。第二年，司马腾又派兵镇压，但以四战四败收场。刘渊于是派人四处攻城略地，占领河东、蒲坂、平阳（今山西临汾西北）等大片领土，闯出了莫大的名堂。其他少数民族将领、一些活不下去聚众自保的流民，甚至一些反晋的世族门阀，见刘渊反晋建汉，都纷纷前去投靠。刘渊的势力于是越来越大，后来上郡四部鲜卑、氐人酋长单征、东莱人王弥以及石勒等人，相继投入了刘渊麾下。刘渊在一一安抚，给这些人授予官职的过程中，相当于整合了乱世中山西一带的诸多势力。凭借这个联盟，308年，刘渊称帝，改年号永凤，在平阳建都，像模像样地建立起国家来，国号为汉，也就是十六国中的汉赵。为什么一个以汉为名的国家被称为汉赵呢？我们在后面的章节会有解释。

凭着接纳的各部兵马,刘渊的兵锋一度直抵西晋政府所在的洛阳城下。以刘渊为领导的这个联盟不仅在当时风头正盛,而且影响深远,在此后相当长的时间里,北方相继崛起的各股势力,大半和刘渊的这个联盟有所关联。

刘渊的汉赵能够迅速壮大,和投奔他的一个将领关系密切,这个人叫石勒。石勒是个雄健有力、善于骑射的羯人。石勒的祖上应该是羯人的小头目,但石勒在年少时并没有多高的社会地位,甚至一度被人掳掠为奴隶。多亏天下大乱,石勒才有机会参与起义摆脱了奴籍。

石勒是个骁勇善战的将领,也是一个天才型的政治家。他大字不识几个,又没读过什么书,却能在一年多时间里为刘渊南征北战,攻下百姓营建的堡垒一百五十余处,逼得河北地区结堡自保的百姓纷纷投降,还多次大败晋军。在这个过程中,石勒的兵马也由最初的三万发展到十余万。石勒在河北风头正盛的时期,也就是刘渊包围洛阳的时期。

奇闻逸事

嵇侍中血

司马颖作乱时,晋惠帝流亡在外,身边的文武百官和侍卫全都跑掉了。只有一位侍中认真地保持衣冠端正,坚定地护在晋惠帝身前。这个侍中不过一介文臣,不久便被司马颖的军士按住,眼看就要被杀害了。这时候,傻皇帝好像突然开了窍,急切地说:"这是忠臣,不要杀他!"然而,军士没有理会,当场将侍中杀害了,鲜血甚至溅到惠帝的衣服上。等到战事平息,侍从想给晋惠帝洗洗弄脏的衣服。傻皇帝死活不肯,说:"这是嵇侍中的血啊,不要洗去。"原来这位勇敢的侍中就是嵇康的儿子嵇绍。

不过，形势并没有持续顺利下去。永嘉四年（310），洛阳还没有拿下，刘渊就生病去世了。

汉赵版"八王之乱"

刘渊死后，太子刘和继位。当时，汉赵的内外军权都掌握在宗室手中。刘和的弟弟楚王刘聪、齐王刘裕、鲁王刘隆、北海王刘乂都在外统率军队，而永安王刘安国、安昌王刘盛、安邑王刘钦、西阳王刘璇均任将军职位，分别统率禁军。这种形势对能力和威望并不突出的刘和来说不容乐观。

政权交替之际，本就政局动荡，是各方势力重新洗牌的时机，所以很快就有别有用心的人给新皇帝出"好主意"了。他们是外戚呼延攸和西昌王刘锐，两人因为被排除在辅政大臣外，心里不满，就对刘和说："四个宗王在外统率军队，四个宗王在朝廷统率禁军，您不就成为被架空的傀儡了吗！希望您早做打算。"

刘和本来就没有安全感，听了此话，更加害怕。呼延攸便趁机建议刘和命令统率禁军的"四王"去消灭在外统率军队的"四王"，来个"以毒攻毒"。

刘和居然真的答应了，他叫来统率禁军的"四王"，当众下达了命令。

这个馊主意不可能瞒过所有人，禁军"四王"中，安昌王刘盛就带头质疑："先帝死了，还没有下葬，四王也没有变节，一旦自相残杀，天下人会怎么看？统一大业还没成功呢！皇上不要听信小人挑拨离间的谗言，不要疑忌兄弟。兄弟尚且都不能相信，那还有谁值得相信呢？"

刘盛的话情理兼备，但筹划这一阴谋

西晋 青釉骑兽器

的刘锐和呼延攸可不管这些,直接就给刘盛扣了个造反的帽子,当场把他杀了。刘和自然心照不宣地没有阻拦。

与会者非常害怕,只得听从刘和的旨意,约定一起率兵攻打刘聪等四王。不过刘聪几人可不是随便捏的软柿子,他们常年在外、手握重兵,岂能没有亲信党羽?再加上刘和不得人心,这次秘密军事行动的情报于是早早被刘聪知道了。

刘聪在刘渊在世时是大司马,手底下有十多万军队,既然他已做好准备,自然没人敢去招惹,呼延攸、刘乘于是联合四王一起去攻打刘隆、刘裕。但是,这又有多少用处呢?这场针对掌兵八王的阴谋在刘聪知情后就已经没有太多意义——打则不是刘聪的对手,不打则刘聪不会善罢甘休。

果然,在汉赵打成一团之际,刘聪趁机率军从西明门攻进皇宫,直接将皇帝刘和除掉了。随后,刘锐、呼延攸、刘乘等人,都纷纷被刘聪铲除。

一场阴谋反而为手握强兵的刘聪做了嫁衣,尽管刘聪一开始没有接受群臣的继位请求,反而公道地推荐单皇后的儿子北海王刘义继位,但刘义

锁谏图里的刘聪(右二)

尚未成年，又亲眼看到刘和的下场，这个皇帝他如何敢当，于是刘乂坚决请刘聪继位。

刘聪这才留下一句等刘乂长大后将皇位还给他的口头承诺，宣布登基，并册立刘乂为皇太弟，同时刘聪还将自己的长子刘粲任命为河内王、抚军大将军，都督中外诸军事。

5 八王之乱的落幕

四方动乱，列族崛起，在动荡的大环境下，晋朝的八王之乱也逐渐到了尾声——晋朝的宗室和精兵，几乎在动乱中损失殆尽了。这个残酷的过程，是历史倒退、骨肉相残的悲剧，也是北方百姓的噩梦。

为了便于说清四方动乱和八王混战的时间关系，我们稍稍将时间前移，定位在刘渊奉司马颖之命回匈奴搬救兵这里。

前章有过叙述，司马颖在八王之乱中是击败了司马乂的赢家，但是，司马乂却并非被司马颖所杀，而是死于洛阳城内的东海王司马越之手。司马越用司马乂的性命做了投降的投名状，所以他也成了这场事变的一大赢家。

一场事变，二王获权，本身就是一个危险的信号。而作为惠帝的弟弟，继承大统名正言顺的司马颖又偏偏不肯担当，不敢在洛阳主持局面。他出于安全考虑让司马越继续留守洛阳，自己则退回根据地邺城遥控朝政。遥控也就罢了，司马颖还不学无术，居功自傲，政治弄得比以前的司马冏、司马乂还黑暗。

留守京师的司马越于是抓住机会，利用禁军劫持天子，向天下传檄，征来十多万将士进攻邺城，讨伐司马颖。但这队人马成分复杂，指挥也不尽人意，竟然被司马颖的部将石超率五万人击败了，这一败，皇帝司马衷也在乱军中被俘虏到了邺城。司马越夺权的资本输得一干二净，可他又不肯投降司马颖，于是逃回在山东的封国去了。

司马越出逃自然也带走了自己的势力，洛阳城因此兵力空虚。河间王

十六国 坐姿女陶俑

司马颙的部将张方就趁机拿下了洛阳。这一战的结果是，司马越被迫暂时退出争斗，司马颙渔翁得利，而司马颖最惨，成了众矢之的。司马越之后，司马越的弟弟司马腾及幽州刺史王浚又联合乌桓、羯人等少数民族武装，向司马颖宣战。这一次，司马颖的部将王斌、石超、李毅等人，相继被羯人武装打败。

失败的消息传到邺城，城内人心惶惶，官民相继逃跑。就是在这种情况下，司马颖病急乱投医，放走了刘渊，让他去找匈奴的救兵。刘渊这时倒是守信，起兵后真的和鲜卑人交战了几场，但司马颖的败势已经不可挽回了，邺城最终被司马腾二人攻破，司马颖只能非常恐慌地裹挟着傻皇帝连夜逃到洛阳。

洛阳这时已经是司马颙部将张方的天下，失去根据地的司马颖逃到这里，自然也就没有参政的权力了。其间，不仅傻皇帝被张方趁机挟持，司马颖也在张方的强迫下来到司马颙的根据地长安，在这里，司马颙宣布废除司马颖皇太弟之位，把他赶回封地去了。

把握了朝政以后，司马颙选置百官，改元永兴，立豫章王司马炽为皇太弟。这个时候，司马颙是想要安抚司马越、司马腾等势力的，所以他借傻皇帝司马衷之手下诏，任命司马越为太傅，请他回朝共同辅政。

但司马越并不接受，他于永兴二年（305）七月在封国起兵，号召天下人共讨司马颙。

晋朝的王室斗成这样，对周边地区的乱局自然就无力干预了。我们上章所讲的李雄在蜀地建国（305）、刘渊在山西自称汉王（304），荆扬地区大乱后无人安抚（303），都发生在八王之乱的这个阶段前后。

幸而，这次真的是八王之乱的最后一战了。司马越率联军接连获胜，次年六月就占领洛阳、迎回天子，而后攻陷长安。司马颙、司马颖最终都被杀害，司马越于是成为诸王逐鹿的最终胜利者。

从291年皇后贾南风杀死杨骏，到306年傻皇帝司马衷回到洛阳，八王之乱共持续了十六年之久，被杀害的人数以万计。其间，诸王为了取得战争胜利，往往将少数民族的兵马引入中原参战，致使匈奴族的刘渊占据邺城，辽西的鲜卑在邺城一带抢杀，北方的乌桓趁机进入塞内，卷起了史无前例的移民狂潮。进来的少数民族，流离失所的汉人，复杂的民族形势成了西晋以后北方大动乱的重要原因。

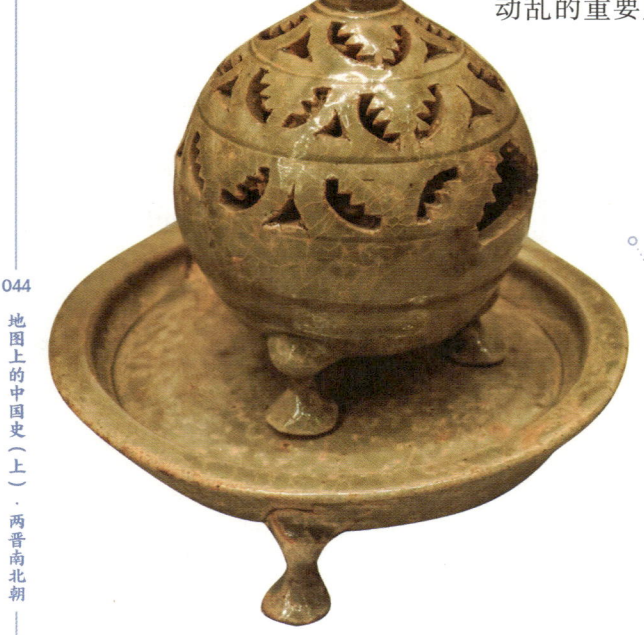

西晋 青釉镂空带托三足熏炉

香熏是专为熏香而设计的器具，使用时将香料填充在内，香气就会从香熏上的留孔散发。香料散发香气的方式并不相同，有的需要点燃生香，有的可以自然散发香气。

乱消晋亡，衣冠南渡

八王逐鹿，天下大乱。从窃取政权的贾皇后，到为大权不惜骨肉相残的八王，恐怕没有一个人想到，他们野心勃勃而来，拼死创造的却是一个"零和"结局。凡是搅动这场大乱的主导者，无一得到善终。最终窃取大权的司马越很快就发现，比同宗兄弟更可怕的敌人已遍布四方。

此后一年多时间里，北方并不安分，自称汉王的刘渊成了北方诸多势力的投靠对象。刘渊的政权位于山西，离晋朝的核心区长安和洛阳很近，是个亟待解决的大问题。但司马越当时明显没有这个心力。

一年后（307），傻皇帝司马衷突然死去，皇太弟司马炽继位，也就是晋怀帝。司马炽是晋武帝的小儿子，继承皇

石勒像（取自《石勒听讲图》）

位是合情合理的。而且司马炽平时就安分守己，专心研读史书，是个难得的根底干净的王爷。当时就有人称赞他，如果在"承平"时代继位绝对是"守文佳主"。

可惜的是，司马炽上任的时机很差，当时司马越仗着立下大功正专擅朝政，二十出头、缺乏政治经验的司马炽虽不情愿，可也没有能力扭转大局。而司马越为了独揽大权，又采取了不少不光彩的手段，包括矫诏、诬告，弄得朝廷既失威信，又得罪了一部分世族门阀。而这样动荡不堪的朝廷，却偏偏不得不面对刘渊为首的各方势力。

永嘉二年（308），也就是晋怀帝继位第二年，刘渊称帝，对晋朝的威胁日益增加。到了永嘉四年（310），刘渊虽死，但他的儿子刘聪继承遗志

继续威逼洛阳。当时，刘聪的弟弟刘曜和将军王弥出入洛阳附近，攻城略地，刘渊麾下的石勒则不仅雄踞黄河以北，还渡过黄河进犯长江以北的地区，洛阳城实际已经处于包围之中，连粮食都要供应不上了。

晋怀帝不得不发羽檄给各地的方镇，绝望地说："各位有征东、征南、征西、征北或者镇东、镇南、镇西、镇北称号的将军，今天我还有救，再晚就来不及了。"可是方镇们自顾不暇，无一来救。

司马越只好决定放弃洛阳，向自己的起家地东南方向撤退，走时成立了一个尚书行台，带走了大批朝廷官吏、良将精兵。司马越撤了，晋怀帝也就彻底和他撕破脸，任命了苟晞为大将军，宣布司马越的罪状，号召各方讨伐司马越，但这也就是逗一逗口头之快罢了。

令人意外的是，晋怀帝的檄文还没有征来一兵一卒，司马越却突然撑不住了。他忧惧成疾，竟然暴死在撤退途中，也不知是真怕了晋怀帝的檄文，还是畏惧即将追来的匈奴大军。为了稳定人心，太尉王衍下令秘不发丧，派晋武帝的孙子司马范接管这支军队，继续撤向司马越的封国。

汉赵大将石勒得知消息，率军紧追不舍，在苦县宁平城大败这支出逃的晋军。司马范率领的，包括王公、世族门阀在内十多万人，全被歼灭。

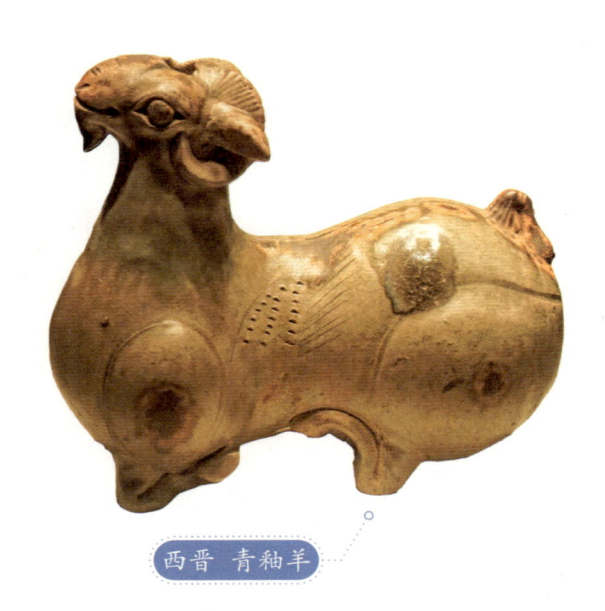

不久，司马越的嗣子司马毗及宗室四十八王也被石勒追杀消灭。

失去了司马越这最后一支力量，洛阳的晋怀帝完全是个空壳。

两个月后，刘渊的儿子刘聪派刘曜攻陷洛阳，司马炽出逃失败，沦为俘虏，晋朝的宫庙被大肆焚毁，晋朝的王公贵人、百

西晋 青釉羊

官、平民三万多人遇害。司马炽最终被抓到汉赵都城平阳，过着耻辱的生活。

洛阳城破时，晋朝的王公贵族毕竟人数尚多，所以还是有一部分人西逃到了关中，他们拥立司马炽的侄子司马邺困守长安。司马邺以太子之名掌管了这个小朝廷一段时间，得知司马炽已经被害死，才登基称帝，也就是晋愍帝。此时关中已经是一片孤地，北方活着的皇室、世族门阀纷纷迁到江南，西晋在北方的统治已经名存实亡。

公元316年，汉赵将领刘曜率军围攻长安，长安城内外断绝联系，发生严重饥荒。为了保全城中百姓，在群臣号泣声中，司马邺乘坐羊车，光着膀子、口衔玉璧、带着棺材，出长安城东门向刘曜投降。不到两年，汉赵统治者刘聪就毒死了司马邺。

奇闻逸事

悲情晋帝

西晋的末世之君司马邺、司马炽，其实都谈不上昏庸，然而形势所致，他们最终都落入了如出一辙的悲剧。在汉赵朝廷上，刘聪曾这样对晋怀帝感叹："卿家骨肉相残，何其甚也？"被以残忍不开化著称的匈奴这样询问，晋怀帝的心情可想而知。为了表现对晋朝王室的征服，汉赵统治者要求晋怀帝、晋愍帝在宴会上当着晋朝旧臣的面斟酒，如同奴仆。尤其是晋愍帝，他不仅要倒酒、刷杯子，甚至要在人家如厕时拿马桶盖。

地图专题 八王之乱

性质：西晋皇族争夺政权的变乱。

参与者：汝南王司马亮、楚王司马玮、赵王司马伦、齐王司马冏、成都王司马颖、长沙王司马乂、河间王司马颙、东海王司马越。

影响：严重破坏社会经济，导致各少数民族和流民起义，致使西晋王朝灭亡。

透过地图说历史：

八王之乱，内因是晋惠帝智力低下、无力主政，致使皇后贾南风和外戚弄权。外因是西晋大肆分封，且一度遏制地方兵马，将重兵归于宗王。

由于八王之乱的经过前章已经详细描述，这里主要补充一下晋朝军队设置的知识，希望读者能够多一个理解八王之乱的角度。

晋武帝篡位称帝后，真正掌握全国军队的是都督中外诸军事这个职位。八王内乱时，把握朝政的诸王无不以此职位把握军队、控制政局。都督中外诸军事虽然位高权重，但实际还是代皇帝行使军权。可晋惠帝时期，皇帝的痴呆又导致军权和君权长期地分离了。

当时，晋朝的军队主要有三种。驻扎在京城附近、直属中央的叫作中军，分布于京师以外地区的叫作外军。中军和外军都是中央设立的，此外还有由州郡自己设立的军队，叫作州郡兵。由于晋朝削减地方武装的政策，州郡兵人数很少，相比中军和外军不值一提。更何况，州郡兵马虽然听命于州郡长官，但编制上往往被统领外军的都督统辖，也可以说是外军的一部分。

八王分封图

晋朝初年，中军是最强大的军队，数量多、素质高，动辄有十万中军出征平叛的记录。但在傻皇帝司马衷时，由于军权长期被外戚、宗王篡取，中军缺乏君主把控，又屡次和诸王作战，最后，这支强大的中军便外散于四方了。

中军既然分散，地方军自然称雄。当时州郡兵少，地方兵马主要在都督和宗王所建的王国手中。都督和宗王不能说是两群人，因为晋武帝分封诸王时任命很多宗王出任都督，所以强大的宗王往往身兼都督职位。八王之乱就是以都督制为基础发生的，八王中的司马颖、司马越、司马冏、司马颙四人都是都督，占了天下八大都督之四。

这几人的作乱破坏了西晋军权和政权分开的国策，此后都督们无不伸手把控地区政权，几乎成了不受制于中央的独立国家。这时，西晋和东汉末年群雄并起的局面已经非常相似了，再加上外患和内乱同时发生，北方诸王刚刚决出雌雄，还没有安定全国，就被少数民族的政权消灭了。

衣冠南渡

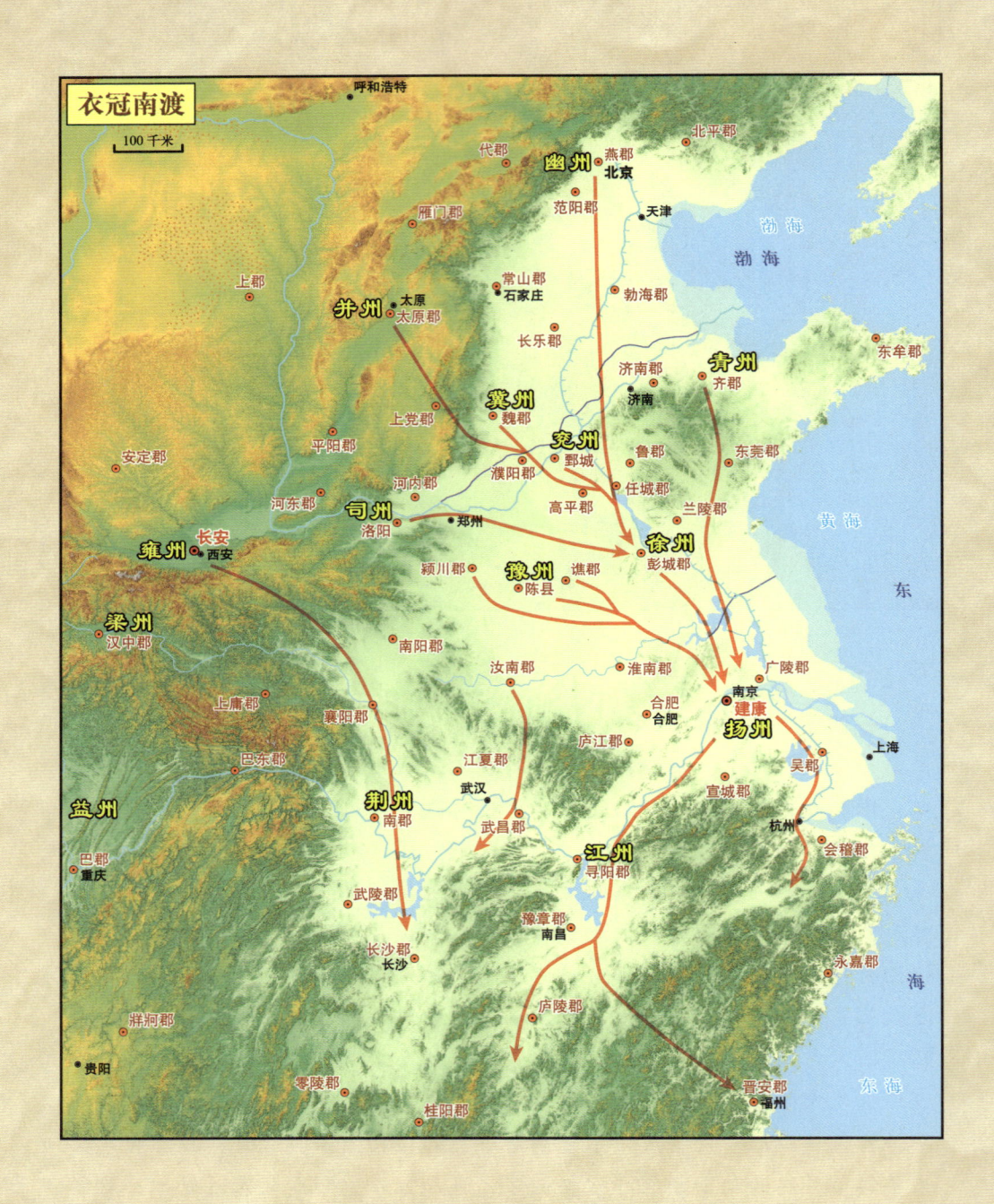

地图专题 衣冠南渡

性质：改变中国南北形势的人口大迁徙。

背景：西晋末年，贾后乱政、八王混战，刘渊等反晋势力趁机蜂起，西晋岌岌可危。中原人民被战乱所迫，依附世族逐步南迁。

迁徙人口数量：不下九十余万。

透过地图说历史：

八王混战之后，西晋连逢刘渊、王弥、石勒起兵，加上鲜卑崛起南下，富庶的北方"中原萧条，白骨涂地"。世家大族无法以坞堡抵抗少数民族的大军，不得不进行有计划的迁徙。他们根据所处区域，或者北投幽州刺史王浚，或者西迁凉州抵达偏远的河西走廊，但大部分世家的目的地都是江南。由于路途遥远，且北方形势的恶化仍有一定时间，所以世家大族的南渡往往是多次完成的，他们往往在南迁过程中还会滚雪球般吸纳百姓。到了江南之后，北来的世族不得不尽量规避江南已有的世家，逐步开发江南世家较少的浙东、福建乃至两广地区。

虽然衣冠南渡在客观上加快了中国广袤南方的开发，发掘了中国极大的地区潜力。但就一个王朝来说，却是极为悲哀的。因为早在西晋政府尚在时，琅琊王氏、司马睿就已经开始为南渡做准备，北方的世家大族也纷纷抛弃故土南下。以至于《晋书·王导传》中就有"中州士女避乱江左者十六七"的记载，如此多力量无人组织，西晋的灭亡自然难以避免。

即便如此，也还有大量的百姓无法南迁被迫留在中原。因为古代交通不便，长途迁徙不仅有很高的风险，更需要承担相当大的开销和损耗。比如足以支持千里行程的衣食旅费，比如被迫放弃耕织的直接损失、丢弃的房屋田产。即便克服这些，新迁徙地能否有足够的田产谋生，也是一个致命的未知数。至于拖家带口迁徙途中可能遭遇的抢劫、疾病更是普通百姓无法解决的。

这也是东晋初年，南迁的世族对北伐分外软弱迟疑，而中原百姓渴盼王师的情感分外强烈的原因。等到这一代留在中原的百姓纷纷死去或者融合于北方民族，南朝的北伐自然就无人响应了。

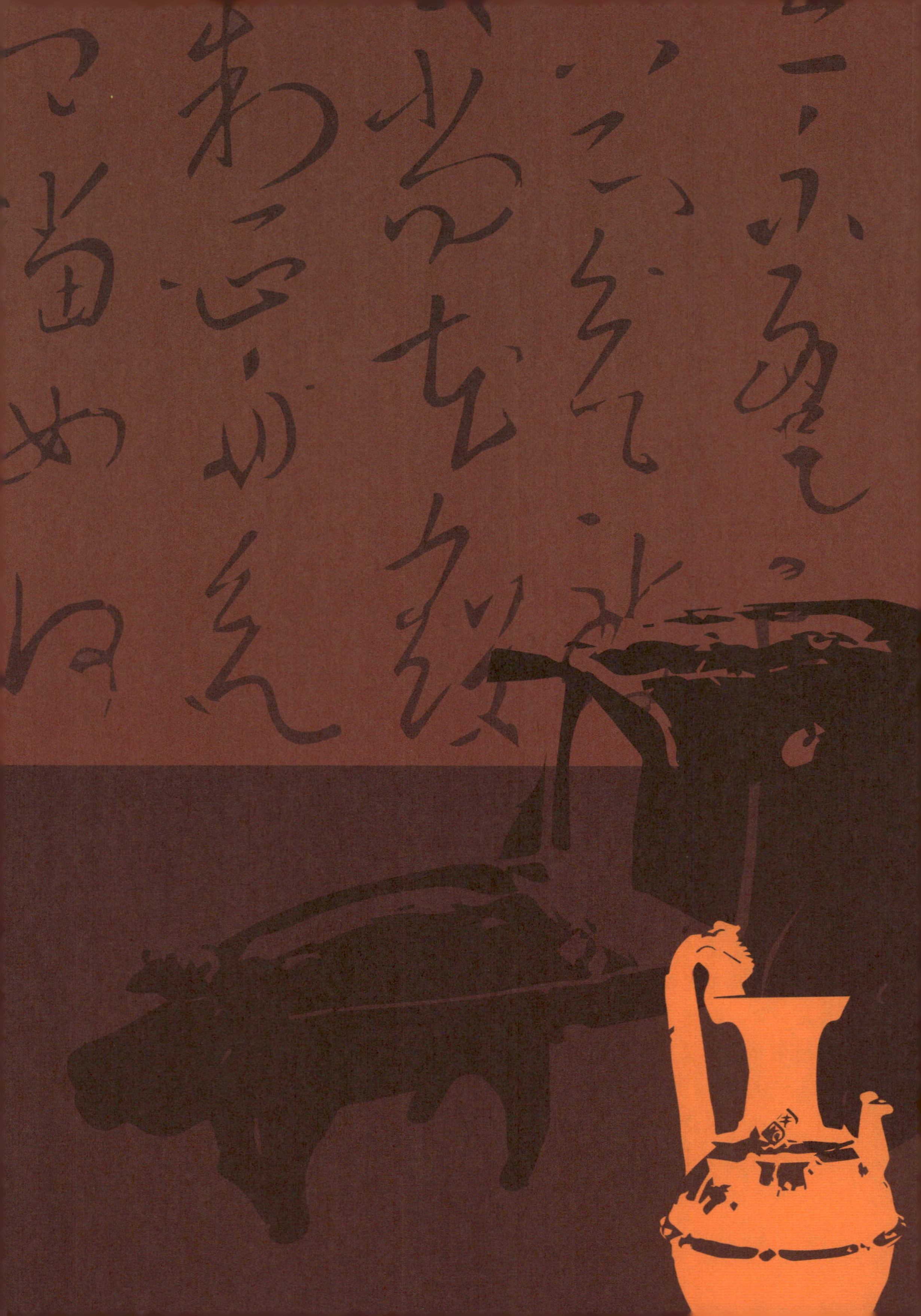

东晋

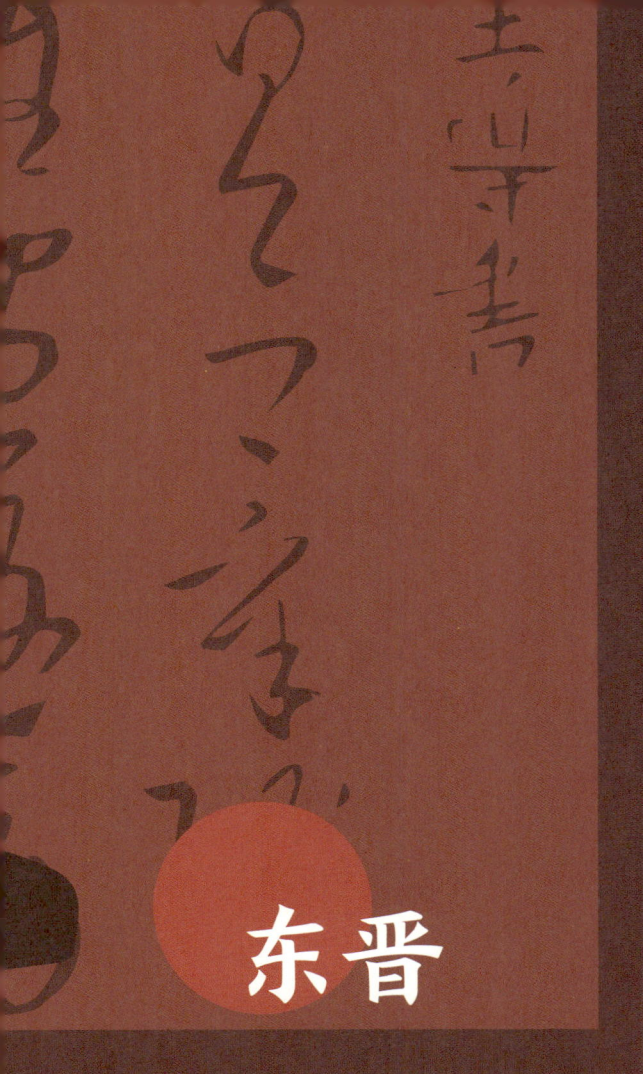

317—420

东晋时的五胡十六国，实在并不成其为一个国家，所以其根基并不稳固。……此时北方的汉族，因为没有政府的领导，虽有强宗巨室和较有才力的人，能保据一隅，或者潜伏山泽，终产生不出一个强大的政权来……南方当这时候，却产生出一种新势力来。晋朝从东渡以后，长江上流的形势，迨较下流为强。以致内外相持，坐视北方的丧乱而不能乘。

——吕思勉《吕著中国通史》

- 318······东晋建立
- 318······前赵代汉
- 319······石勒建赵
- 322······王敦叛乱
- 329······前赵灭亡
- 337······前燕建立
- 347······桓温夺蜀
- 349······梁犊起义
- 350······冉闵灭赵
- 351······苻健建秦
- 356······桓温伐秦
- 369······桓温伐燕
- 370······前秦灭燕
- 376······前秦统一
- 383······淝水之战
- 384······后燕建立
- 386······北魏建立
- 394······西燕灭亡
- 404······讨伐桓玄
- 407······魏灭后燕
- 409······北伐南燕
- 416······北伐后秦

时间　304—319

06　汉赵之乱与三定江南

> 上表曰："东北八州，勒灭其七；先朝所授，存者惟臣。勒据襄国，与臣隔山，朝发夕至，城坞骇惧，虽怀忠愤，力不从愿耳！"
> ——《资治通鉴·晋纪十一·建兴二年》

【人物】刘渊、刘聪、刘粲、刘曜、石勒、司马睿、王衍、王导、王敦、刘琨

【事件】前赵离心、建立东晋、刘琨抗赵、前赵内乱、后赵建立

西晋灭亡，引起空前动荡。北方的衣冠士族、汉族百姓纷纷南迁，和江南地区的原住民碰撞出全新政权。南下的少数民族，随壮大而互生矛盾。滞留北方的汉民，为生存不息抗争。错综复杂的利益纠纷，形成了混乱的十六国时期。

五十步笑百步的汉赵

刘聪讥笑晋王室骨肉相残，讽刺的是，他自己的汉赵也没有比西晋好上多少，同样在继承人上出了大问题。刘聪本身是乱中上位的，为了博取支持就封单太后的儿子刘乂为皇太弟。

从西晋的皇太弟司马炽继位就可以看出，当时皇太弟就是继承人的意思。但是，刘聪还任命自己的儿子刘粲为相国、大单于、总百揆，这些职位权力极大，尤其是大单于，基本就是副王的意思，刘聪自己就曾是大单

于。这种局势为汉赵后来的权力交接埋下了祸根。

不过，总体而言，刘聪对汉赵政权是有大功的。一则他继承了父亲的功业，将汉赵的势力发展到巅峰，更是创下灭亡西晋擒获两帝的大功劳，当时的中原，几乎全属于汉赵的统治范围；二则刘聪在位时对匈奴人和汉人采取了分治的政策。汉人每万户设置一个内史，内史上面是管理二十多万户的两个司隶，虽然这种建制和匈奴人每万落设置一个都尉，其上设置单于左、右辅差不多，但毕竟是把汉人和胡人分开了。而且打破了汉人以地域划分的管理方式，很便于管理来自四面八方的汉民。

但是，汉赵政权毕竟是一个仓促组建、势力复杂的军事联盟，缺乏统一的基础。随着版图的扩大，汉赵联盟内的各股小势力其实都在壮大，它们彼此的矛盾也在激化。比如石勒就火并了王弥，王弥的部将曹嶷则基本

风云人物

奇人葛洪

可能很难想象，在晋末大乱少数民族南下的时代里，生活着中国著名的道教理论家、医学家葛洪。葛洪自幼就喜欢神仙导养和炼丹的神奇法门，成年后更是痴迷其中，仅仅因为交趾盛产丹砂，他就冒着水土不服的危险主动申请到那里当官。葛洪在炼丹中进行了大量医学、化学的尝试，保留了很多珍贵的民间方剂和化学知识。他的著作有《抱朴子》《西京杂记》等，其中有对天花的最早记载。

◀ 东晋 持莲花俑

吞并了山东一带，而南下的鲜卑族则逐渐在北京、河北等山西以东中原以北的地区发展壮大。他们名义上还是汉赵的臣子，但是刘聪多半已经不能随意驱使他们了。

而刘聪所在的匈奴族，本质上仍然是文化落后的，像刘渊一样饱读汉学、志向远大的贵族毕竟是少数，所以匈奴高层普遍在征服的地域花天酒地。再加上汉赵统治时期，国家年年都在作战，底层百姓难以安心种地，生活非常贫苦，因此汉赵国力迟迟不能壮大，国本始终不能稳固。可刘聪本人却似乎觉得大业已成，极尽荒淫之能事，政事全都丢给刘粲，如此一来，匈奴作为汉赵之主的地位也就岌岌可危了。

江南豪族，再造金陵王气

"王濬楼船下益州，金陵王气黯然收。"本套书的东汉三国篇以刘禹锡的《西塞山怀古》煞尾，其实，这句诗还是有些偏颇的，因为随着西晋灭吴，以建康为中心的长江以南地区，并没有简单地随东吴衰落，更何况衣冠南渡后金陵王气再度降临。灭吴以后，西晋和在朝内拉拢世家大族一样，同样保留了江南的世家大族，只不过江南世族在朝中为官者略少罢了。"东吴四姓"顾、陆、朱、张，四个大家族在三国时期就颇有影响（比如陆氏出了东吴大将陆逊这样的人物），到了晋朝，仍然是江南地区响当当的人物。

因为有这些世家大族镇守，江南地区长期保持着难得的安定。前文所说的荆扬地区人民暴乱，其残余势力就是在进入江东后被周氏的周玘联络世家大族镇压下

东晋 黑釉鸡首瓷壶

来的。尤其是西晋末年天下大乱，因为长江的隔阂作用，江南本来是极容易产生割据的，有过这种想法的人有好几个，但他们全都被周玘为代表的江南豪族发兵消灭了，这也就是所谓的"三定江南"。

因为有江南豪族为了自保而进行的三定江南，所以在汉赵迅速膨胀的前提下，江南地区才能给晋王朝提供南渡偏安的可能。

晋王朝的衣冠南渡，大体是以世家大族为单位的。因为当时北方已经在八王之乱和少数民族南下间被折磨了近二十年，这二十年间，老百姓逐渐察觉，想要安全地种点儿地，就必须团结在一起，自己修筑坞堡这类工事，共同保护财产。时间一久，原本自由的百姓发现已经无法正常耕作，同样会投奔这种组织，这些坞堡的领导者其实就成了地方的"小领主"。在觉察北方越来越危险的局势后，他们早就开始有计划地南迁避难。等到西晋灭亡，除了少部分投降的世族外，大部分世家大族都是带着宗族、乡里以及依附于自己的宾客、部曲，渡长江而去了。

世家大族尚且有所准备，何况王族？晋王室的司马睿就是在这个形势下得到命令，以安东将军、都督江南诸军事的身份迁到江南的建康，成了朝廷任命的江南最高长官。司马睿的领地和司马越相邻，两人的关系是非常亲近的，他的南迁应该是在为司马越铺路。但人算不如天算，司马越死在途中，十万精锐力量损失殆尽，结果作为司马越"小跟班"的司马睿竟然就这样坐享其成，成了帝位的不二人选。

当然，司马睿能稳稳当上皇帝，和世族门阀中的琅邪王氏关系很大。

王是一个大姓，这个世族以琅邪王氏自称就是为了和其他的王姓区分。琅邪王氏是当时北方数一数二的大门阀。中国古代特别有名的孝道典故卧

晋元帝司马睿

冰求鲤，其主角王祥就是琅邪王氏，在以孝治天下的晋朝，王祥曾经位居朝中三老。竹林七贤中的王戎，也是琅邪王氏。在那个实行九品中正的时代，这样的世家大族想不权倾朝野都难。

司马越南逃病死时，决定隐瞒司马越死讯继续南下的太尉王衍，也是琅邪王氏。

王衍在朝时便开始为王氏未来做打算，他曾向司马越推荐族中的王澄出任荆州刺史、王敦出任青州刺史。理由他私下说过："荆州有长江、汉水的坚固，青州有背靠大海的险要。你们镇守在外地，我留在京师，我们的家族就安全了。"

在地理上，青州位于江南以北，荆州位于江南以西，王衍实际上把南下必经的要地都把握在家族手中了。后来，随着局势越来越恶化，王衍也就顺理成章地劝司马越派王导和王敦去辅佐琅邪王司马睿下江南，使之成为皇室和世族门阀最后的退路。

而且王氏和司马睿还有一层关系，那就是王氏的家乡琅邪是司马睿的封地。因为王氏的精心布局，因为江南豪族有力的领地维护，西晋灭亡后，衣冠南渡才这样顺理成章。否则，一个王朝的核心、数以百万计的人口，如何能在短时间内实现转移呢？

奇珍异宝

九章算术

魏晋时期，中国涌现了一批优秀的数学家。大约在景元四年（263），数学家刘徽开始写《九章算术》。由书中记录了晋惠帝元康五年（295）的大火可知，这本书应该成书于西晋，著作时间长达三十多年。《九章算术》里已经出现了正负数、整数、分数、开方、平方等现代数学的基础概念，而且将圆周率精确到了 3.1547。

永嘉元年（307）九月，司马睿带王导、王敦等人渡江到建康，经营江东。

317年，司马睿即晋王位，改元建武。次年，司马睿即皇帝位，即晋元帝，改元太兴。因为以东方的建康为王都，所以这个政权被后世称为东晋。

西晋北境的孤勇者

永嘉元年（307），司马睿和王氏开始共同经营江南时，北方的局势也发生了改变。汉赵联盟迅速壮大，但内部矛盾也迅速激化。

一方面，实际掌握大权的刘粲，不断侵夺权力，而且步步展开了对皇太弟刘乂的攻势。另一方面，汉赵手下的石勒、曹嶷、鲜卑族也都各自壮大。到了后期，前赵能统治的也就是刘曜坐镇的关中和山西的一角。

山西是刘渊的起家地，为什么只能控制一角呢，因为这时北方出现了一个不甘屈服的汉人敌后政权。

政权的领导者叫刘琨。刘琨出身于西晋世家，是个少有文名的翩翩才子，著名文人团体"金谷二十四友"中就有刘琨。但刘琨和只知道吟诗作赋的士大夫不一样，他是真正想做出大事业的。

刘琨二十多岁时，出任司州主簿，在任上，他认识了知己祖逖。当时八王之乱未起，两人都有心为国家效力。因此常常一起谈论时事，勤奋地磨炼本领，并相互鼓励说："如果出现了机会，我们就一起干出一番事业吧！"

有一次，祖逖在半夜听到鸡叫，认为是上天激励他要上进，便爬起来练习剑术。不仅如此，

东晋 朱绘持盾武士陶俑

他还叫醒刘琨,一起到屋外练武。他们约定,以后每天早上听到鸡叫声,就起床练习武功。这就是成语闻鸡起舞的出处。

这对闻鸡起舞的伟少年没有想到,几年之后,八王之乱爆发,胡族肆虐北土,他们大展身手的机会真的来了。只是此时,他们想要报效的国家却已然名存实亡了。

在西晋最后的时光里,刘琨被司马越任命为并州刺史。并州的核心在晋阳,特别靠近汉赵的起家地,被战乱祸害得废墟林立、荆棘遍野,到处都是饿死的百姓,而朝廷这时连兵马也没有给刘琨准备。刘琨只能自行招募了千多人马,一点点地清理废墟、埋葬遗骨,恢复街市、牢狱等基本设施。经营了很久才让晋阳有了点儿城市的样子。北方饱受战乱之苦的百姓于是纷纷投奔,刘琨安抚百姓,逐渐成了统领一方的大势力。不过刘琨善于招抚,却不太善于用人,还是保留着文人性情,多少有些偏爱通晓音律文学的人士。这些人的心术和才能却没有音律那么好,所以刘琨麾下的将军令狐盛和这些人矛盾很大。这两股势力的内斗导致很多人离刘琨而去。

刘琨的军事能力稍有欠缺,却偏偏遇上了军事才能不凡的石勒。当时,石勒进攻乐平,刘琨不听劝阻,贸然以新招抚的汉人全军出战,结果中了埋伏,这支心理素质很差的部队完全崩溃。没了他们,并州也守不住了,刘琨只能放弃根据地,从山西高原的飞狐陉进入河北,投靠了声称愿意帮扶王室的鲜卑人段匹䃅(dī),这一年也就是西晋灭亡的那一年。

重赠卢谌(节选)

刘琨

功业未及建,夕阳忽西流。
时哉不我与,去乎若云浮。
未实陨劲风,繁英落素秋。
狭路倾华盖,骇驷摧双辀。
何意百炼钢,化为绕指柔。

鲜卑人段匹䃅倒是很守承诺，真的于来年让刘琨率兵攻打石勒，但是鲜卑内部不和，段匹䃅的堂弟段末杯被石勒拉拢了，远征因此告吹了。

更可叹的是，此后鲜卑部落内斗，刘琨的儿子被卷入其中，并给父亲写了一封密信，请求他背叛段匹䃅，这封信被段匹䃅截获，刘琨百口莫辩地被杀死在了异族手中。刘琨去世的这一年，是太兴元年（318），这一年是晋元帝登基那一年，也是刘聪去世的那一年。

刘琨之死，是北方流亡汉民族斗争失败的缩影，也是石勒迅速扩张的表现。

汉赵相争，后赵得利

时间稍微回溯一点儿，到刘聪统治的末年。此时刘粲已经积累了不少军功。围攻洛阳，他是将领之一，击杀西晋名将司马模，战胜西晋名将刘琨都是他立下的功勋。凭借这些功绩，刘粲的声望和实权已经远超皇太弟刘乂。

在这种形势下，刘粲对刘乂下手了。建武元年（317）四月，刘粲派人向刘乂传讯："刚接到皇帝的诏令，说京师将有事发生，应该命令大家穿上铠甲做好准备。"刘乂信以为真，就让东宫中的官属都穿着盔甲做事。谁承想，这个举动反而被刘粲作为把柄。他一面和皇帝的岳父靳准等人合谋，向刘聪打小报告，说刘乂在自己宫中偷偷地穿甲戒备，不知该如何处理，一面把刘乂手下管理的氐人、羌人酋长抓来用酷刑折磨。这些人熬不住拷打，都撒谎说自己和刘乂在准备谋反。刘聪因此彻底相信了，结果东宫属官以及平素与刘乂亲近的大臣都被诛杀，刘粲被立为太子。

此事过后一年，刘聪就去世了，刘粲继位为帝。刘粲这个人打仗是有能力的，但性情骄纵奢侈、独断专行。继位后，他不顾国内连年征战导致的百姓流离失所，仍然给自己修建宫室。而且他可能还保留着匈奴人父死娶母的习俗，将刘聪几个不满二十岁的妃子收归己有，而且也娶了靳准的女儿。这以后，刘粲整天主要就是玩乐，不怎么热心政事了。靳准因此大受重用，成了实权人物。

时间 304—319

明 蓝瑛 石勒问道图

石勒虽是羯人，但悟性高，亲佛法，曾虚心向很多高僧求教，图中谦恭问道的红衣人就是石勒。

靳准是一个很有野心的人，但他也知道手头的力量不容易夺取大权。所以他就向刘粲传谣，说："王公贵族们想要废了陛下您，陛下您一定要先下手为强。"

刘粲品行不端，但还不傻，并不很信。靳准就通过自己的女儿来吹枕边风。说的人多了，刘粲这才相信了，下令将太宰、上洛王刘景，太师、昌国公刘顗，大司马、济南王刘骥，大司徒、齐王刘劢等有权势的大臣处死。

这些人被杀后，靳准更受信任，他专权的障碍也被扫平了。刘粲则完全不知大祸将至，依旧沉湎酒色，军国大事都由靳准决断。

靳准就利用这个机会，假传刘粲的诏令，让堂弟靳明和靳康统率禁军。至此，在京城内刘粲就完全没有兵马对抗靳准了。太兴元年（318），堂堂皇帝就这样被靳准在大殿数落罪名，然后杀死。皇族刘氏的男女老幼全部被靳准斩杀，连刘渊和刘聪的陵墓都被挖开，刘氏宗庙也被焚毁，汉赵在京师的血脉几乎断绝。而靳准却自称汉天王接掌了这个政权。

虽然杀了刘粲，但靳准的篡位着实太冒失了，汉赵不仅在根据地山西有势力，在被征服的关中地区还镇守着手握重兵的中山王刘曜，黄河以北则有兵强马壮的石勒。刘曜得知消息后，亲率军队赶往平阳。路上遇到了从平阳出逃的太保呼延晏与太傅朱纪，在这两个高官的支持下，刘曜即皇帝位，改元光初。在河北的石勒得知后也对平阳动兵。两面夹击下，靳准只不过是一个掌握禁军的匈奴贵族，如何能抵挡得住，还未等城破，就被自家族人杀死，作为投降刘曜的投名状了。刘曜接受了投降，但没有放过靳准一族，最终靳准不仅为别人做了嫁衣，还害得一族尽灭。

这场内乱看似结束，其实刚刚开始。因为靳氏投降刘曜以前，石勒的兵马就已经在平阳颇有战果了。当时靳准还活着，他是曾经派出使者卜泰向石勒投降的。石勒很有野心，故意把这个使者送到刘曜那里，意思是告诉刘曜，靳准投降的是我石勒，你最好别打平阳的主意。谁知道卜泰很机灵，反而借机为刘曜给平阳城里传话，劝说他们开城迎接刘曜。最终靳准被杀，靳氏还是选择投降刘曜，并且献上了玉玺。卜泰因此立下大功。

这件事气坏了石勒，他为此派军急攻平阳。刘曜也没办法守住平阳，只能收留了城内投降的人马，而平阳却被石勒打下了。

此时，刘曜名为皇帝，但实际上连都城都没收回来，如何能不恨石勒？但他偏偏没有把握对付石勒，反而要压着火给石勒大封特封。此时的刘曜和石勒只剩下表面和气，两家从此成了死仇。

最终结果是，光初二年（319），刘曜退回自己的根据地关中，迁都长安，改国号为赵，修建了宗庙和祭坛。这也就是为什么刘渊所建的国家以汉为名，却偏偏被称为汉赵。也是在这一年，石勒在襄国即赵王位，建立了十六国中的后赵。

科学发明

舂车与磨车

后赵时期，尚方令解飞发明了舂车与磨车，这是两种巧妙的自动研磨设备。以舂车为例，解飞在车上装了给稻谷去壳的碓，碓上面还安了木头做的人。这个木人可不是装饰，而是通过机械结构和车子连在一起。车子前进，木人就不停地踩碓，推动它给稻谷去壳，完全不用人辛苦地劳作。大概只需要走十里路，一斛白花花的大米就去壳成功了！

时间 313—321

07 偏安的王室和北伐的英雄

> 逖以社稷倾覆，常怀振复之志。……仍将本流徙部曲百余家渡江，中流击楫而誓曰："祖逖不能清中原而复济者，有如大江！"辞色壮烈，众皆慨叹。
> ——《晋书·列传第三十二·祖逖》

【人物】祖逖、陈午、冉瞻、司马睿、祖约、王导

【事件】乞活军兴起、祖逖北伐、立足江南

民族危亡、中原沦丧。有人香车宝马衣冠南渡，有人衣衫褴褛为生存抗争，还有人自南而北，勇敢地做时代的逆行者。他们轰轰烈烈地战斗、轰轰烈烈地失败……少了如此良才，东晋政府还自以为南金东箭、人才尽收，实在令人唏嘘不胜。

乞活军，意难平

西晋的王室消亡了，世家大族南渡了，但北方百姓何其之多，所以仍有大量民众在战乱区和敌占区生活。北方的政权，虽然历经内斗和分裂，但是其少数民族为领导的性质没有改变，统治者对汉族百姓的歧视和剥削往往非常严酷，即使偶遇贤明的君主，几代后也往往堕落到鱼肉人民的地步。这导致北方百姓一直有强烈的反抗情绪，一心梦想着南渡的王师能够北定中原。可晋朝政府搬家后全心忙于布置江南，百姓们只能自发组成军

队，来自保和抗争。

中国的历史上，出现过很多农民起义军，但是十六国时期的这一支军队最让人意难平，仅军队的名字就让人心碎——乞活军，他们只是想活着。

乞活军的本质，是西晋末年就开始出现的流民。因为战乱、饥荒，这些百姓不愿在故乡等死，于是纷纷去相邻的州郡"乞食"。这样大规模的流民是不受任何人待见的，迁徙地的百姓和官员害怕他们作乱抢劫，政府为他们的妥善安置焦头烂额，南下的少数民族自然也把他们视为最讨厌的汉人。因此，流民不仅受到排斥，还经常受到多方的武装攻击，这迫使他们在黄河两岸紧紧团结在了一起。乞活军的前身，主要就是撤出并州的武装流民集团，在撤出时，并州刺史司马腾为了便于管理，对流民进行了武装整编，这就让他们有了军队的模样。

后来天下大乱，晋朝的官方力量纷纷南下，真正一直在反抗胡族统治的就是乞活军。乞活军是流民自发产生的，但随着常年作战，他们的组织性越来越强。其中出现了很多优秀的将领，比如陈午，他至死都告诫麾下不要侍奉胡人。

科学发明

精确的计时器——漏刻

在汉魏时期，没有现代的钟表，中国人用漏刻来计量时间。漏刻由两个部件组成。一个是漏壶，用来装水，下面有洞，水会以比较稳定的速度漏出。一个是刻箭，它直直地插在漏壶里，随着壶里的水流出，水面就会落在箭杆不同的刻度上，如此一来刻度就可以表示时间了。那时候古人把一天分为一百刻，并且精确地观察到一年中夏至和冬至的白昼会相差二十刻。

时间 313—321

宋 赵芾 长江万里图卷

然而对这样一支爱国的力量，东晋政府一直是既利用又忌惮，采取了分化策略，使得乞活军内部经常自相残杀。由于缺乏组织，乞活军一度被石勒强制迁徙到广宗、上白等地区。但即便如此，乞活军的抗争时间仍是令人震惊的，直到东晋末年的刘裕北伐之际，乞活军还在抗争，此时距他们因为饥荒撤出并州老家已经一百多年了。

乞活军的活动相对琐碎，读者们可以重点留意陈午所率的这支军队。这个军队里有一个孩子叫冉瞻，在作战中被石勒俘虏了。冉瞻当时只有十二岁，却非常骁勇，竟然让石勒产生了爱才之心，命令儿子石虎收冉瞻为养子。

中外对比

313年，祖逖北伐，渡江北上。
313年，罗马颁布"米兰敕令"，承认基督教合法地位。

茫茫长江，天隔南北，既是东晋世族修身养命的屏障，也是江南英雄梦想的牢笼。

冉瞻骁勇有力，为石勒立下赫赫功劳，成为后赵的重要将领，但是无论石勒还是冉瞻可能都没想到，冉瞻的儿子冉闵不仅使得石赵灭亡，还使得羯族几乎灭种。

北伐不还，有如大江

讲到刘琨的时候，提到过和他闻鸡起舞的知己祖逖。刘琨后来孤军守并州，可惜卷入鲜卑族内斗而死。那祖逖在做什么呢？祖逖同样用一生做了一个顶天立地的大英雄。

祖逖出身世族门阀。他的家族世代都有两千石以上俸禄的高官。但祖逖与那些崇尚奢侈清谈的世族门阀子弟不同，他不拘小节，轻财重义，常周济穷人，深受乡党宗族的敬重。

诸王混战时，长期读书练武的祖逖得到重用，和好友刘琨一样参与了诸王之争。不过在荡阴一战后，祖逖就回到洛阳，从此再没参与诸王混战，一直待在家里读书习武。因为声名在外，祖逖收到过范阳王、高密王、平

时间 313—321

昌公、司马越等多人的邀请，但他都拒绝了。

洛阳沦陷后，北方世族纷纷寻找躲避之所。祖逖便带领族人一起南下。他带着族人到达泗口时，被任命为徐州刺史。不久，又被任命为军谘祭酒，率部驻扎在京口。京口是长江的渡口，祖逖驻扎在这里，时刻想着光复中原的机会，对江南安稳的生活没有什么眷恋。

313年，司马邺在长安继位，命司马睿率军赴洛阳勤王。祖逖认为机会来了，主动请缨北伐。司马睿正经营江南，而且恐怕早盼着晋愍帝死去好荣登皇位，所以根本无意北伐，但也不好意思公然反对，就任命祖逖为奋威将军、豫州刺史，可是却一兵一卒也没有给他，只给一千人的粮饷、三千匹布帛，让他自己想办法。

一千人的粮饷招来的队伍如何能对抗以十万计的大军？一般人早就望而生畏了，可祖逖真的带着财物北上，开始招募将士，组建北伐军。

在渡过长江时，祖逖看着滚滚江水，感慨万千，敲着船楫，大声发誓："我祖逖若不能扫清中原，就有如这大江，有去无回！"

祖逖待民温厚，平时经常将车马让给老弱病残，自己徒步而行，有了衣食药物也往往和人分享，所以流民都很支持他。正因如此，渡江后祖逖才能一边在淮阴驻扎，起炉打铁铸造兵器，一边用财物招募到两千多人。这些人是不足以北伐的，但在当时，石勒和前赵的势力其实还没有渗透到黄河以南太深，广阔的江淮地区是有大量想抗争的晋朝人的。

祖逖就逐步吞并这些世族或百姓形成的聚落，打压欺凌百姓烧杀抢掠的豪强，收拢流民壮大北伐军。

东晋 瓯窑青釉点彩牛形灯盏

渡江五年后，祖逖的军队已经发展到能够和石勒之子石虎的五万军队对抗，并且战而胜之的程度。这个时候，石勒正忙于和前赵较量，祖逖就趁机多次主动出兵攻击，使得后赵在河南的势力范围迅速萎缩。

连战连胜、品德高尚的祖逖，名声在黄河以南迅速传开，这使得原本各自为战的河南晋人心向往之，连赵固、上官巳、郭默这些平时互相仇杀的将领，都愿意因为祖逖团结一致。祖逖的出现让黄河以南的晋人有了主心骨，他们团结起来，逼得石勒不敢兵窥河南，广袤的黄河以南地区，再度成了晋朝的土地。

就连黄河以北的晋人也暗中支持祖逖，只要石勒一调动人马，就有北岸人不顾安危地来给祖逖报信。

祖逖于是礼贤下士、体恤民情，公正地赏赐军人，带头发展农业，使得黄河以南的汉族有所恢复。石勒不仅不敢打祖逖，反倒要亲自写信求着祖逖开放黄河两岸通商。祖逖是个有气节的人，他不承认石勒所谓的后赵王朝，所以不回来信，但他并不迂腐，默许了对双方都有好处的通商。

然而，可怜祖逖好容易打开了光复中原的局面，还没有积蓄好渡过黄河的力量，东晋内部却矛盾重重了，王与马共天下变成了争天下。为此，321年，司马睿特意任命戴渊为征西将军、都督司、兖、豫、并、

古今人物画谱·闻鸡起舞

时间 313—321

东晋 陶牛车

雍、冀六州军事，出镇合肥，一方面防备在荆州的王氏叛乱，一方面也节制祖逖。

祖逖何等聪明，怎能看不出这场内乱对北伐大业的毁灭性打击，再加上戴渊没有远见卓识，祖逖心急如焚，竟然忧愤成疾而死，再也没有机会完成扫清中原、再渡长江的誓言。

祖逖死后，弟弟祖约接管他的部众，东晋则果然内乱大起。后赵军趁机入侵河南。祖约抵挡不住，退据寿春。祖逖收复的大片土地再次陷落。

5 南方的金石，东方的竹箭

祖逖的北伐，生生地因为东晋王朝的内部矛盾而错失了。为何东晋宁愿抛弃大量的土地和百姓，对光复中原的大功异常淡漠呢？

想理解东晋政府的态度，我们需要回溯一点儿时间，设身处地了解东晋这个政权的组成者，看看他们的所思所想。

司马睿虽然成了司马氏硕果仅存的继承人，然而，他在八王之乱中的"小跟班"身份并不会改变，对注重门第的世家大族而言，司马睿就是个不入品的皇族，是不受重视的。江南的土著世家对司马睿则更为看轻。一则他们在心理上就对北方人有抵触，蔑称其为伧父，伧就是鄙贱的意思（南方世家这样看待北方，是因为西晋灭吴后，南方世族门阀的政治地位远不如北方世族门阀，对朝廷的信赖和支持自然也远不如）；二则江南刚刚经历三次动乱，对外来势力一直在观望。

多种因素相加，致使司马睿刚刚移镇建康就吃了个闭门羹，整整一个多月，江南的世家大地主谁也不搭理这个空降的长官。幸好王导想到了个主意，三月三日上巳节，王导和王敦将南下世家中有头有脸的人物都叫了出来，让他们骑马跟着司马睿出游，这自然是在江南的世家面前为司马睿镀金。

雄壮威严的队列被江南的世家大族看在眼里，他们也多少相信了司马睿在北方世族中是受到尊重的。因此被称为"江南之望"的顾氏顾荣、纪氏纪瞻就带头在路边向司马睿礼拜，这样一来，司马睿才在南方有了一点儿地位。

首秀成功后，王导再次向司马睿献策："顾荣、贺循是南方最有声望的人物，您如果能聘请他们入朝为官，那江南的世家大族就没有无法招揽的了。"司马睿当即同意，命令王导去拜访顾荣、贺循。

奇闻逸事

多面世族

东晋的世族，是非常多面的。他们一部分滋生腐化，一部分又是清高重节的名士。但即便是这些行为端正的名士，他们的家族财产和对百姓的剥削也是很令人惊愕的。这是那个时代的局限性。例如廷尉张闿，他家住在小市，私设了街道大门，每天关门早、开门晚，影响附近百姓生活。虽然在听到百姓状告到司空贺循处时，张闿立即把门拆了，但是世家大族的特权也是可见一斑了。

时间　313—321

虽然王导在劝谏时口中都是礼敬人才、修养品德、勘定天下的堂皇道理，虽然司马睿激动地称王导为自家的"萧何"，但这次访贤显然和先秦时代诸侯求贤于天下以成就霸业截然不同了。这次访贤，说到底是北方世家和南方世家以及王室的结盟。

王导毕竟是北方世族门阀中的大名人，不仅有地位，而且名声在外，顾荣、贺循虽然是南方世族门阀领袖，也依然对他推崇至极。王导亲自拜访，让他们感到非常荣幸，加上江南历经动乱，也的确需要一个符合世族利益的政府，双方一拍即合。

顾荣主动投奔时，司马睿以非常高的礼节接待他，并经常询问他朝政事务。顾荣则不负所托，推荐了陆晔、甘卓、殷佑、杨彦明、谢行言、贺循及陶恭兄弟等南方名门进入官府就职。于是，一个南北方世族并重的朝

东晋　王兴之夫妇墓志

王兴之夫妇墓志，是东晋出土墓志中史料价值最高的墓志之一。根据墓志内容推测，王兴之和王羲之是兄弟，这篇墓志的作者可能是王家人，甚至是王羲之本人，墓志内还提到了多位东晋的风云人物。

廷有了雏形。因为南方盛产金石，东方盛产做箭的优质竹子，这些优良的人才于是被比喻为"南金东箭"。收拢了这些人才的东晋朝廷，喜气洋洋地宣称野无遗贤，可是南金东箭是宝，北方的坚岩、乔木又何尝不是呢？

而且这个所谓野无遗贤的朝廷，因为是世族所建，所以一开始就是偏袒的。正所谓"举贤不出世族，用法不及权贵"，贫寒百姓再没有读书步入政坛的机会，"有钱生，无钱死"已经成了那个时代公平被践踏的缩影。世家大族的庄园连山带湖，饥寒交迫的百姓，但凡敢在这些池塘湖泊里支起一根鱼竿，就要被没收鱼器，并被处以十匹布的巨额罚款。

不仅官民之间，世族和世族之间也是势同水火。由于江南土地有限，且好山好水早已被土著世族占据，北方来到的世族但凡修建庄园，几乎都会侵犯江南土著的利益，两方的火药味是非常重的。并且，由于山脉以西的荆州地区和山脉以东的江东地区是天然被隔阂的，这也导致了地方割据的出现。总体来说，荆州地区名义上是晋臣，但却可以凭借在长江上游的优势反过来压迫下游的王室，并且只要控制关口，东方的政权很难实现对西方的实质性控制。

这种种未解决的矛盾，一度仰仗王氏、司马氏和江南大族的表面和气化解，最终因王氏王敦凭借荆州谋取政权的野心而爆发。王氏一心谋权，江南士族自保观望，试问还有谁有兴趣冒风险去江北恢复荒残的土地，并防御后赵的威胁呢？至于王室，司马氏深知世家大族的支持才是皇位的基础，他们完全不需要用光复中原的功劳来为统治正名，自顾不暇的他们自然也对北伐异常冷漠了，不仅冷漠，他们还异常担心壮大的北伐军成为新的威胁。

于是祖逖的北伐就这样付诸流水。

08 王与马争天下

时间 322—328

> 帝初镇江东，威名未著，敦与从弟导等同心翼戴，以隆中兴，时人为之语曰："王与马，共天下。"
> ——《晋书·列传第六十八·王敦》

【人物】司马睿、王导、王敦、司马衍、苏峻、陶侃、温峤、祖约

【事件】王敦叛乱、苏峻祖约谋反、马王和解

衣冠南渡以后，江南形势很快从"王与马共天下"变为"王与马争天下"。虽然王敦叛乱以失败告终，但平定叛乱的功臣还是王氏。司马氏对王氏赏无可赏、罚不能罚的状态并没有太大改变。

捏皇帝命门的大臣

下江南以前，王氏的根据地在琅邪。下江南后不久，王氏的根据地变为荆州。

这种局面要从王衍安排王导、王敦辅政琅邪王司马睿，到江东经营后退之地说起。

当时，王导是司马睿的重要谋士，王敦是司马睿的重要武将。在王导、王敦兄弟的鼎力支持下，司马睿在江南稳定下来。

兄弟俩的具体分工是，王导在内朝掌控朝政，而王敦掌握军权，被派

到荆州坐镇。在东晋建立后，国家的领土核心就是王敦所在的荆州和王室所在的扬州。两州的户口，占了江南的一大半。由于荆州在上游、扬州在下游，所以荆州对扬州有着天然的军事优势，而扬州想进荆州却只有几个要道而已。再加上荆州产粮又产兵，所以，扬州虽然是京畿所在，但安危实际往往被荆州所拿捏，扼守荆州的镇将，就像捏着皇帝的命门一般。

所以统御长江中游军队的王敦地位十分超然，甚至对麾下州郡有自收贡赋的权力，完全就是一方诸侯了。不知是地位还是性格使然，王敦一点儿也不像长期在京担任文职、一直安分收敛的王导。他显得有些简单粗暴，做过不少擅自杀伐的事情，利用职权把荆州牢牢地捏在了手里。

王敦的举动一多，即便是司马睿也极其不满，于是开始制衡王家。他在朝内起用新人，制衡王导的权力。对外则令戴渊出任征西将军，都督兖、豫等六州军事，就是这个举动成为压倒北伐的最后一根稻草。但生死存亡之际，也无怪司马睿对北伐不上心了。不仅如此，司马睿还释放从长江以北流落到扬州沦为奴隶的北方流民，将他们组成军队，并任命和王氏有仇的刘隗为镇北将军，都督青、徐等四州军事，分驻在合肥、淮阴，名义上准备讨伐石勒，实际上都是为防范王敦。

王室剑拔弩张，王敦自然不会坐以待毙。而祖逖的突然去世，更是坚定了王敦的决心，因为北伐军群龙无首很难站在他的对立面了。于是，322年，王敦自武昌举兵了，打算入京，发兵的理由是讨伐"奸臣"刘隗，讨还"公道"。

成语典故

琳琅满目

有人去王衍家时，遇到王戎、王敦、王导也在座，在另一间屋又见到王诩、王澄。他回家后对人说："我今天到太尉府去了一趟，见到的人无一不是琳琅珠玉。"

王敦起兵后，司马睿大怒，下诏称王敦"大逆"，要亲率军队与王敦决战，并急调刘隗、戴渊率军到建康。

这个时候，虽然双方都声称出师有名，但老于世故的世家大族和拥兵的镇将都知道，关键还是在建康一战的胜负，在大战有结果之前，他们是不肯轻易站队的。

比如梁州刺史甘卓，他虽受到王敦的拉拢，但按兵不动。甚至在东晋宗室司马承在长沙举兵声讨王敦时，还一度决定讨伐王敦。但在王敦派人向他求和后，甘卓却再次犹豫，中途停止了。

甘卓的态度可以算作世族门阀的一个缩影，他们大多态度暧昧，真正站队的人很少。更耐人寻味的是，王敦起兵后，身为世族门阀领袖的王导却并未参加谋反，而是每天率宗族子弟二十多人到台城待罪。尽管刘隗、戴渊、刁协等司马睿任用的将领都请求诛杀留在建康的琅邪王氏族人，但司马睿断然拒绝，城内大部分世族门阀则依旧非常尊重王导。

就这样，王导在内朝安然无恙，王敦则凭长江一路直达东晋王都建康。司马睿的应对是，令周札守石头城，刘隗守金城作为外援，自己率军在城郊迎战王敦。大战的结果是，王室军队先后被王敦击败，司马睿无奈，只好派人向王敦求和。他不仅要令公卿百官到石头城参拜王敦，同时还得大赦天下，宣告王敦等人无罪，还不得不任命王敦为相国、都督中外诸军事、录尚书事、江州牧，封武昌郡公，食邑万户。自此朝政大权尽归王敦，司马睿被彻底架空。

王敦掌权后，当初站队在司马睿一边的戴渊、刁协都被诛杀，刘隗投奔石勒。王敦大权独揽后并不朝见天子，而是径自回武昌遥控朝政。

东晋 青釉唾壶

在这种情形下，司马睿当年就忧愤而死了。323年，司马睿的儿子司马绍继位，也就是晋明帝。这个新上任的皇帝，自然更不可能制服王敦了，于是很多世族都支持王敦取代晋室，但王氏的王导、王彬、王舒、王棱等人都或明或暗反对。

在这种"王敦专制，内外危逼"的局面下，晋明帝司马绍在郗鉴、王允之、王舒、王导等人支持下，小心翼翼地应对着。

5 一波未平，一波又起

王敦叛乱，虽然让晋王室一时风雨如晦。但是，因为王氏另一位代表人物王导始终反对王敦走完最后一步，晋朝王室于是依旧勉强维持。王导觉得，有奸臣扰乱朝纲时，王敦率军"清君侧"，还可以说是情有可原，但还想进一步篡夺政权，却是无法容忍的。因为王导的反对，王敦只好气愤地退回武昌。

但这次退却只是暂时的，因为无论王敦还是晋明帝都断然无法停手。就在退回武昌期间，王敦和谋士钱凤等人制定了一个篡位的计划。但就在

奇闻逸事

戴渊弃剑

对付王敦的征西将军戴渊，有一段传奇经历。他年轻时，曾当过土匪头子。有一天，戴渊截获了一条去洛阳的船，然后风度翩翩地指挥劫掠，把抢劫后如何处置财物安排得井井有条。船上的人看了他，不但不责怪，反而对他大声说："你这么有才华，为什么要做劫匪？"戴渊心里大受触动。原来这个被他抢劫的人就是陆逊的孙子、西晋名士、大文学家陆机。戴渊被陆机感化后，扔掉剑，投到陆机门下学习。这才有了日后的成就。

这个剑拔弩张的时候，王敦得了大病，居然没有能力到前线指挥军队作战了，更致命的是王敦还没有儿子，膝下只收养了王含的儿子王应为义子。

王敦深知王应挑不起灭晋的大梁，于是提出了三条策略：上策是放弃兵权，回归朝廷；中策是退回武昌，割据自保；下策是趁着自己还有一口气，全军进攻。王敦是想选上策的，但手下人都觉得下策更好，打算等王敦一死，就执行下策。

还没等王敦这边做出对策，这个消息却泄露了，司马绍知道后决定主动出击。他任命王导为大都督，任命郗鉴、祖约、苏峻、陶侃等边将和朝臣作为将军，让边镇的部队开往建康，准备和王敦的部下好好打一场。为了动摇叛军军心，司马绍还和王导制造了王敦病死的谣言，像模像样地让王导给王敦发丧。

王敦又急又恨，但身体真的到了油尽灯枯的时候，连上前线破除谣言也做不到了，只能让王含挂帅。但他也有帮手，就是扬州世族沈充，沈氏和周氏是扬州最大的世族，所以沈充的叛变对东晋的打击非常大。

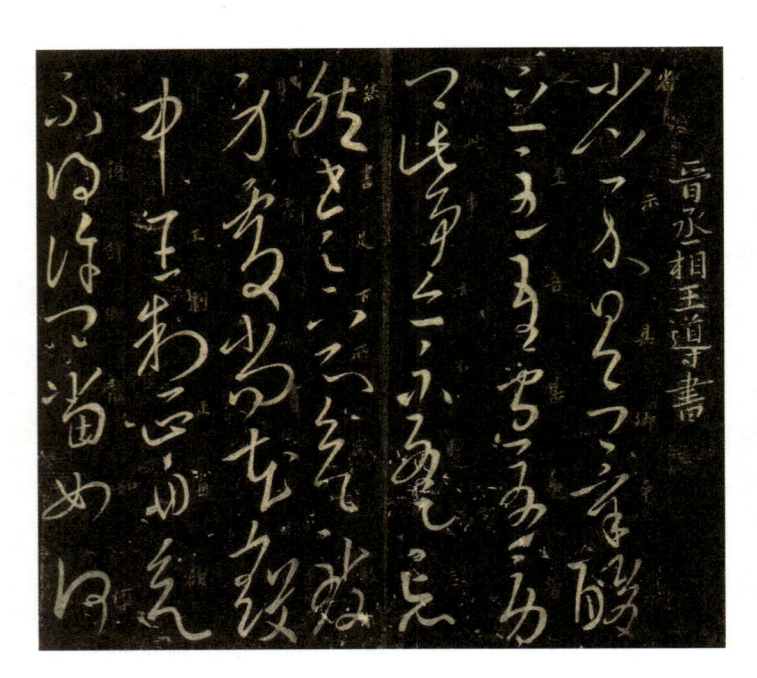

省示帖

王导擅长书法，其中行书、草书写得最好。他学习过钟繇、卫瓘的书法，最终自成一格。有草书《省示帖》《改朔帖》传世。《省示帖》是王导书法的代表作。

这一战可能差在王含这个统帅上，叛军不出一个月就被击退了，而且王敦在这个时间段内，真的去世了。叛军的军心崩溃了，王敦叛乱也被平复。

叛乱的是王氏，平叛的还是王氏，琅邪王氏因此几乎没有受到什么实质损害，王氏依旧把握朝政，控制荆州。

王敦的叛乱，只是东晋各地动乱的开始。在这次平乱中，有一个叫苏峻的将领因为功劳被封为历阳内史。历阳这个地方大体在今天安徽的和县和含山县，地处长江以北、淮河以南，可以说在这一带的苏峻其实是把守着东晋的东门。凭借这个地位，苏峻威望越来越重，积累了万余精锐人马。

325年，司马绍病死，其子司马衍继位，也就是晋成帝。晋成帝继位后，王导再次受命，与司马羕、卞壶、郗鉴、陆晔、庾亮、温峤共同辅政。

从这个名单可以看出，平叛有功的祖约、陶侃、苏峻都不在其列。所以，这次新君登基其实在东晋的臣子间挑起了不小的矛盾，此时的朝廷是需要一个为政平和的执政者来加以安抚的。可执政的大臣庾亮为政严厉，反而采取了快刀斩乱麻的方式。

在庾亮的眼里，再没有比手握重兵，一个早上就能发兵打到国都的苏峻更危险的了。所以庾亮表面上召苏峻入朝为官，实际就是想把苏峻和军队分开。

这件事王导、卞壶、温峤等人都看出不妥，劝庾亮不要急着动手。可庾亮一概不听，果然，召令一下，苏峻就叛乱了。

328年，苏峻已经率军逼近建康，朝廷军队战败了。从庾亮的召令下达，到建康被叛军攻下，还不满三个月。苏峻能这么快攻下建康，一方面是他的驻地离建康实在太近，另一方面则是北伐军领袖祖约参加了叛乱。

祖约原本是站在朝廷一边的，可是平叛有功后朝廷没有给他辅政大臣的地位，他心里就有些不满。后来，石勒南下，朝廷又对北伐军采取自生自灭的态度，祖约也就恨透了朝廷，宁愿和苏峻一起给自己"讨个公道"。作为参加叛乱的回报，祖约在新朝廷出任侍中、太尉、尚书令，风光一时。他的做法虽然情有可原，但比起已逝的祖逖，这种为个人名利不顾国家利

益的行为实在让人赞赏不来。

　　苏峻进入京城后，自然也有过挟持皇帝、清理朝臣的想法，幸亏王氏的王导勇敢地留在京城，始终护卫皇帝左右，苏峻的叛乱才没有造成更大损失。

　　在此期间，庾亮则带着族人逃离京城，去寻求力量反攻了。前文已经说过，东晋的核心一个是扬州，一个是淮南，一个就是上游的荆州，淮南打扬州，自然只能是荆州来救。于是，不久，荆州刺史陶侃、江州刺史温峤就联军东下平叛。与此同时，北方的石勒也抓住祖约南下的机会，猛攻北伐军根据地。最终祖约和苏峻双双败北，第二年建康收复，可江北的大片土地却已经被石勒占领了。

　　自此，东晋荆州、淮南等区域和中央的内讧已经成了惯例。再加上南北世族的长期对立，矛盾重重的东晋自然对北伐始终缺乏兴趣了。

　　令人唔叹的是，在北伐军落败后，作为祖逖继承者的祖约竟然带着几百人投奔石勒。连石勒都看不起祖约的为人，直接将这几百人全都杀掉了。

唐 孙位 竹林七贤图残卷（高逸图）

分江南

东晋世家的争斗，不仅是地域出身之争，更是实际利益之争。北方豪族南下，为了保证优渥的生活，自然要营建海量的田产庄园。可江南的核心地带、好山好水已经被土著大族占据大半了，北方世家营建田园就等于从他们口中夺肉。再加上东晋朝廷最初以北方世族为主，没有给南方世族留出足够的地位，南北矛盾于是激化。那么南北矛盾如何解决呢？一方面是北方世家采取分化拉拢，利用了南方世族的矛盾借力打力；另一方面是北方世家做出让步，转而开发东方的浙、闽之地，出让了大量朝廷职位。这种妥协使得南北携手，维持了江南近三百年的偏安朝廷。

时间 311—352

09 贤不过一代的后赵政权

> 勒以渊聪残隶,崛起阜枥之间,连百万之众,横行天下,斩丧晋室。东擒苟晞、北取王浚、西逐刘琨、南举兖豫,皆如俯拾地芥。……羌氏咸服其才,不有过人者能如是乎。
>
> ——《历代名贤确论》

【人物】刘曜、刘粲、石勒、石虎、梁犊、冉闵

【事件】石勒建后赵、石虎称天王、梁犊起义、冉闵屠羯人、冉魏建立

石勒靠武力崛起,在汉赵内讧之机,独立建国。他虽有枭雄之能,却无长治之寿,更无教子之勤。后赵很快在其残暴的继承者石虎手中走向衰落。至于冉闵崛起,则凸显了当时激烈的民族矛盾。

大赵天王

与东晋建立到王敦造反这段历史基本同时的,是北方汉赵的兴起和分裂。两者的对应逻辑大体是:在汉赵皇帝刘聪任期内,311年,石勒消灭西晋南迁的主力十万人,同年,长安的西晋朝廷被刘曜攻灭,至此东晋成为正统。灭晋以后,汉赵军阀石勒不断吞并其他汉赵势力,在黄河以北壮大,而祖逖为代表的北伐军大体于此时展开逐步抵抗。318年,刘聪去世,引发了匈奴贵族靳氏的叛乱,新帝刘粲被杀,关中的刘曜、河北的石勒纷

纷赶来勤王，两者在这个过程中决裂，国都平阳城被石勒焚毁。刘曜奈何不得石勒，只能放弃原本的汉赵都城，到关中称王，建立了前赵。而石勒不甘示弱，在319年建立了后赵。

此时的局势是，趁着北方刘曜和石勒忙于争霸，祖逖联合黄河以南的汉人光复了广阔的土地。但东晋新朝廷忙于解决王敦专权以及搬迁引来的南北贵族矛盾，对北伐并不上心。

321年，王氏与东晋朝廷矛盾激化，北伐破产，祖逖身死，趁祖逖死去的机会，石勒率领后赵军夺取淮河以北四州土地。祖逖死后，其弟祖约才能人品均远远逊色，后来更是卷进苏峻的叛乱，导致北伐军的彻底落败。

祖约南下参与苏峻叛乱，和石勒与刘曜的冲突升级不无关系，在两者的冲突中，石勒节节得胜，将主要精力用于吞并前赵。324年，后赵司州刺史石生率军袭杀前赵河南太守尹平。一番厮杀后，后赵军夺取司州，获得大量部众，势力范围扩大。325年，刘曜命令弟弟中山王刘岳围攻在洛阳金墉城的石生，石勒则派出从子石虎率兵四万救援，刘岳抵挡不住在洛水兵败。刘曜只能亲率大军来救，但士兵们不知为什么时常在夜间惊扰骚乱，往往莫名其妙地慌乱溃散，刘曜见仗打不下去，也就退回长安了。

328年，石勒又命令石虎率后赵军进攻蒲坂（今山西蒲州镇）。蒲坂自古就是黄河的重要渡口，而石勒所掌握的河北和山西地区与关中地区就以

奇闻逸事

石勒听史

石勒没有文化，大字不识几个，但是他酷爱历史，经常让识字的儒生读《汉书》给他听。他的政治嗅觉非常敏锐，当听到楚汉争霸时郦食其劝汉高祖刘邦分封六国子弟为王，以获取支持时，他急得大呼："这种做法不对，怎么能得天下啊！"等听到张良劝住高祖时，才满意地说："幸亏有这个人啊！"

一道黄河相隔。所以这是一场生死战，刘曜亲率精兵出潼关救援，将石虎杀得大败，一路仓皇逃到朝歌。两百多里的路上满是后赵军的尸首，各种丢弃的武器铠甲器械粮草价值数以亿计。趁着胜利，刘曜发兵东进，进攻洛阳，同时派诸将率军攻打汲郡和河内郡，后赵设置的地方长官纷纷投降。后赵举国震惊。但石勒极为果断，认定刘曜得到洛阳下一步必将威胁河北，哪怕风险极大也不得不救。出兵以前，石勒对刘曜占据洛阳后的战略进行了推演，认为最棘手的是刘曜以重兵把守成皋关，其次是把守洛河，最次的是固守洛阳，那样简直是束手就擒。

刘曜的军事素养确实不如石勒，真的选择了最下策，当后赵诸军在成皋集合后，发现刘曜竟不设守军。石勒当即决定步兵六万、骑兵两万七千全都卷甲衔枚，轻兵潜行，轻易渡过了刘曜防御薄弱的成皋和洛水，直达洛阳城下。

石勒渡过黄河后，刘曜才得知石勒亲率大军前来。他非常害怕，下令撤走围攻洛阳金墉城的前赵军，全军到洛阳西列阵，打算与前赵军决战，石勒于是顺利进入洛阳。决战当日，石勒将军队分为四路，由石虎率三万步兵攻击刘曜中军，石堪、石聪分率八千骑兵攻击刘曜的前锋，自己亲率

知识充电

黄瓜与胡瓜

黄瓜原叫胡瓜，是张骞出使西域时带回来的。羯人石勒称帝后，制定法令：无论说话写文章，一律严禁出现"胡"字，违者问斩不赦。有一次，石勒与襄国郡守樊坦一起吃午饭，指着一盘胡瓜问："你知道这叫什么吗？"樊坦意识到石勒在故意为难他，回答说："紫案佳肴，银杯绿茶，金樽甘露，玉盘黄瓜。"石勒听后非常满意。从此以后，大家就将胡瓜叫作黄瓜。

后赵 丰货

主力夹击刘曜。

对比石勒的精密布置，嗜酒成性的刘曜居然喝酒数斗，醉得不能上马作战了。结果前赵军大败，刘曜醉酒乘马逃脱，当时水面结冰，马把冰踩破不能行进，刘曜因此被活捉。前赵五万军队被杀，主力折损殆尽。

在关中的前赵太子得知皇帝被活捉，非常害怕，直接放弃长安，逃到关中西边的上邽。然而关中盆地一马平川，放着关口不守不是自寻死路么？结果关中大乱，各地官兵都放弃防区，去跟随太子。没多久，前赵留守长安的将领就献出长安城，归降后赵。

当年八月，前赵一众王公大臣都被俘虏，九月上邽沦陷。同年，石勒杀死刘曜，将前赵的王公贵族五千余人杀死于洛阳，将前赵的文武官员和关中的大族九千多人强制迁徙到都城襄国，前赵彻底灭亡。咸和五年（330）二月，石勒自称大赵天王，设立百官，分封宗室。九月，石勒正式称帝，也就是后赵明帝。第二年，石勒到邺城营建新宫作为都城。到此时，除前凉、段部鲜卑的辽西国、慕容鲜卑的辽东国，以及河西张氏外，后赵几乎占领整个北方。

不过，站在历史的全局来看，后赵此时已经面临危机——石勒已经近六十岁，本身命不久矣，而太子石弘比较文弱，时任太尉的石虎则战功显赫，掌握重兵和实权，已经对皇权造成了严重威胁。

332年，石勒病了，石虎抢先入侍，禁止王公大臣见石勒，还假传命令召回掌握兵权的秦王石宏和彭城王石堪，将他们监控起来。掌控局势之后，石虎所要做的，就是等石勒死掉而已。

时间　311—352

5 真枭雄与假枭雄

咸和五年（332）七月，石勒死去，在手握重兵战功赫赫的石虎面前，太子石弘自然只能乖乖让出皇位。但石虎并不着急继位，而是把石弘推出来做傀儡，自己出任相国、魏王、大单于，总领朝廷政事，这样就能把反对舆论降到最低。他还将自己的各个儿子都封王，担任要职，将石勒原先的文武官员改任为闲散官职，由自家掌握朝政大权。

石虎为篡位所做的一切，手腕极有枭雄之风，然而对比石勒，石虎这个枭雄只是徒有其表罢了。

石勒是羯人，这个种族高鼻深目，血统上明显不同于匈奴。石勒二十岁时被掠卖到山东为奴隶，后来招了十几个兄弟成了马贼，号称"十八骑"，算是开启了军旅生涯。后来他拜到刘渊手下，自此一发不可收，先后击败了军阀王弥、王浚，晋将刘琨和鲜卑段氏，以及北伐军祖逖，青州曹嶷，在赫赫武功中成了北方最大的军阀。

石虎也不算逊色，他为人狠辣，常年征战，早在石勒称赵王时就是石勒的左膀右臂，管理过禁卫军和后赵国内的胡羯六夷事务，可以说是后赵首屈一指的军事长官。后来征战刘曜，往往是石虎冲锋陷阵拿下首功。所以，得知石勒竟然把一个奴婢生的黄毛小子（石弘）立为太子时，石虎气得对儿子说，自己一想到这事就睡不着吃不下，等到主上驾鹤西去后，不会给石弘留种了。

十六国　鎏金铜佛像

石勒和石虎最大的差距在于，石勒身为胡羯，却有着当奴隶为人耕种的经历，明白政治的道理，懂得对百姓怀柔，对大族拉拢。

所以他起家之后，没有像其他势力一样进行无休无止的抢掠，而是恢复了田租户调的稳定税收模式。他为了节省粮食，甚至下令禁止酿酒，作为嗜酒如命的民族，这是非常不易的。而且他还拉拢了大量汉族的世家大族，规定胡人不能侮辱衣冠华族，保留了汉人认可的九品官人制度，允许世家大族步入后赵政权高层。

占据河北地区后，石勒这个大字不识的胡羯，竟然还在国都设立了太学，命令后赵的将领贵族子弟三百人入学受教，并且在地方的郡国也设立学官，教导弟子。学习成绩优秀的就可以进入政府录用。这种合理的政策之下，河北的人民的确是比西晋末年和前赵时期生活更好，也就难怪他能实现统一北方的霸业了。

而石虎这个人，当将军勇猛善战，屡屡建功，搞政治斗争也果断狠辣，但他没有石勒那种效法汉高祖、图谋天下的大志向，只是一味地残酷剥削百姓，对反对者大杀特杀。在石虎统治下，人民的兵役、徭役和税款可能超过任何一个理性的时代。为了对付鲜卑慕容氏，他不仅收回了朝廷给世家大族的免除兵役特权，要求这些家族五丁取三以充兵役，还将没有特权的家族所有壮丁充军。

不仅如此，石虎为充填后宫，从民间抢了十三岁到二十岁女子三万多人。为安置这些美女，他在邺城、长安、洛阳兴建宫殿。为了修建宫殿，还征发了四十万民夫，并且放任贵族剥削百姓。到了后期，民间已经无民夫可征，就连健壮的女子也要参加徭役。如此多百姓充军、服徭役，最大的问题就是耽误了农业耕种，导致粮食生产少。粮食少，粮价就高，百姓饿死的就更多了。苛捐杂税则迫使缺衣少食的农民卖儿卖女，卖完后仍然凑不够，只得全家自杀。所以石勒辛苦营建的胡汉两族暂时和平的局面，很快就矛盾爆发了，这直接导致了后赵的早亡。

比起这些暴行，石虎为了篡取权位所使用的手段则完全不值一提了。

读者只要记住，石虎在任期间曾镇压过镇守长安的宗王石生和镇守洛阳的宗王石朗的起义，继位两年后才接受了石弘的禅让即可。

石虎一连代理了四年天王，到337年自称大赵天王，349年石虎改称赵皇帝，也即后赵武帝。石虎和石勒一样，刚当了皇帝不久就病死了。

宋 马远 王羲之玩鹅图

王氏家族非常擅长书法，王导的侄子王羲之七岁开始学习书法，博采卫夫人、李斯、蔡邕、钟繇等百家之长，创造了一种妍美流便的新体，为历代学书者推崇，被尊为"书圣"。王羲之很喜欢鹅，认为养鹅能陶冶情操，获得书写灵感。有一次，王羲之出外游玩，遇到一群白鹅，想买下。养鹅道士说："只要你帮我抄写一部《黄庭经》，这些鹅便送给你。"王羲之高兴地答应了，真的为道士抄经换鹅。

穷兵黩武，后赵灭亡

石虎在世时，和石勒一样留下了继承权纷争。他虽然立有太子石邃，但也非常宠爱儿子石宣和石韬。太子石邃本来就是一个喜欢杀美人取头颅欣赏的心理变态，见父亲如此对待自己，当即谋划弑父夺位。石虎得知消息，比石邃更狠，残酷杀死石邃全家及其党羽两百多人，并改立石宣为太子。令人瞠目结舌的是，这种父子相残不久就再次重演。这一次，石宣当太子，石韬掌军政，两人为了夺权产生内斗。348年，石宣派人杀死石韬，并密谋弑父夺位。石虎得知内幕后，虐杀石宣，并将东宫卫士都发配到凉州。

东宫卫士都是征发的民间百姓，本来就很反感后赵政权父子兄弟相杀的丑恶行径，更气愤胡羯内斗却牵连自己远走他乡。于是，这支队伍中的一万多人推举高力督梁犊为首领，首先爆发起义。高力督是石宣取的官名，他选的东宫卫士都是高大有力的人，督管这些人的长官自然就是高力督。梁犊起义后，很懂得人民心理，自称是晋征东大将军，这样一来关中的人民纷纷支持他东进，到长安时已经有十万人马。大军敲着战鼓东进，出潼关，先在新安击破了十万政府军，又进逼洛阳取得大胜。

石虎已经难以单靠朝廷的力量镇压起义军了，只好一面让燕王石斌率一万精锐骑兵迎战，一面利用氐人首领苻洪和羌人首领姚弋仲的兵马配合阻挡。倾国出动下，梁犊被杀，石虎勉强镇压暴乱。

梁犊的起义，彻底破坏了后赵的根基，朝廷精锐大损，氐人、羌人趁机崛起。

石虎虽然凶残，但两个儿子的背叛，以及国内不断的动乱对他的打击仍然很大。永和五年（349）正月，石虎称皇帝，同年四月就病死了，太子石世继位。一场大灾祸随之降临。

原来，石虎虽然立了石世为太子，但石世只是个十岁孩子，石虎生前倚重的是九儿子石遵和燕王石斌。为了让石世顺利继位，拥护太子的刘皇后和内臣领袖张豺假传诏令废了石斌，并且拒绝石遵见父亲最后一面。

时间 311—352

> **中外对比**
>
> 329年，后赵灭前赵。
> 330年，罗马皇帝君士坦丁迁都拜占庭，改拜占庭为君士坦丁堡。

因此，小皇帝刚一继位，石遵就从李城发兵，率军直奔邺城。

为什么在李城发兵呢？因为石遵运气很好，在这里遇到了后赵平定梁犊残部的姚弋仲、苻洪以及被石虎视为养孙的石闵。这个石闵的来历前几章提过，他祖上是乞活军中被石家收养的冉姓孩子，所以石闵就是冉闵。冉闵几个人带着兵马，知道情况后都劝石遵称帝。

这股军队以冉闵为先锋抵达邺城，由于小皇帝缺少兵马，垂帘听政的刘太后只能把大权交给石遵。结果石世只在位三十三天就被石遵杀害了，石遵登基称帝。石遵登基后，为报答冉闵，让他担任都督中外诸军事、辅国大将军、录尚书事，成了头号辅臣。

但冉闵并不满意，因为在李城起兵时，石遵曾对他说："兄弟，努力作战吧！事情成功后，我让你做皇储。"这个最重要的承诺，石遵没有兑现。当不上储君，多拿一些权力总可以吧？可是石遵对冉闵的权力又大加限制，甚至动手夺冉闵的军权。

永和五年（349）十一月，石遵甚至召三哥石鉴等人进宫，商量杀冉闵。石鉴有野心，出宫后就派人向冉闵告密。结果两人一拍即合，冉闵反而先下手杀死了石遵，石鉴则继位称帝。

石鉴继位不久，也起了杀冉闵的心思，他放任龙骧将军孙伏都等人带领三千羯人攻杀冉闵，不承想反被冉闵打败。石鉴为了自保，就说孙伏都谋反，放任冉闵攻杀退入宫城的孙伏都余部，致使冉闵彻底控制了都城。

冉闵控制都城后，引起了极大慌乱，城内血流成河，为了确保政权稳固，冉闵打开邺城城门，发布诏令：与官家同心的就来城里住，不同心的，就任由你们去哪里。结果方圆百里的汉人都走入邺城，羯人纷纷出城，冉闵于是明白，和自己同心的仍是汉人同族，而不是收养他的胡羯。因此，冉闵残酷地下令将邺城一带高鼻深目的羯人无论男女老幼尽数诛杀，死者多达二十余万，几乎导致羯人灭种。

残酷的杀戮后，冉闵在汉人的支持下，于350年登基称帝，改年号永兴，国号大魏，史称冉魏。冉魏虽然脱胎于后赵，却是个汉人政权。

此时后赵只有宗王石祗还保留了一些势力，但一年后就被冉闵消灭了。至此，后赵彻底灭亡。

建立冉魏后，冉闵为了寻求盟友，就向东晋派出使者，自称是为东晋消灭了逆乱中原的胡人，希望东晋能出兵和他共同扩大战果。但冉闵又不肯称臣，所以东晋不肯蹚这趟浑水。冉闵于是只能在内政上想办法，他不仅开仓放粮赈济灾民，还采用了魏晋的老路，大力从世族选择人才加入冉魏的统治阶层，比起石虎父子要好太多。

但是冉魏本身就是以残酷的杀戮建立的，羯人、羌人、氐人都不满冉闵残酷的政策，他们围绕在石祗周围和冉闵对抗，还拉拢了鲜卑人参战。虽然冉闵最终击溃了石祗，但这个新兴的政权也因此连年征战，完全没有稳固壮大的时间。

最终冉闵政权在鲜卑人、氐人和羌人的夹击之下败亡了。尽管冉闵在战争中连连取胜，但国家的实力却被耗尽了。最终，冉闵向东晋求救无果，被鲜卑慕容氏灭亡，从350年到352年，冉魏不过立国三年而已。

冉魏的败亡导致北方汉人再次集体南迁，二十多万人已然渡过黄河并向东晋求救。可东晋统治者接到请求后却拒绝派兵应援，导致二十万百姓被攻击死伤殆尽。

时间 334—373

10 为篡位，做英雄

> 温与庾翼友善，恒相期以宁济之事。翼尝荐温于明帝曰："桓温少有雄略，愿陛下勿以常人遇之，常婿畜之，宜委以方召之任，托其弘济艰难之勋。"
>
> ——《晋书·列传第六十八·桓温》

【人物】王导、桓温、李势、苻健、郗超、石虎、谢安、司马曜

【事件】平定西蜀、三次北伐、废帝立威、三次土断

王氏、庾氏后，桓氏既之崛起，荆州权臣把握朝政的野心代代发酵，晋朝百姓对光复山河望眼欲穿。此情此景，终于催生了善战的荆州豪雄桓温，他定西蜀、伐北方，满足了混乱时代人们对英雄的渴望，然而其初心却非天下苍生，而是篡夺皇位……

奇骨儿平蜀地

在后赵最后的二十多年时光里，东晋在做什么呢？这个朝廷正面临严重的内部分裂。最先自然是王敦、苏峻的叛乱，叛乱平定后，东晋荆州和扬州的对立依旧没有根本解决。接替王敦坐镇荆州的陶侃就手握强兵，隐隐有觊觎的意思。陶侃死后，庾亮掌管荆州，他和在朝廷主政的王导不和，所以荆州和扬州的关系依旧紧张。

王导对庾亮嫌弃到什么程度呢，每当西风吹来尘土，他都要用扇子挡

住脸，抱怨道："庾亮那儿吹来的尘土真是埋汰人！（元规尘污人）"这种情势下，自顾不暇的东晋自然是"无意恢复失地，志在割江自保"了，直到桓温掌权以后。

桓温出身于东晋的新世族门阀。他的父亲桓彝南渡后交结名士，跻身"江左八达"，逐渐赢得世族门阀的认同。桓温自幼就外表不凡，东晋重臣温峤一见他就赞叹"此儿有奇骨"。桓温长大后，生得玉树临风，气度不凡，成了南康长公主的驸马。南康长公主又是庾氏家族的外甥女，所以桓温与庾翼关系非常好。

庾翼是庾亮的弟弟，庾亮死后，荆州就被庾翼接管了。345年庾翼病死，临终前，庾翼的意思是让他儿子出任荆州刺史。但朝廷不愿意庾亮的家族长期把控荆州，但也不好彻底得罪庾氏，于是就折中让庾氏的女婿桓温当了荆州刺史，都督荆、司、雍、益、梁、宁六州军事，掌握长江中上游的兵权。

桓温是个有雄才的人，他很佩服西晋末年的名臣刘琨，想着收复中原。但他也有很大的野心，想着借军功取代司马家称帝。所以出镇荆州后，桓温不急于对付下游的东晋，而是提出了大胆的战略，溯江而上灭成汉。

成汉是氐人李雄带领流民建立的，政权在建立初期其实很重视优待百

知识充电

州名也南迁

读东晋历史，经常会看见很多原本在黄河以北或者江淮地区的州郡出现在东晋人物的对话中，在语境里，似乎这些州仍然是东晋的统治范围。其实，东晋官员们口中的这些州郡早已不是真正的北方州郡了，而是南迁后将江南土地重新命名而得的。为的是给北方百姓归属感，也便于组织管理他们。

姓，赋税远远低于中原，再加上蜀地本来自然条件就好，因此非常富庶。334年，李雄病死，成汉政权此后四年经历了两次弑君篡位，执政者开始堕落。继任的李寿、李势父子一个爱修宫殿，一个喜欢杀人，桓温就是抓住了李势荒淫无道的机会打算灭成汉。但蜀地毕竟被群山包裹，溯江而上又只能靠舟船，所以桓温只打算出动一万精兵奇袭。346年，桓温向朝廷报告了这个计划，但请求没有被朝廷应允。但这并不影响桓温的计划，因为他本来也没指望朝廷，还没等朝廷回复就沿着长江三峡出兵了。

永和三年（347）二月，桓温率兵到青衣（嘉州）后，李势才慌忙派兵抵御。这一战很有戏剧性，成汉将领本来反应就已然晚了，作战部署时又判断失误，导致截击桓温的军队扑了个空，根本没起到抵抗作用。四川的地形对外险要，对内却一马平川，成汉军又判断失误，桓温于是亲率主力三战三胜，击败抵抗的成汉军，进逼成都城下。

李势集结所有成汉军，在成都城外与东晋军决战。战斗最初非常惨烈，东晋军前锋失利，先锋将领战死。将士们都有些害怕，但敲鼓的小吏误把传令的鼓声敲成了进攻的鼓点，结果东晋军不退反进，冒着飞箭猛冲，竟

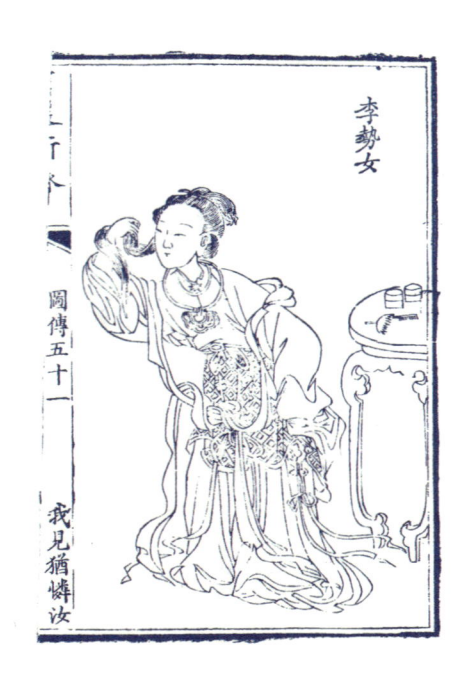

百美新咏·李势女

桓温灭蜀后迎娶了李势的妹妹，他的妻子大怒，拿刀就要去杀人，可看见女子绝美而哀愁的容貌后，桓温之妻竟然生出怜意，弃刀抱住了女子，这就是成语"我见犹怜"的来源。

然把成汉军给打怕了，最终反败为胜。桓温率军乘胜攻入成都城。李势投降，立国四十四年的成汉从此灭亡。

这一战，桓温声名大振。朝廷忌惮不已，并尝试了一些制衡措施，但桓温坐拥八个州，有权自己招募士兵、调配八个州的资源，其实已经逐渐形成半独立状态了。

树犹如此，人何以堪

桓温西征蜀地，建立不世之功，对百姓来说是个振奋人心的好消息，对东晋的各方势力却未必。但似乎连上天都有意帮助桓温，灭成汉不久，北方爆发了梁犊起义，后赵骨肉相残，国力大损，残暴却知晓兵事的石虎也病死了。

如此好的机会，桓温自然想再立新功。趁着石虎病死，349年，桓温立刻请求北伐。东晋当权者既忌惮桓温的威望加大，又不好违背民意，于是取了个折中手段：去北伐，但是不让桓温率军。

于是349年，东晋借着后赵的徐州刺史投降之机，派徐州、兖州刺史褚裒北伐，三万大军一路打到彭城（今徐州），河南河北一带的百姓听闻消息，每天有数千人来投奔，可是褚裒这个人怯懦过分，打了一仗不顺利就直接退回长江边上。前文所说的二十万北方百姓，原本就是要投奔他的，但是他任由百姓被异族杀戮殆尽。

读东晋历史，最让人扼腕叹息的地方就是统治者为了自身地位，不断倾轧，一次次错失良机。在褚裒之后，东晋北伐的良机依然很多，比如350年冉闵灭胡羯，比如352年慕容氏攻灭冉魏……但东晋政府拖拖拉拉，直到353年才派了个擅长清谈的名士殷浩率军七万北伐。殷浩名声很大，却并无军事才干，他用羌人酋长姚襄为前锋，结果前锋倒戈，累得大军丢盔弃甲而逃。两次尝试失败后，朝廷才无可奈何地承认收复河南非桓温莫属。

桓温花几个月时间加紧准备，于永和十年（354）二月率军北伐。他没有像前两位一样进攻中原，而是攻取位于西北方的关中地区，这里是晋朝的旧都，又地势险要，一旦拿下，可以和收复的蜀地连成一片。这时候关中地区其实在后赵衰亡时已经独立，目前被氐人所把控。桓温的策略是亲率四万步骑兵，从江陵出发，由水路从襄阳进入均口，然后从淅川直接到武关，同时还在蜀地发兵，从西南方向的子午道夹击氐人的军队。

历经数次血战，东晋军顺利进入关中。氐人首领苻健被迫退守长安城。关中地区已经沦陷了几十年，附近郡县归心似箭，纷纷归降桓温。关中百姓牵牛担酒沿路迎接东晋军。许多老人痛哭失声说："没想到，今天还能再次见到官军！"

不过，苻健也不好对付，他坚壁清野，固守不战，并且残酷地毁坏了关中田里的禾苗，如此一来，东晋就不能就地割取粮食解决军粮问题，因而不得不撤军。前秦军趁势追击，仓促撤军的东晋军落败而归。这是桓温的第一次北伐。

桓温并不服输，永和十二年（356）七月，他率军再次北伐。这一次桓温转变了战略，重点打击黄河以南的地区，以期收复旧都洛阳。这一次挡在他前面的是后赵解体后独立出来的羌人，也就是上次背叛东晋的姚襄。八月，桓温率军到伊水，和羌人首领姚襄隔河布阵。桓温亲自披甲督战，大破姚襄，洛阳因而收复。收复洛阳后，桓温向东晋朝廷提议，迁都洛阳，并且建议把永嘉以来流转到江南的北方人全部北迁到黄河以南。这个建议犯了大家的忌讳，北方的世家大族好容易逃到江南，受人白眼几十年才经营出一片产业，谁愿意去河南？于是朝廷没有为桓温的北伐成果做什么实

中外对比

356年，桓温第二次北伐。
355年，罗马皇帝征服阿拉曼尼、法兰克等日耳曼部落。

际的巩固工作，桓温的北伐空得土地，却无人镇守，河南地区便逐渐被崛起的前燕慕容氏吞并。其间，桓温不断提议迁都、北伐，但东晋的掌权者们自然都不支持。到365年，洛阳也在前燕的围攻下失守了。这是桓温的第二次北伐。

北伐的成果被朝廷一点点浪费，但桓温的威望还是在增长的，到了369年，桓温已经在实际上兼任了荆州、扬州两镇长官，地位仅在晋帝之下，有心取而代之的桓温于是决定北伐前燕。当年四月，桓温亲率五万步骑兵北伐。

桓温的三次北伐，方向各不相同，第一次关中，第二次洛阳，第三次则是从东面出发，从姑孰（安徽当涂）北伐。这个方向需要面对的是长江、淮河流域密集的水网，最好能利用水运。但中国的河水东西流向多，南北流向少，加之当时天气干旱，河道都不能通行了。桓温于是人工修了一段三百里的运河来通畅水路，保证战船前行。运河修好后，六月，桓温的水师浩浩荡荡开入其中。

这时候，东晋军的参军郗超看出了桓温策略的隐患，他告诉桓温，如今运河通行条件很不稳定，大军贸然沿河前进一旦前燕避而不战，又赶上水路断绝，这些战船和物资就等于白送给敌人了。不如冒险全力攻打邺城，一战定胜负，前燕与我们对打则大概率落败，想守城也是守不住的。即便不打邺城，也可以坚守河道，控制漕运，储蓄粮食，等明年夏天再继续进攻。桓温觉得打邺城冒险，又等不了一年，于是没有采纳。

果然，在交战中，太过依赖水道要了桓温的命。晋军初战不太顺利，想要分兵打开石门水道，用作大军退路，可是这个石门原本就有

东晋 青白玉卧羊

时间 334—373

明 文徵明 兰亭修禊图卷

永和九年，岁在癸丑。相信学过《兰亭集序》的读者都会记得开篇的两句。永和九年（353）王羲之、谢安等名流四十一人在今浙江绍兴兰亭集会。大书法家王羲之亲笔书写了这篇序文，山水之情、人生之叹，乃至宴饮之乐都随浓墨溅射于笔端，铸就了这篇"天下第一行书"。《兰亭集序》的传世版本其实都是唐代的临摹本，真本据说深受唐太宗喜爱，被他列入殉葬品中了。

守军，燕主慕容垂看出晋军意图后，又派一万五千燕军赶去驻守，而东晋负责石门的将领袁真没能赶在援军到达前攻下石门，于是东晋军水路被断、军粮耗尽。桓温只好下令焚毁战船，退军而去。慕容垂率前燕八千骑兵追击，在襄邑大败晋军，三万多晋军士兵战死。

桓温北伐失败，损失了东晋大批精锐，但似乎无论北燕还是东晋朝廷都乐于接受结果，因为谁都不愿意桓温坐大。只是可怜了无数在北征时箪食壶浆迎接配合王师的百姓，和数万埋骨他乡的东晋战士。

桓温第三次北伐，曾经路过琅邪地区，看见自己少年时栽种的弱柳已然长大。他用手拿着枝条，不禁泣下沾襟，感慨地说："木犹如此，人何以堪！"

或许没有任何文字比这句话更能概括三次北伐失败后北方人民的心情了吧。

5 染指九锡

前两次北伐，还可以说是功败垂成。第三次北伐的枋头兵败，桓温却难辞其咎了，这次战略失当导致桓温的威望大减。桓温业已接近六十岁，他可能也察觉到自己时日无多，因此很急切地想挽回威望，或者也有洗刷耻辱、报复朝廷不支持北伐的心思。最终，桓温有了一个危险的想法：废黜皇帝司马奕，树立绝对权威。

太和六年（371）十一月，桓温率军入朝，威逼褚太后废黜司马奕。褚太后只得召集百官，下诏废司马奕为东海王，立司马昱为皇帝，也就是东晋简文帝。到了这个时候，桓温的一生从英雄故事变成了枭雄故事。

为了稳定权威，桓温自然也要清除朝中异己，他废黜了一些宗王，杀掉了一些世族门阀，搞得满朝官员都很害怕他。桓温知道自己和世家门阀

奇珍异宝

大事帖

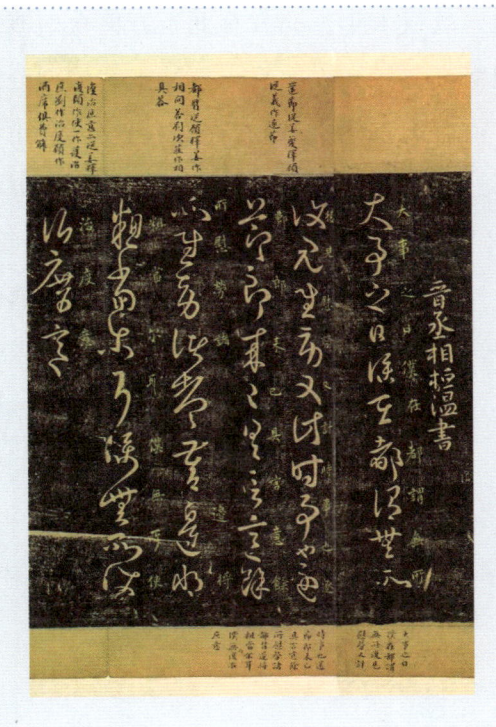

桓温也工书法，擅长行书和草书。他的字气势遒劲，有王羲之、谢灵运书法的余韵，有《大事帖》传世。

的矛盾，所以不放心在京城执政，仍然在根据地荆州影响朝政。

一年后，司马昱病死了，谢安等人按照皇帝遗命召桓温入朝辅政，可能是担心其中有阴谋，桓温还是不肯入朝。最终，百官操办了皇帝的丧事，尚书仆射王彪之拥立太子司马曜继位，也就是东晋孝武帝。这个时候桓温已经患病，而且年事已高，于是他不断派人催促朝廷给他九锡之礼。宰相谢安以及王坦之、王彪之都明白桓温命不久矣，因此寻找各种借口拖延时间。最终，桓温没等到加九锡就死了。他死后，弟弟桓冲继承他的兵权，桓冲没有那么高威望，可能也没有那么大野心，桓氏和其他世族门阀的关系便逐步融洽了。东晋又暂时偏安一隅，陷入一潭死水般的宁静。不过这种宁静不会太久，因为北方的少数民族政权中，一个新的霸主诞生了。

在讲述东晋与北方新霸主前秦的纠葛之前，我们花一点儿篇幅来说一说东晋百姓的生活现状。

根据《宋书·州郡志》记载的江南侨州郡县的户口数，从永嘉年间一直到东晋灭亡后建立的刘宋政权末年，北方有九十万民众南渡。大约每八个北方人中有一个迁徙到南方，而南方的编户百姓中大约六分之五为本地人，其余为外来人。这些南渡的百姓主要住在今天的江苏、山东、安徽等地，以江苏境内最多。不过这只是一种估算罢了，因为世家大族普遍有大量依附自己的奴仆、部曲，这些人政府是不能编入户口获取税收的。

东晋的朝廷和流民一样是从北方空降而来的，人生地不熟的他们没办法很好地掌握南方州郡的户口。南方又多丘陵河流，宜居地点会比北方零

知识充电

荣封九锡

九锡是指皇帝赐给诸侯、大臣等有特殊功勋之人的九种礼器，是最高礼遇象征。九种礼器具体指车马、衣服、乐悬、朱户、纳陛、虎贲、斧钺、弓矢、秬鬯。

娄叡墓陶骆驼

碎，而南迁来的流民又是自主安家，所以户口分布更是零零散散，人数也缺乏统计。对于古代政府，这种情况会严重影响税收，因为政府都不知道自己管理着多少民众，也不知道他们住在哪里，又怎么能顺利地征收赋税呢？所以东晋政府举行了三次"土断"。

土断时，东晋不仅对临时设置的侨州郡进行整编规范，还对户口进行大普查，户籍为北方的百姓，记录在黄色户籍上，户籍为南方的，记录在白色户籍上。三次土断最著名的是东晋哀帝兴宁二年（364）三月庚戌日的土断，这一次是桓温亲自推行的。从这次土断后，居住在侨州郡的北方流民普遍失去了给予优待、减少租赋、徭役的福利条件，藏匿户口的世家大族被严厉处罚。司马氏的宗王司马玄，只是藏匿了五户流民，桓温知道后就亲自上表，把司马玄弄到廷尉治罪，可见其严厉程度。仅会稽一个郡，就因为土断多出三万多人。这些被查出的亡户从此都要给政府上税。东晋因为税源的扩大，一度出现了财阜国丰的局面，这是桓温在北伐之外对东晋统治的一个功绩。

当然，这种富庶是建立在对百姓的盘剥之上的。

地图专题 桓温北伐

性质：桓温为建立个人威信的军事行动，也是东晋前期较有成效的北伐。

作战方：桓温所率的东晋军、梁州刺史司马勋所率的东晋军；前秦军；羌人酋长姚襄的羌人军；前燕军。

背景：东晋前中期立国未稳，内乱频繁，朝廷一心偏安而江北人民坚持斗争，渴盼北伐。

透过地图说历史：

东晋前中期，总共有祖逖、庾亮、庾翼、殷浩、褚裒、桓温六人进行过北伐，除了祖逖北伐是纯粹的英雄行为以外，其他五人基本是为了完成"灭胡平蜀"的伟业，以赢取政治资本。桓温和其余四人最大的区别在于他的北伐有成效，但仅限于前两次。

在桓温的时代，东晋政府对北伐是非常抵制的。桓温能挑起北伐大旗，和他仅用四个月就平定了巴蜀分不开。哪怕平蜀以后，桓温还是用了七年窃取大权，才有了力主北伐的资格。

桓温第一次北伐是攻前秦。晋军兵分两路，梁州刺史司马勋从汉中沿子午谷威胁长安，桓温率主力从长江中游进入南阳盆地后，没有选择关中的正门潼关，而是选择离南阳更近的武关。武关道路险阻，补给困难，刚进关中时，桓温还能靠补给和关中父老的支援维持，等前秦毁坏了将成熟的麦子时，桓温攻城不下，粮食危机又难以解决，只好仓促撤军。

桓温第二次北伐，是攻打羌人酋长姚襄，战场在黄河边。东晋主力从江陵出发，徐州、豫州兵马则沿泗水、淮河水网进入黄河。姚襄所处的地方四面受敌，在伊水大败。桓温趁机收复旧都洛阳在内的数州土地。由于桓温和东晋世家都没有冒险把守旧都的打算，所以众多辛苦打下的失地再

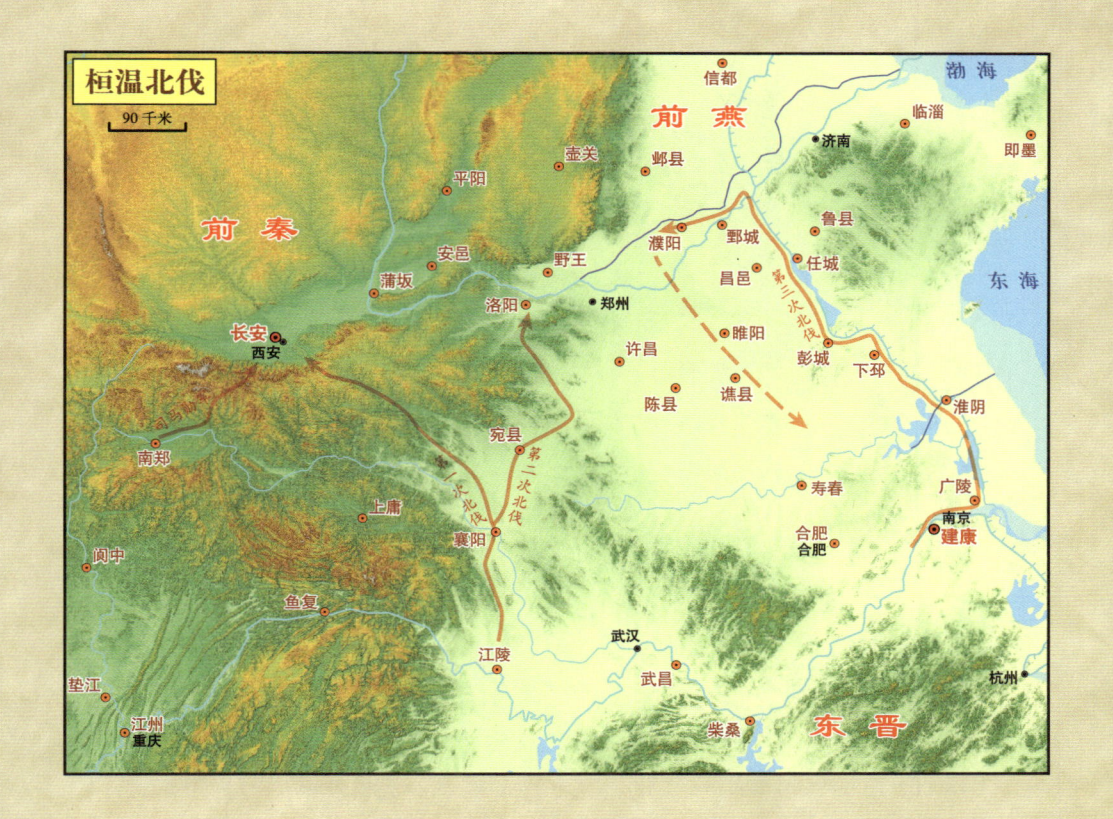

次被北方政权夺走。

　　第三次北伐，特色是以水路为进军路线。这样进军优点是运粮不靠人力，缺点是河道水位不稳，难以保证通航。大军来到山东时，河道就已经因干旱无法通行了，但桓温否决了谋士意见，强行开水道三百里引汶水注入干涸的清水，再由清水入黄河。大军进黄河容易，可后续补给能否稳定地从水道运来就难以保证了。桓温也想到这点，他的解决方案是分兵争夺石门，目的是在那里引黄河水入汴渠，一旦大军不利，就可以从黄河入汴渠撤退。然而，实践证明这种临时挖运河的战术风险太高，石门没有打开，正面战场没打出优势，粮食又运不过来，大军没退路又缺粮草，只能水军变步军，被前燕骑兵狠狠追杀。

　　纵观三次北伐，补给是影响胜利的重要因素，可在国家财力有限的前提下，东晋世家又互相掣肘，甚至不希望北伐取胜，桓温所能调动的物力自然极其有限，结果也可想而知了。

时间　337—376

11 前秦统一北方

> 乃平燕定蜀，擒代吞凉，跨三分之二，居九州之七……虽五胡之盛，莫之比也。既而足己夸世，愎谏违谋，轻敌怒邻，穷兵黩武。
>
> ——《晋书·载记第十五》

【人物】苻洪、苻健、王猛、苻坚、慕容垂

【事件】前燕崛起、苻健建秦、王猛辅政、苻坚统一北方

"天与弗取，反受其咎。时至不行，反受其殃。"桓温三次北伐期间，中华大地上的形势是对东晋有利的：北方群雄逐鹿，流民翘首以盼。但东晋内部迟迟不能合力收复失地，直到北方民族中诞生了足以威胁南方的霸主。

燕秦对立，逐鹿北方

后赵败亡以后，冉魏的势力范围已经不能和后赵相提并论了，氐人、羌人纷纷自立，慕容鲜卑则崛起于后赵东北。后来桓温北伐，羌人在洛阳的势力被击败，北方实际形成了鲜卑和氐人逐鹿的格局，除此以外，值得称道的也就是偏居凉州的前凉了，但凉州远在今天的甘肃一带，对北方大局影响很小。

慕容鲜卑的祖上是汉末鲜卑三部大人中的中部大人，魏晋时期，其根据地在辽河一带。西晋中期，慕容部迁徙到大棘城（辽宁义县西南）。这

次搬家很不一样，慕容部从此开始定居从事农业。这样一来，慕容氏不仅迅速壮大，而且很容易吸引西晋末年流亡的汉人，其中不乏世家大族。这些世族带着宗族部曲，不仅为慕容氏带来大量人口，还带来了完整的农耕和管理技巧，慕容氏在投奔世族的教导下宽待汉人，并且承认东晋为宗主，从而吸引了更多汉人投奔到辽河流域。

337年，慕容氏之主慕容皝称燕王，建立前燕。当时慕容氏最大的敌人不是后赵，而是同属鲜卑人的段氏。为了对付段氏，慕容皝向后赵称臣，从而向石虎求兵马。石虎答应了，在两家的联合下，段氏鲜卑灭亡，慕容氏进一步壮大，两国之间的关系也变成了竞争。343年，石虎曾经率二十万人马攻燕，却被大败，八万士兵战死。由此可知，石虎之所以疯狂地发动兵役，和慕容氏的威胁是分不开的，可以说慕容氏的打击加速了后赵的败亡。

348年，慕容皝去世，儿子慕容儁继位。此时的慕容氏不仅击败段氏，还击败了高句丽和鲜卑宇文部，掠夺了大量人口，并且不断骚扰后赵的幽州、冀州，实际兵力已经多达二十万人。而且，东晋没能把握住的后赵内乱，被慕容氏从始至终把握住了，他们最终吞并了冉魏，定都于邺城。当时中原地区的河南、河北、山西、山东等地都被纳入前燕版图。

慕容鲜卑崛起的这段时间，一个氐人的小家族也在崛起。这个家族姓苻，原本是略阳临渭的小势力。西晋末期，很多流民逃到这里，形成了割据一方的军事集团，苻氏成为首领。这股势力最初并未参与争霸，刘曜称帝就依附刘曜，石勒称帝就依附石勒。后来梁犊起义，苻氏的首领苻洪带族人立下大功，被石虎派去坐镇关中。等到冉闵灭后赵，弄

"大秦龙兴化牟古圣"瓦当

时间　337—376

出了屠杀胡羯的大事件后,苻氏就有了崛起的机会,当时汉人都归附冉魏,胡人则不少归附了苻洪。就这样苻氏逐步占领了关陇地区,这个家族很会利用汉人怀念晋朝的心理,自称晋征西大将军,还一度向东晋称臣,所以很快站稳了脚跟。352年,苻洪的儿子苻健自称皇帝,建国为秦,也就是前秦。这个时候,前秦才彻底跟东晋绝交。

前秦建立之时,关陇地区人心不齐,一直有起义和兵变,桓温就是借着这个机会北伐关中。然而晋朝的北伐并不坚定,苻健又采取了决绝的坚壁清野,最终桓温退兵,关中彻底落入前秦手中。

桓温打到关中时,曾驻军灞上,有一个奇人前来求见。这个人服装破旧,但相貌英伟,气度不凡。桓温觉得奇怪,就让这个人说说天下大事。来人面不改色,一边抓着虱子,一边滔滔不绝。桓温非常赞赏,退兵时还特意用高官厚禄相邀,但这个怪人却并未答应。

桓温也没有强求。当时没有人知道,这个抓虱子的书生日后差点儿将中国的南北一统提前了两百年。这个人就是前秦未来的首辅王猛。

比起看重门庭、英雄无用武之地的东晋朝廷,寒人出身的王猛最终选择了氐人贵族苻坚。苻坚是苻健的侄子,355年苻健死后,由于继位的苻生过于残暴,357年苻坚成功地取而代之。

苻坚即位后,称大秦天王,改年号永兴。

5 管仲辅佐齐桓公(前秦版)

苻坚继位时,中原各民族之间的矛盾已经非常尖锐,各国征伐不断,中原残破不堪。氐人虽是诸多部族的首领,但王权并不牢固,而且氐人在部落生活里积累的管理经验,完全不能胜任一个多民族大国家的统治。这些并不是苻坚能解决的,所以他起用了汉人王猛。

王猛其实早在苻坚继位前就和他相识,两人一见如故。继位后,苻坚感到国家豪强横行,皇帝的权威屡受挑战,百姓叫苦连天,于是派王猛去风气很差的京兆当长官。京兆住的都是氐人贵族，作为统治者的这些人都目无法纪，国家自然不会有什么秩序。王猛觉得"治理稳定的国家要用礼，治理混乱的国家要用法"，所以他采取了雷厉风行的手段。当时苻健的遗孀强太后（苻坚的伯母）有个弟弟目无法纪，经常欺男霸女。王猛一上任，就立即把他逮捕，而且不等消息传到宫里就把这个恶棍给杀了，才一个多月时间，王猛就杀死二十多个达官贵人，满朝贵族这才规矩起来，而且这个因罪处刑的过程，其实也让贵族们意识到，王权的地位凌驾于他们的贵族身份之上。

清 丁善长 历代画像传·王猛

因为处事得力，王猛接连得到重用提拔，一些元老显贵不服气，隐晦地威胁王猛："我们辛苦种田，你倒是来吃现成的啊！"王猛也很强硬，回道："我不光要让你们种出来，还要让你们烧好了给我。"这些氐人贵族愤懑不平，不仅私下对王猛发出死亡恐吓，就连当着苻坚的面也往往大声谩骂。苻坚也生气了，斩杀了谩骂王猛的大功臣樊世，在朝堂上对这些贵族破口大骂，连鞭子都用上了。事后，有二十多个权贵被杀，天子的威权也由此建立。

苻坚看着服服帖帖的贵族，高兴地对王猛说："我今天才知道天下有法这么一种东西，今天才知道天子是如此尊贵！"

王室的威严建立起来后，王猛就利用王权的力量推行新政，在野蛮的氐人中推行礼治建设，设立学校办教育，提高民众的文化素质，培养治国人才，还下令恢复太学和地方各级学校，广修学宫，招聘满腹经纶的学者执教，强制公卿的子孙入学读书。苻坚很支持王猛，他每月都要到太学考

问贵族学员们，勉励他们刻苦学习。

王猛执政期间，苻坚政府利用强权征用了贵族的三万家仆奴隶，用这股力量去泾水兴修水利、开垦农田，让久经战火破坏的关中荒田重新长出五谷。苻坚本人还亲自耕作，让皇后也养蚕，来给农民做出表率。

苻坚的坚定配合王猛的雄才，让前秦这个野蛮部落建立的国家，表现得理性而开明，比起饱受盘剥、流离失所的中原难民，前秦百姓们起码可以安心种田、缴纳赋税，不必担心官吏过于残酷的欺压。很多有才干的汉族人为前秦出谋划策，前秦的统治阶层也变得文明起来。关中平

明 陈洪绶 宣文君授经图

此图描绘了前秦时期的一则佳话，苻坚听说太常卿韦逞的母亲宋氏非常有学问，还熟悉世传的《周官音义》。为重整朝纲礼乐，他封已经八十岁的宋氏为宣文君，让一百多个儒生跟她学习《周官音义》。

原上布满了夹种杨柳的道路，路边分布着通畅的驿站，驿站间满是来往的商旅。

前秦于是摇身一变，成为北方屈指可数的强国。

5 平燕·擒代·吞凉

前秦身居关中平原，四面有群山保护，只有三个方向有敌人，分别是：西南的蜀地，这里刚刚被东晋收复；黄河下游的中原，这里有前燕；西北方的凉州，这里从西晋末年就是张氏的地盘，被称为前凉。前秦具备逐鹿天下的实力后，苻坚开始开拓疆土。

370年，苻坚决定先灭亡前燕。这正是桓温第三次北伐失败的那一年。按理说东晋大败，前燕正是威震天下的时候，为何苻坚敢在这个时候捋虎须？原因是前燕内讧了，击退东晋北伐军、才能卓著的前燕吴王慕容垂立下大功，却遭太傅慕容评排挤，竟然跑来投奔前秦。苻坚对前燕垂涎很久了，但一则忌惮前燕主慕容恪，二则畏惧名将慕容垂。此时，慕容恪已死，继位的慕容暐穷奢极欲，执政的慕容评贪污成风，唯一强悍的大将慕容垂又前来投奔，苻坚十分高兴，让慕容垂继续统率原来的军队，心中打定了灭亡前燕的主意。

同年底，苻坚下令进攻前燕，由王猛担任主帅。此时中原的局势是，东晋二次北伐的成果被前燕夺取，自洛阳以东的黄河流域土地大多属于前燕。

十六国 骑马吹号俑

时间 337—376

> ### 魏晋南北朝服饰
>
> 魏晋南北朝时期，三百多年战事不断，服饰发生了天翻地覆的改变。一方面，北方民族南下，汉服与北方民族服饰相互交融。一方面，战乱大大拉低了人们的生活水平，原本富丽讲究的服饰礼法制度随之破灭。那时候，高士们不着冠帽，代以幅巾、缣巾、纶巾、菱角巾等巾子。服饰则"褒衣博带"，就便穿着。这个时代的名士们散发袒胸、宽衫大袖的穿法其实也和经济贫乏、礼法难以维系有一定关系。北方民族习惯穿着的短衣绔褶也逐渐流行开来，这种服饰不分贵贱，男女皆宜。从出土文物和画作看来，这时候的女性穿着"上衣短小下裙宽大"的特色非常明显。
>
> ▲东晋 富且昌宜侯王天延命长丝履

　　前秦发兵后，洛阳是秦燕交战的关键战场，拿下洛阳、渡过黄河，前燕在黄河以北的土地一马平川。因此双方围绕洛阳爆发了潞川大战，此战慕容评率三十多万人的前燕军迎战，大军最初采取防御战略，打算耗尽前秦军的锐气再出击。但王猛没有强攻城池，而是纵火焚烧前燕城外的辎重。前燕主慕容暐不懂军事，屡次强迫守将出城接战，慕容评又大搞贪污，趁打仗从军民手里捞了不少钱，所以前燕军的士气也不高。出城后果然落得潞川大败，洛阳失守，前燕军损失十几万，慕容评几乎是单骑逃回去守邺城。但没了生力军，邺城也守不住，最终邺城被攻破。前燕皇帝慕容暐被活捉。前秦得到一百五十七个郡的土地和大量人口，成为北方最强国。

　　灭燕以后，前秦继续开疆扩土，在对付东晋以前，苻坚把重点放在了北方，比如位于关中西北的前仇池国，位于阴山以南、草原和山西山地交接处，由鲜卑拓跋氏建立的代国以及凉州的前凉国。

　　仇池国的掌权者是氐族的杨氏，他们长期以仇池山（在今甘肃西和西南）为根据地，所以后来建立的国家叫仇池国。仇池当过前秦的属国，但后来转投了东晋，由此和前秦有了矛盾。

代国是鲜卑拓跋氏建立的国家，西晋末年拓跋氏就在这一带居住。前秦时期，拓跋鲜卑没有过多掺和中原的争霸，而是忙于吞并塞北的匈奴势力，这个矛盾被前秦利用，借着塞北匈奴的求援，前秦灭掉了代国，把代国分裂为东西两部，整体受前秦控制。

前凉的建立者张轨是西晋指派的凉州刺史，他早就看出中原将乱，因此是自己争取到凉州避难的。在凉州，张轨讨伐了骚扰的鲜卑部落，威震河西走廊。前凉一直对晋朝效忠，收纳了很多流亡河西的中原百姓，保证了河西走廊的繁荣。它鼎盛时期疆域东面和前秦接壤，西方到达葱岭，向南控制着河湟地区。但是在苻坚统一北方后，前凉孤木难支，且内部发生动乱，最终被苻坚所灭。

总体来说，统一前燕后，前秦的北方统一已经是大势所趋，从371年到376年这几年间，前燕、代国、前凉三个国家都被前秦攻灭。此时，前秦实际上完成了北方的大一统，与东晋形成南北对峙。

古今人物画谱·王猛扪虱

此图描绘了前秦宰相王猛未发迹时，与攻入关中的桓温谈天下大事的情形。王猛身穿破衣，一边捉着身上的虱子，一边侃侃而谈，好似治理天下就如捉虱子一般容易。

前秦统一

性质： 十六国丧乱中，北方第二次短暂的统一。

作战方： 前秦；前燕；仇池；代国；前凉；蜀地的东晋军。

背景： 永和五年（349），后赵灭亡，北方再度陷入战乱，氐人趁机崛起，以关中为核心逐步统一了中国北方。

透过地图说历史：

苻氏，属于略阳氐人的一支，世代都是氐人的部落小统领。西晋末年大乱，略阳的氐人推举苻氏为盟主，这些氐人联合起来，先后归顺过前赵刘曜、后赵石虎、东晋，最后借东晋所封的秦王爵位，占据了关中地区，建立了前秦。在新任君主苻坚和名相王猛的协力下，前秦迅速强大，开始了统一北方的战争。

苻坚统一北方，最强大的对手是前燕，当时的北方主要是燕秦两国东西对峙。前燕皇帝年幼，执政者慕容恪是个有才能的人，他的死是燕秦对立的转折点。慕容恪刚一去世，桓温就发起第三次北伐，此时前燕的执政者是才能不高却喜欢猜忌的慕容评，形势十分危险。不承想前燕大将慕容垂表现英勇，竟然大败晋军。慕容垂救了国家，却引来慕容评的猜忌，被迫投降前秦。慕容垂的投降，直接导致了前燕的灭亡。

太和五年（370），王猛挂帅灭燕。灭燕的战略是兵分两路，主力攻打壶关进入上党，随后从太行山间的陉道进攻前燕都城邺城，偏师则北上攻击重镇晋阳，遏制晋阳守军回援，军队补给则依靠渭水、黄河源源不断地运来。如此危局之中，慕容评却为了捞钱，连饮水柴火这些必需物资都拿来牟利，前燕的结果自然可知了。

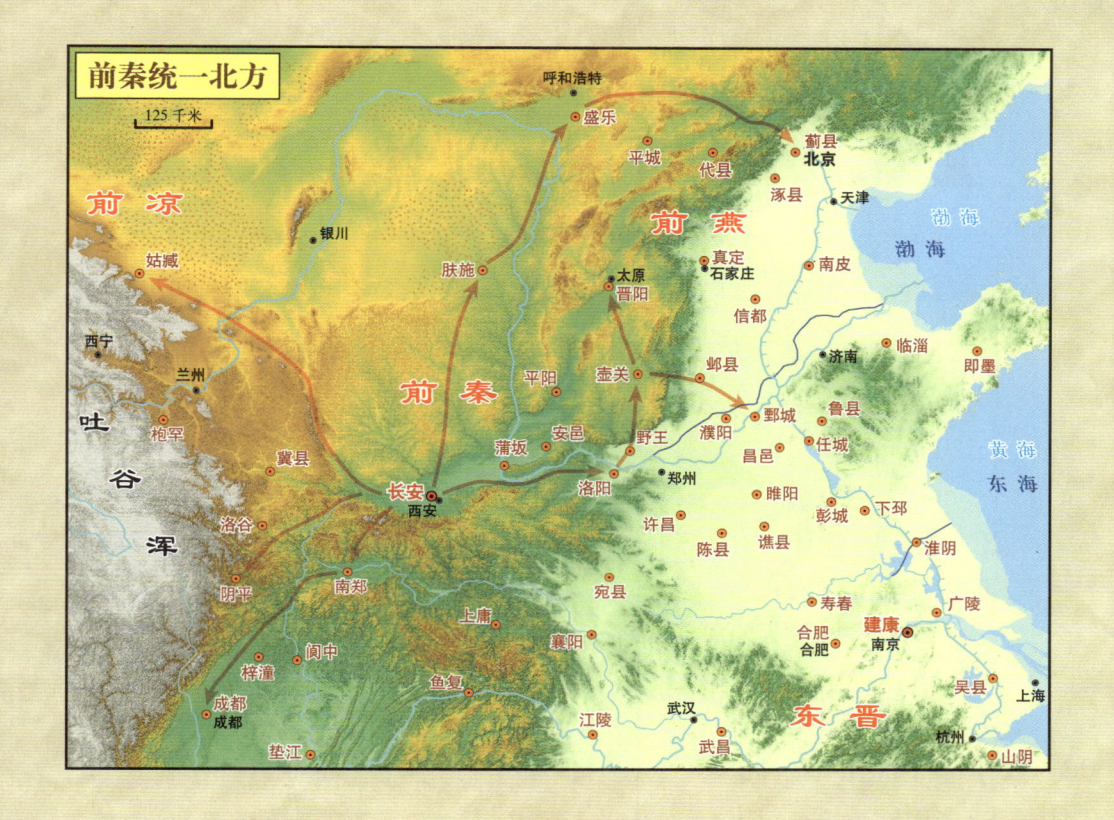

灭亡前燕以后，前秦已是北方唯一强国，吞并对象只剩下仇池杨氏、代国和前凉。仇池杨氏和苻氏同出于略阳，在汉魏时期迁徙到仇池山，其实就是一个割据的军阀。前秦吞并仇池，原因是仇池靠近巴蜀，是吞并巴蜀的必争之地。攻下仇池之后两年，前秦就以此为跳板，吞并了东晋在巴蜀的梁州、益州。

此时北方只剩下拓跋氏建立的代国比较有实力，代国以盛乐为都城，有能骑射的将士数十万。为了征讨代国，前秦发兵三十万。当时代国首领拓跋什翼犍身患重病，以致代国军队的指挥出了严重问题，加上代国内部部落复杂，各自为战，最终这个塞上强国仅三个月就被征服了。

前凉其实就是西晋的凉州刺史，凉州土地狭小，兵马有限，而苻坚足足派了十三万大军来到姑臧城下。因寡不敌众，前凉接战一个月就灭亡了。至此，北方基本统一。

时间　375—394

12 历史转折，淝水之战

> 坚引群臣会议，曰："……四方略定，惟东南一隅未宾王化。吾每思天下不一，未尝不临食辍餔，今欲起天下兵以讨之。"
> ——《晋书·载记第十四·苻坚下》

【人物】苻坚、慕容垂、姚苌、谢安、谢玄、苻融、慕容泓

【事件】前秦南侵、组建北府、淝水决战、东晋北伐、关中大乱、前秦解体

天下统一，重归和平，是乱世人民的愿望。然而，最有统一希望的前秦先失良臣王猛，后贸然兴兵，导致内部离心。最终，戏剧性的场景出现了：崛起于南方的雄兵北府军竟如小石绊倒巨人，前秦帝国轰然崩塌……

武侯病逝，前秦折翼

在苻坚横扫六合之际，375年，一手将前秦变为强国的王猛去世了，他的封号和诸葛亮一样是武侯。

苻坚一生将王猛视为管仲、张良，几乎言听计从，却偏偏固执地违背了王猛的两大建议。

第一个建议是提防慕容垂，早在慕容垂归降之时，王猛就告诫苻坚，慕容垂是人中豪杰，待人宽厚、智谋无双，前燕故地都有奉他为王的意思，他的儿子们也都有才干，这个人好比蛟龙猛兽，不是能驯服的，应该找机

会除掉他。但苻坚觉得想得天下是不应该嫉贤妒能的，所以还是重用了慕容垂。

第二个建议是不要讨伐东晋。当时王猛病入膏肓，苻坚在病床前向他询问身后事。王猛叮嘱道："东晋虽然偏居吴越之地，但是仍然继承了正统，其国内团结、安定，我死后，请大王不要图谋晋朝。鲜卑、西羌才是我国的仇敌，终将酿成大患，希望您逐步消灭他们。"可是苻坚似乎已经被胜利冲昏了头脑，认为前秦强兵百万，资仗如山，灭晋的心思是一刻也停不住了。他甚至早早在长安给东晋皇帝司马曜、宰相谢安修好了宅院，想好了他们投降后的安置方案了。

事实证明，苻坚的确是自大了。正所谓："关中良相唯王猛，天下苍生望谢安。"东晋在桓温去世后也出现了贤明的执政者，内部矛盾没有那么激烈了。就如王猛所说的，前秦真正的问题在于内部缺乏凝聚力，众多民族只是屈服于氐人的武力，没有彻底融入。具体来说，在关陇一带羌人众多，山西西北和陕西北部匈奴人多，陕西东北和内蒙古、河北、辽水流域都密布着鲜卑人，赵魏地区丁零人多，至于汉族则更不必说了。而氐人偏偏是一个人口有限的部族，其实只在关中地区人口占有优势。所以为了统御广大的疆土，苻坚采取了分封的方法，让自家子弟和氐人的贵族带兵分管各地，可这样一来，氐人本来不多的人马就更分散了，不仅分派地方的诸侯会有割据的可能，而且他们在地方天高皇帝远，完全是残酷荒唐地在欺压百姓，导致前秦的人心更散了。而就是在这种情况下，苻坚一边给自己营造了不少宫室，一面打算攻打东晋。这场大战就是日后流传历史的淝水之战。

淝水之战前，苻坚还是采取了北方对付南方的老方法，从四川、两淮、襄阳三个方向突破。373年，苻坚派兵出汉中、剑门攻下了梁州、益州，东晋在四川的防御线被迫收缩到重庆一带，勉强能控制长江而已。

378年，苻坚派苻丕率十七万前秦军围攻襄阳，派遣俱难、彭超等率七万人的前秦军在两淮作战。最终襄阳在抵抗一年后沦陷，而东方的前秦军一直打到了三阿，这里再过一百里就是长江的渡口广陵，广陵过江后马

前秦《广武将军碑》拓片

这篇碑文产生于368年,由隶书写就,正文文字大约一寸见方,共十七行,每行三十一字。碑侧刻文八行,每行十二字。《广武将军碑》跟《兰亭集序》属于同时代书体,南北辉映,影响较大。

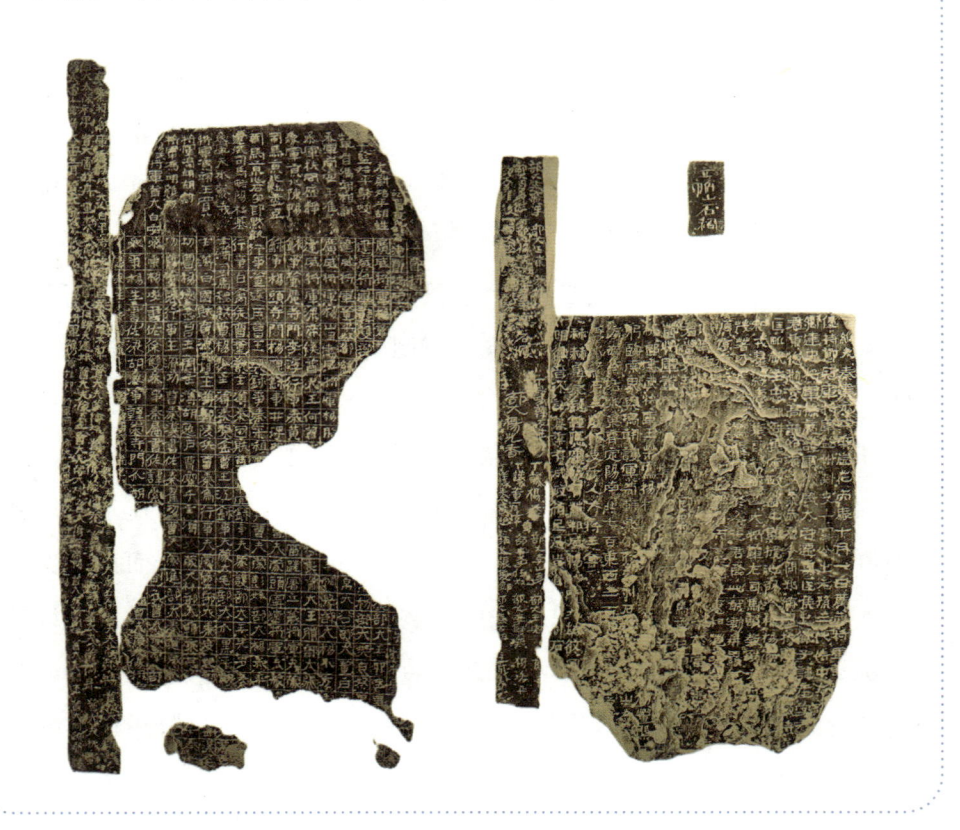

上就是东晋国都建康。

生死之际,东晋朝廷在外敌的压迫下迅速团结了起来,尤其是兖州刺史谢玄,他麾下的兵马异常精锐,不仅成功地给三阿解围,而且大败秦军主将彭超,将他逼到了淮北地区。

虽然前秦南伐还是取得了不小战果,但从根本军事目的达成上来看,这无疑是前秦帝国的一次折翼。

5 拯救者与掘墓人

王猛死后,苻坚政权的决策虽然开始莽撞,但从东晋朝廷的反应来看,东晋内部还是对抵抗前秦非常缺乏信心的。尤其是在荆州一带掌兵的桓氏,因为畏惧前秦兵马,甚至早早就搬迁了治所。当时荆州的北门襄阳,已经在近一年的攻打下陷落。按理说,假以时日,前秦是有机会攻入东晋的。奇怪的是,在关键的对峙阶段,前秦军却被数量很少的东晋援兵打败了。而且,东晋长江中游的荆州也不再完全不听扬州政府的号令,而是很不错地实现了各州的防守配合。

这时的东晋皇帝司马曜还是个小孩子,改变当然不出在他身上,而是出自新任的辅政大臣谢安。

谢安出身于世家大族陈郡谢氏,这个家族世代为官,可年轻有才的谢安却偏偏远离政治,就喜欢和王羲之等名门子弟清谈游玩。等到他的弟弟谢万都已经出任豫州刺史时,谢安还是屡次拒绝权贵的邀请,安心在东山隐居。

然而,天有不测风云,谢家这一代里,热衷做官的落了个惨淡收场,无心政治的却开始平步青云。原来,谢万后来参加了桓温的第三次北伐,落得大败,不仅丢了官位,还犯下大罪,要不是看在谢安的分上,几乎就要被处死了。而谢安这个时候却有了当官的想法,于是

前秦 牵马胡俑

接受了桓温的征召，从此平步青云，成语"东山再起"就是从这件事里衍生的。

谢安步入政坛后，顾全大局、为政公允，极尽忠诚地辅助幼弱的皇帝，为东晋的政治稳定立有大功。当初桓温之所以没有身加九锡，谢安功不可没。

等到桓温去世，荆州虽然还把控在桓氏手中，但其继任者对朝廷的态度要好上很多，而谢安又是个翩翩名士，善于处理各方关系，深受朝野世族门阀和寒族信赖，所以东晋的荆扬两部关系改善了不少。此时的东晋内部势力呈现均衡状态——长江中上游由桓氏掌控，桓冲掌管精锐晋军；下游由谢氏当政，负责朝廷事务。正是这个局面，使得刚刚失去益州、腹背受敌的东晋形成了荆扬两地同仇敌忾、密切配合的形势。

在前秦大举进攻前夕，377年，谢安举荐侄子谢玄出任兖州刺史，镇守广陵，负责长江下游江北一线的防守。而他亲自总管长江下游的防线。

谢玄虽然是纨绔子弟，但也是东晋难得的名将。坐镇江北时，他才三十出头，就成了抵抗苻坚军的第一道防线。谢玄可能从桓温北伐中吸取了一些教训，意识到东晋屡次对付北方失利，和人们偏安一隅的情绪有关，更和军队的组建有关。所以他招募江北的勇猛之人，尤其以北方流民为主，用这些人组建了一支军队。当时各方势力大多沿袭汉朝的规矩，打仗时直

奇珍异宝

西晋的"考古发现"

西晋时期，有人挖掘了战国时魏王的墓，从中出土了大量写满小篆的竹简，数量之多需要用几十辆车来运载。因为出土于汲郡，所以称为汲冢竹简。这些竹简是魏国编写的编年体史书，记载了上至夏朝下至魏安釐王的历史。其中很多记载和儒家经典出入极大。这套书也就是《竹书纪年》，根据近代学者的考证，《竹书纪年》同样具有很高的史料价值。

接征民为兵，没有花费时间去训练专业军人，所以军队的战斗力参差不齐，战斗意志也很差，待遇就更不必说。而谢玄所选的这些人大多对北方的异族恨之入骨，战斗意志特别坚定，谢玄又给了他们稳定的待遇和专业的训练，所以这支军队成了当时少有的精锐之师。因为他们主要驻扎在江北，所以后来称其为北府兵。

因为有北府兵，初出茅庐的谢玄以弱势兵力击退了前秦的侵略人马，粉碎了苻坚第一次南伐的战略意图。因为有北府兵，东晋中央政府的军事力量大大增强，有了和手握重兵的荆州博弈的资本。可以说北府兵是东晋的救世主。

但是，这样一支强大的武装也成为东晋的一股不稳定因素。后来东晋大乱，窃取政权的篡位者就是北府兵的领袖刘裕，从这个角度来说，北府兵也是东晋的掘墓人。

投鞭流未断，草木皆成兵

攻晋受阻，太元七年（382）年十月，苻坚召见群臣，说："我登基将近三十年，天下基本平定，只剩下东南一角，还没蒙受教化。我粗略计算了一下兵力，能集中九十七万人。我准备亲率大军东征。你们觉得怎样？"

苻坚说出想法后，群臣反对的多，支持的少。大多数人认为，东晋君臣和睦，且有长江为天然屏障，不宜冒险侵犯。但苻坚不死心，退朝后，他留下苻融继续讨论，但苻融也是反对出兵的，他觉得比起东晋，满布长安的鲜卑人、羌人、羯人才是心腹大患。不止苻融，苻坚的太子、爱妾都反对出兵。

但还有两个人支持苻坚，一个是羌人姚苌，一个是鲜卑人慕容垂，这两个人都知晓军事，却偏偏用"小不敌大，弱不御强"的蹩脚借口来怂恿苻坚。最终苻坚一意孤行，还是固执地执行了自己的意愿。

次年七月，苻坚开始在全国征兵马：但凡马匹，无论公家的私家的一律征用，平民每十丁出一人当兵。苻坚命令苻融为前锋都督，指挥慕容垂在内的二十多万人的先头部队，命令姚苌率领蜀地兵马东下，自己率六十多万人的主力从长安出发。大军拉着漫长的队列南下，苻坚进入河南地界时，还有兵马刚刚赶到首都地区。

苻坚望着雄壮的大军，意气风发，自诩"投鞭于江，足断其流"，就是说只是大军丢下的马鞭子就能阻断长江流水。狂妄的苻坚还不知道，因为他的豪言，"投鞭断流"成了流传千年的讽刺成语。

东晋方面则迅速重用了谢氏、桓氏的人为将，率领八万人马，试图在淮水一带阻击前秦。淮水流域有一个重镇，当时名叫寿春（今安徽寿县），本应是防守重点，但在交战过程中寿春很快被攻占了。寿春被破，引发连锁反应：前秦军趁势渡过淮河，以将军梁成所率五万前秦军控制了淮水的支流洛涧，截断了淮河交通，晋朝派去支援的将军胡彬及五千兵马被困在硖石，而负责支援的谢玄则被梁成挡住，不敢轻易前进了。

苻坚听到寿春消息，大喜过望，犯了一个重大错误：丢下主力几十万人，只率领八千骑兵奔赴前锋军战场。东晋君臣非常着急。大家都急切盼望主政的谢安拿主意，而谢安镇定自若，坚信守住了长江下游，就能击败前秦军。

这时，势在必得的苻坚又犯了一个错误，一到寿春，他就派东晋降将朱序去劝降东晋主将谢石。不承想朱序到东晋军营后，不但没有劝降，反

奇珍异宝

三国志

关于铁马金戈的三国时代，晋代人写了很多史书，林林总总记载在册的就有十几种。这些史书要么写得过于激进，史实难以印证，要么写得过于周详不易抓住要点。只有巴西安汉（今四川南充）人陈寿所写的《三国志》"文质辨恰""高简有法"，把文学性和史学性以及历史事件的详略关系处理得最好。

而向谢石报告前秦军的真实情况，鼓励他先发制人，主动进攻前秦军。于是，谢石改变作战方针，转守为攻，决定趁前秦军没有集结，先挫败一下前秦军的锐气。

在谢石的指挥下，位于东方的晋军将领谢玄派刘牢之率五千精兵奔袭洛涧，这五千人都来自训练了七年之久的北府精兵。这支军队一战立威，渡河杀死前秦将领梁成，五万前秦精兵接战不利后，争先恐后渡淮河逃命，一万多人淹死，器械物资损失不计其数，东晋军的士气因此暴涨。

寿春以东，淮水有淝水、洛涧两条分支，洛涧丢了剩下的就是在西面的淝水。前秦军于是背靠寿春，在淝水西岸布阵，东晋军无法渡河，于是与其隔岸对峙。

谢玄见没有机会可乘，就派人去见苻融，使用激将法对他说："你沿河布阵，又不主动渡河，难道是想长久耗下去，不敢速战速决吗？不如你们稍微后退一点儿，让晋军渡河，大家一决胜负，如何？"前秦军诸将都反对后退，苻融和苻坚却认为可以将计就计，令军队稍稍后退，待东晋军半渡过河时，再派骑兵冲杀，就能一举取得胜利。

可是，诡异的一幕出现了。因为前秦的军人本来就是被强制征兵，梁成的部队又刚打了败仗，士兵们士气低落，听到撤军令时又乱又怕，竟然产生了影响全军的大混乱。而此时，谢玄已经率八千精锐北府骑兵抢渡淝水。见前秦军出现混乱，朱序趁机在阵后大叫："秦兵败了！秦兵败了！"后面的前秦兵不知真相，信以为真，竞相奔逃。各族士兵原本就不愿意为前秦打仗，见此纷纷撤退。

前有东晋虎旅，后是人心惶惶。大将苻融虽然试图阻止，但一个人的声音无济于事。他的马被乱兵冲倒，本人被杀死。失去主将，前秦军越发混乱，非常惊恐，溃逃形成连锁反应。那些溃兵沿途不敢停留，听到风吹过的声音和鹤的鸣叫，都以为是东晋军追来。东晋军乘胜追击，一直追到寿春附近。前秦兵人马相踏而死的，满山遍野。淝水之战，一战就打出了"风声鹤唳""草木皆兵"两个表示惊慌失措的成语，可见前秦兵马溃散之彻底。

最终，苻坚中箭负伤，仓皇逃到淮北，他沿途收集残兵，回到洛阳时仅剩十余万人马。

这一战，前秦出动近百万人的军队，除慕容垂率领的三万人马基本没损失外，其他各部都溃败了。

谢安趁势组织对前秦的反攻。太元九年（384）八月，谢玄率兵北上，桓冲也出兵北伐，东晋在淮河、泗水乃至荆州、益州都陆续反击，不仅收复了被前秦侵占的梁州、益州、襄阳，还一举将东晋边境推到黄河边。这个时候，东晋内部贵族门阀偏安一隅的思想再次抬头。当时，北府兵将领刘牢之在渡过黄河后只是被慕容垂稍微挫败，损失了几千人马，可就是借着这么一点儿挫折晋军就放弃了黄河以北。没有黄河以北的战略要地，黄河以南的收复成果便成了无本之木，时刻面临巨大的威胁。

清 苏六朋 东山报捷图

东晋军在淝水大败前秦军的捷报送到时，谢安正在与客人下棋。他看完捷报，放在座位旁，不动声色，继续下棋。客人憋不住问，谢安淡淡地说："没什么，孩子们已经打败敌人了。"下完棋，客人告辞，谢安这才不再抑制喜悦，进屋时将鞋底都碰断了。

5 昙花一现的前秦帝国

淝水之战令前秦元气大伤，在战斗中，苻坚身中流矢，单骑过河，被强迫而来的军队，自然绝大部分逃散。只有慕容垂老谋深算，所率的三万多兵马建制还是完整的，当时，苻坚反而要靠着慕容垂保护回到洛阳，勉强收集了十万人马回到长安。

得知氐人大败，前燕主的弟弟慕容泓召集关中被氐人当作牧马奴隶的鲜卑人十余万造反，苻坚知道后让儿子苻叡和羌人首领姚苌平叛，结果平叛不利，姚苌看出氐人势力大损，也趁机反了。苻坚内忧外患，勉强带了两万人对付姚苌又被打败，只能退回长安城。在太元九年（384）六月以后的一年里，长安都被鲜卑人围困，带头的正是苻坚曾经优待过的前燕贵族慕容冲，富庶的长安城在长期围困下非常缺粮。一次，苻坚将最后家底拿出来，设宴招待群臣，结果就连打仗的将军也分不到几块肉，大家把肉塞进嘴里不敢咽下，回到家吐出肉给老婆孩子吃。

经过这些劫难，前秦老百姓饱受劫掠、流离失所，王猛十几年的经营付诸流水。太元十年（385）五月，长安城已经是生死关头。苻坚留下太子

知识充电

绘画盛世

魏晋南北朝时期，绘画艺术有了不小的发展，最重要的就是宗教画的兴起。这和佛教盛行是分不开的。南朝四百八十寺的江南自然不必多谈，哪怕是金戈铁马的北方，僧尼也常常多达百万。随着宗教的传入，中亚和印度的绘画技法也流入中国。同时，山水也开始被人重视，人们不再把山水视为人物的背景，而是开始独立地探索山水本身所能表现的意境。大画家顾恺之的《雪霁望五老峰图》被视为山水画的开山大作。

时间　375—394

晋　顾恺之　洛神赋图（节选）

守长安，自己带着数百骑兵和家眷向岐山方向跑，结果被姚苌活捉。姚苌派人向苻坚索要传国玉玺，苻坚大骂："你小小的羌胡，竟然敢逼迫天子？五族中，没你们羌人说话的分儿。玉玺已送到晋国，你得不到了！"姚苌又派人逼苻坚禅位给他。苻坚又大骂："禅代是圣贤才有资格做的事。姚苌这个叛贼，有什么资格呢！"见从苻坚这里得不到好处，当年十月，姚苌命人将苻坚绞死。苻坚在北方还是有一定威望的，得知他死讯的人都忍不住流泪，凉州军民还为他披麻戴孝。

中外对比

394年，西秦灭前秦。
395年，罗马帝国分裂，东罗马帝国都于君士坦丁堡，西罗马帝国都于罗马。

洛神，就是洛水女神洛嫔，据说是伏羲的女儿。此图即根据三国文豪曹植写下的千古名篇《洛神赋》所作，图中人物飘逸的风姿极好地还原了曹植"体迅飞凫，飘忽若神，凌波微步，罗袜生尘"的佳句。

关中大乱，加上东晋北伐，引起了北方的大动乱：慕容垂趁机逃回前燕故地复国称王；代地的鲜卑拓跋珪在牛川称王复国；羌人姚苌自称继承了秦的国统，建立后秦；丁零、乌桓相继反叛。

至于前秦的王室，留守长安的太子苻宏知道孤城难守，于是弃城投奔了东晋。苻坚的庶出长子苻丕在苻坚死后称帝，但很快兵败被杀，关陇氐人于是又拥立苻坚的族孙苻登在枹罕称帝……总的来说，这几个氐人政权已经无力回天。

太元十九年（394）七月，苻登在废桥之战中被后秦姚兴擒杀，太子苻崇逃到河西走廊一带，继位几个月后又被西秦首领乞伏乾归驱逐，死于乞伏轲弹之手。前秦立国四十五年，其中近三十年是苻坚主政，苻坚死后不过十年，兴旺一时的前秦彻底消失在历史长河之中。

地图专题 淝水之战

性质： 东晋击败前秦苻坚的著名战役，改变了魏晋南北朝的历史走向。

作战方： 前秦；东晋。

背景： 随着前秦壮大，苻坚违背王猛嘱托，在国内民族矛盾还未缓和之际就贸然对外用兵。

透过地图说历史：

苻坚攻晋，策略是三路齐进：西路在蜀地制造战船，顺长江而下；中路以苻融为前锋，进攻寿春；东路以幽州、冀州兵马从彭城南下；主力由苻坚率领，跟随苻融的前锋进逼寿春。淝水大战正是围绕中路军的目标寿春展开的，一旦前秦中路获胜，三路军队就会在长江会师，合击东晋都城。

从地图可以看出，寿春是江淮地区的水陆枢纽，向北控制颍水、淮水，向南控制淝水。占据寿春，前秦向南可以经水路进入长江威逼建康，向东可以进入淮河抵达重镇广陵。占据寿春后，苻融立即派梁成率五万人马控制洛涧。从地图可以看出，洛涧如今被淹没于高塘湖下。控制洛涧以后，梁成立即在通往淮河的入口设置木栅，阻断晋军救援寿春的水路。这么一来，东晋派去救援寿春的胡彬便倒了霉，他只有五百人，如今进退不得，只好在硖石死守。此时，东晋谢石、谢玄的主力八万人才来到洛涧以东二十五里，因为水路被断只能被动等待。

这时，战争的转折点出现了，胡彬求救的密信被前秦截取了。这本来对东晋非常不利，但苻坚却因此轻率冒进，丢下大军几十万人，只率八千骑兵亲自赶到寿春，而且还错误地派出东晋降将朱序去劝降。前秦大军尚

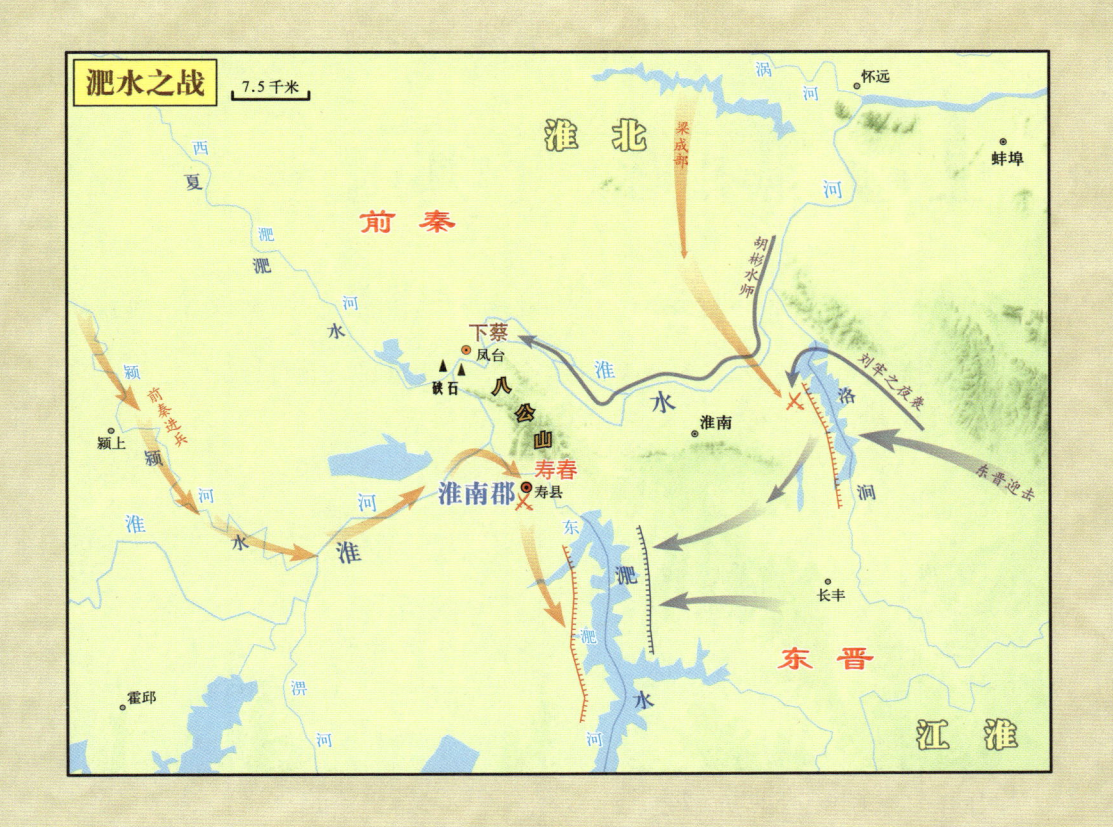

未集结的重要信息被朱序透露给了谢石——如果能消灭前秦的前锋,这一仗还有机会!

谢石于是立即派刘牢之率五千精锐北府军渡过洛涧奇袭,竟然一举击破了梁成的五万人大军。梁成的失败固然跟个人有关,但苻融坐拥二十五万兵力,完全可以多派兵马跟进梁成。洛涧之战落败,东晋军乘胜抵达淝水东岸结阵。这些晋军都是精锐的北府兵,和以往南方的弱军截然不同,苻坚看了心生惊惧,竟怀疑八公山上的草木中藏满了晋军。

两军最终在淝水两岸对峙,此时前秦大军数量远超晋军,北府兵虽然精锐,但想要过河以少破多难度非常大。幸亏谢玄抓住前秦军刚败的机会挑衅苻融,问他是否害怕应战,所以才摆了个持久战的阵势。苻坚和苻融可能想振作军心,又低估了北府兵的战力,决定大军后退,放东晋过河,等他们渡河一半再行反击。谁知前秦临时征召的兵马人心不齐,素质低下,又在洛涧之败后疑神疑鬼,竟然从后退变成溃逃,结果一败涂地。

应该说,苻坚不听王猛遗策的恶果,此刻完全显出了。

时间 385—410

13 燕相啄，亡邦国

> 垂至参合，见往年战处积骸如山，设吊祭之礼，死者父兄一时号哭，军中皆恸。垂惭愤欧血，因而寝疾……
> ——《晋书·载记第二十三·慕容垂》

【人物】慕容暐、慕容垂、慕容德、慕容泓、慕容冲、姚苌、拓跋珪

【事件】关中鲜卑起义、关中鲜卑东归、后燕灭西燕、北魏灭后燕、刘宋灭南燕

前秦灭亡，慕容鲜卑各支崛起，几成北方第一势力，然而慕容氏同族相争、骨肉相残，如群燕相啄，为北魏、羌人所乘。最终落得邦国覆灭，一蹶不振。

西来燕，回乡难

前秦瓦解，东晋北伐，一场大动乱中，北方有两个最大获益者：篡取了前秦国统和根据地的后秦，趁势崛起的鲜卑慕容氏。尤其是慕容氏，他们不仅夺取了前秦在关东的土地，还逐步蚕食了东晋北伐所获得的河南领土。

稍稍将时间回溯到前秦败亡以前，当时，慕容氏都处于氐人的管控之下，大体又分为三支：前燕降将慕容垂以及跟随他降秦的兵马，这些人是功臣，依旧在前秦的军队任职，生活还算可以；前燕末帝慕容暐一脉，他们在前燕败亡后投降，在前秦都城长安居住，慕容暐在前秦朝中任职，这支鲜卑人生活整体也还可以；前燕败亡后被强制迁徙到关中的鲜卑人，他

们生活比较凄惨，为奴为婢，连王族都不得不到集市做买卖维生。

在这种背景下，前秦败亡之际，在淝水之战全身而退的慕容垂自然不肯回到战乱的关中，而是把目标放在了前燕国的故地，准备进攻驻扎邺城的苻坚庶子苻丕。还留在关中长安城外的鲜卑人，则拥立前燕末帝慕容暐的弟弟慕容泓、慕容冲造反，造反的结果是秦军大败。在外的两支鲜卑人造反，可前燕末帝慕容暐却还在苻坚守卫的长安，他的境遇就非常尴尬了，苻坚没有杀他主要是想利用他给造反的鲜卑人施压，可慕容暐并不愿意帮苻坚招降，反而秘密鼓励城外的鲜卑人造反。他派人传令给慕容泓："我是笼中之鸟，断然没有全身而退的可能了。又是亡国的罪人，你不要顾忌我。……我死了，你就继承大统。"慕容暐甚至想和城外的鲜卑人里应外合，但计划失败，长安城内的鲜卑人全被杀死。

慕容暐虽然授意慕容泓为皇帝，但起义军却认为同为慕容暐弟弟的慕容冲更合适，慕容泓因此被大家杀死，时间甚至在慕容暐被杀之前。不过在死前，慕容泓还是做了几件大事：下令进军长安、自称济北王，宣布复兴燕室，改元燕兴。因为建国于关中地区，所以这个势力史称西燕。

385年，慕容暐和慕容泓死后，慕容冲才在阿房称帝，改元更始。慕容冲称帝前后，西燕和前秦之间的战争均在持续进行，长安城先后被包围一年。同年五月，慕容冲亲率西燕军攻城，前秦皇帝苻坚则亲自上城督战，战事极其惨烈，连苻坚都中箭受伤，血流一身。有此前因，便有了苻坚出逃、前秦灭亡的后果。

在西燕围攻长安的时候，关中其实还崛起了一股势力，即姚苌为首的羌人。他们杀了苻坚，窃取了前秦的国号（史称后秦）和占领长安的鲜卑人对峙。关中是一个内部平坦的盆地，就像一间小小皇宫，注定了里面只能留下一位王者。两家的兵马数量是具备抗衡资格的，但作战的意愿却天差地别。在关中土生土长的羌人都愿意为夺回家园而战，可鲜卑人才搬到关中一代，还没有在这里扎下根，他们普遍思念着河北的故国，不愿意在这里和异族争夺土地。东归成了那时关中鲜卑人的普遍信念，哪怕关中更

时间　385—410

三燕龙城遗址出土文物　铜虎子

利于鲜卑人发展。

慕容冲低估了这一点，他留恋长安，并且畏惧山东的慕容垂，因而不愿东进，仍想统一关中。于同年（385）十月，他派五万西燕军攻打姚苌建立的后秦。两军在新平郡南面大战，结果西燕军大败，几千人归降了姚苌。鲜卑人东归的呼声更强。

次年（386）二月，因慕容冲不愿东归，鲜卑部将韩延利用鲜卑军民思归的情绪，杀死了慕容冲，拥立鲜卑贵族段随为燕王。段随不是慕容家族的人，声望权势不够，威慑不了部众。还不到一个月，慕容氏的宗室慕容恒、慕容永就杀死了韩延和段随，立慕容𫖮（yǐ）为西燕皇帝。

这一次，没有西燕高层敢留恋关中了。

三月，四十余万鲜卑人收拾行李，离开长安东归。在途中，西燕内斗不断，慕容𫖮被慕容恒的儿子慕容韬杀死，慕容恒于是改立慕容冲的儿子慕容瑶为西燕皇帝。在此过程中，慕容永和慕容恒这对政变的同盟者决裂了，慕容永又杀了慕容瑶，拥立慕容泓的儿子慕容忠为西燕皇帝。可是还没有三个月，慕容忠又被杀死。

这场内斗的结果是，"持法宽平"的慕容永被拥立为大将军、大单于、河东王，成了关中鲜卑的领袖，率西燕军继续东进。

关中鲜卑想回故土，沿途要经过前秦残余势力苻丕的领地，慕容永于是派人去"借路"。苻丕自然不肯让这么一大批人马经过自己的领地，就率前秦军四万人在襄陵（竟山西襄汾北）阻拦。一场大战后，西燕军大破前秦军，苻丕只好带着几千残兵败将越过黄河逃到洛阳一带，最终被东晋的军队杀死。

太元十一年（386）十月，慕容永趁机进兵占领长子，自称皇帝，年号中兴，短短八个月内，西燕换了六任皇帝。

慕容永的建都奠定了西燕的基本国势：全盛时期西燕疆域东倚太行山，西临黄河，南抵轵关（今河南济源西北），北到新兴（郡治在今山西忻州），距离故乡只有一山之隔了。

此时，本自同根生的后燕却成了西燕回乡的最后一道险阻。他们牢牢镇守莽莽太行山，如同万里绝壁挡在了西燕百姓回到河北的通路之上。原因很简单——后燕的慕容垂是前燕皇帝慕容皝的裔孙，要功绩有功绩，要能力有能力，他决然不会让一个出身旁系的人夺取正统。

一方是回乡心切，一方是正统之争，393年冬，两拨鲜卑人在外患未平的时候，就不顾一切地爆发了一场内战。这是一场围绕太行山的鏖战，在海拔超过两千五百米的山脉之间，那些自古以来就是兵家重地的山间陉道再次成为流血的战场。慕容垂先是以七万步骑兵出井陉关攻打西燕的晋阳，慕容永则调兵五万人防守。次年春，慕容垂又增调四州兵员，分兵三路进攻。夏天，慕容垂亲自带兵从天井关出发，攻打西燕的储粮要地。总体来说，慕容垂更胜一筹，慕容永则误判了慕容垂的进攻重点。台壁大战以后，西燕大败，失去了雄伟的太行山屏障，逐步走上末路。这年（394）八月，西燕就灭亡了。这个奔波流转的政权只存在了十年，最终也没有亲自实现回到故土的愿望。

5 后燕血，染中原

太元十九年（394）二月，慕容垂出兵攻打西燕，同年八月，西燕首都长子沦陷，西燕灭亡。至此，慕容垂基本恢复了前燕版图。随后的几年，利用东晋的权臣把握荆州引起的内乱，慕容垂继续开疆扩土，蚕食了东晋淝水之战后无力经营的部分战果，把后燕的版图南扩到今天的山东临沂、枣庄一带。

然而鲜卑人骨肉相残的诅咒依旧在继续，灭掉西燕以后，慕容垂把目光放到了北魏。北魏其实就是鲜卑的拓跋氏在长城以北发展的势力，原本归附于前秦，趁着淝水大战，拓跋鲜卑的领袖拓跋珪于386年建立了北魏。同为鲜卑人，北魏和后燕原本是友好的，但在西燕和后燕的角逐中，拓跋氏明显偏向西燕。不仅在战前多次拒绝后燕求购马匹的请求，还在西燕危急时，派了五万骑兵声援。（后燕最初有恩于拓跋珪，但他们其实也不厚道，在北魏拒绝给马后曾经扣押拓跋珪的弟弟勒索战马）

新仇旧恨相加，灭西燕次年（395），后燕的八万大军就开向北魏，此外还有一万八千人的后军。但北魏居住在长城以北，游牧化的程度远高于中原民族，拓跋珪索性避而不战，把部落、牲畜全都迁到黄河以南避战。但即便如此，还是有很多田里的粮食带不走，被后燕缴获，有了粮食，慕容垂就没有撤军，而是赶造战船准备渡河。

船并非一时能够赶出，后燕军队于是自出兵以后屯居野外五个多月，还不能和北魏决战，加上塞外天气早凉，黄河已然开始结冰，只能被迫撤退。可这时，拓跋珪却冒险从新结冰的黄河南下，用骑兵一路跟踪偷袭。后燕军长期行军非常疲惫，在清晨看见大批北魏骑兵奔来，因而溃不成军，成千上万人想渡河逃生，都被淹死，有四五万人投降，却被拓跋珪尽数坑杀。

慕容垂已经七十多岁，年老有病，寿命无多，遭受这场大败，感到不甘心，因为战斗并非他亲自指挥。太元二十一年（396）三月，慕容垂不顾身体状况强行出征，想在临死前解决北魏这个大患。后燕军在慕容垂的指挥下，秘密离开中山（在今定州）、越过青岭、经过天门，开山辟路，出其不意地穿过云中、攻陷平城，颇有战果。四月，大军开到去年战场，漫山遍野，只见后燕将士的累累骸骨堆积如山，前来征战的士兵见到，无不号啕痛哭。慕容垂年老多病，本就苦于行军奔波，受此刺激竟一病不起。后燕只得仓促退兵，还没回到国都，慕容垂就病死了。当年六月，他的儿子慕容宝继位。

而拓跋珪则凭借游牧民族马匹众多的优势，从此以骑兵纵横北方，成为后燕的心腹大患。听说慕容垂已死，八月，拓跋珪便亲率大军四十万人进攻后燕。北魏军一路势如破竹，后燕守军或弃城逃跑，或望风而逃，只剩下邺城、信都（在今衡水市冀州区）和中山三城闭门固守。慕容宝当时在中山有步兵骑兵十五万余人，他命令全军出城迎击，却大败而归。

雪上加霜的是，这期间后燕偏偏还起了内讧，慕容宝的兄弟慕容麟造反，虽然叛乱被镇压，慕容麟落得个失败出逃的下场，但中山城的人心更散，自然也很难守住了。次年（397）三月，慕容宝带着一万骑兵，丢下城中军民突围去往龙城。慕容宝逃走后，中山城中官民更加惊恐，拥立前燕皇帝慕容皝的曾孙慕容详为皇帝。慕容详临危受命，却没有个救星的样子，荒淫无度，嗜酒好杀，称帝后杀了一百多个王公大臣，城内百姓因为缺粮

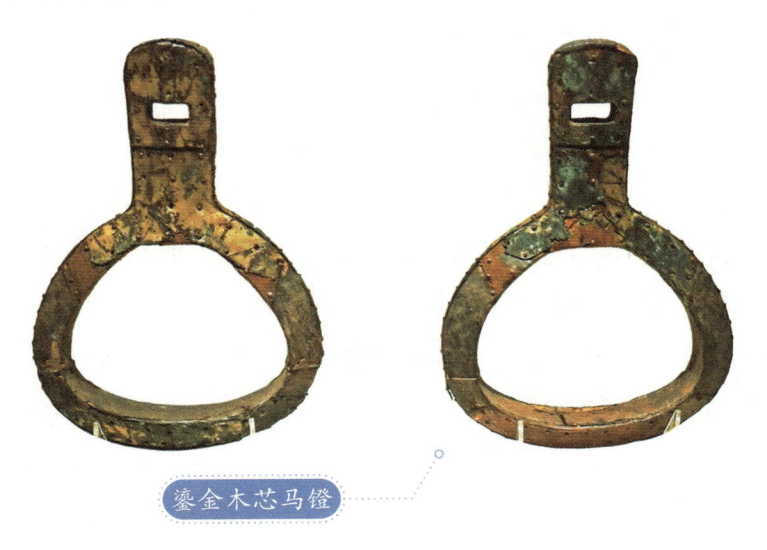

鎏金木芯马镫

饿死的不计其数。人们都觉得还不如让慕容麟回来，在这种舆论下，慕容麟率军偷袭中山，杀慕容详及其党羽三百多人，自立为帝。但他也改变不了中山城的颓势，不久就被北魏击败，仓促逃往邺城。中山沦陷，后燕实际上被分为南北两半，南面以邺城为中心，由慕容垂的弟弟慕容德镇守，北面则是出逃龙城的慕容宝。慕容麟曾经反过慕容宝，自然不敢往北，于是南下尊慕容德为帝。这时后燕已经名存实亡，历史上称慕容德所建的这个政权为南燕。

逃到北面以后，还不到一年慕容宝就被龙城的亲家鲜卑贵族兰汗所杀，兰汗因此掌权，可不久又被自己的女婿、慕容宝之子慕容盛所杀。政权于是又回到慕容氏手中，可慕容盛太残暴不久便被手下杀死，最终慕容垂的儿子慕容熙继位。此时这支鲜卑人的领地只剩下辽西地区而已了，可慕容熙却热衷于大兴土木，在都城堆山挖池，兴建宫殿，最终落得被臣下杀死的结局。慕容熙死时是407年，至此立国二十四年的后燕彻底灭亡。

取而代之的是由叛臣冯跋篡取后燕的政权所建的北燕，因为地处偏远，且和东晋有所往来，所以北燕持续的时间略长，在436年才在北魏的进攻下灭亡。

从394年慕容垂恢复前燕版图，到407年后燕湮灭，十四年间，北方大地洒满了后燕皇族与百姓的鲜血。

燕南飞，永不回

中山沦陷以后，慕容宝一脉远遁北方，而南方的慕容鲜卑则随时面临北魏的铁骑。镇守邺城的慕容德认为，邺城很难守住，就率四万户百姓南迁到滑台（即今河南滑县东南城关镇）。滑台位于黄河南岸，慕容德显然是想以黄河为屏障了。晋安帝隆安三年（399），慕容德放弃滑台，迁都黄河以南的广固（在今山东青州市西北），改称燕皇帝，南燕由此建立。

南燕为什么要放弃坚固险要的滑台呢？这和一场动乱有关。

鸭形玻璃注

鸭形玻璃注出土于辽宁省朝阳，也即北燕故都龙城。它是古代的敧器，只有腹部充水至半时，后身加重，才能放稳。如此精巧的玻璃不是当时的中国所能制造的，该器很可能来自遥远的丝绸之路彼端。

当时，作为一个仓促建立的割据政权，南燕的内部矛盾重重，首先发生的就是苻广称王事件。从姓氏就能看出，苻广是前秦的贵族，就在西燕、后燕、北魏争雄之际，西方的前秦残余和后秦也在争斗，最终结果是前秦残余战败，苻广于是投奔了慕容德，被任命为冠军将军，率部驻扎在乞活堡。苻广投降不久，天上出现异象，怀念前秦的人都认为这预示着前秦将会重新兴起。苻广便自称秦王，并打败南燕的北地王慕容钟率的南燕军。慕容钟失败以后，南燕怀念前秦的人大多转而归附苻广。慕容德眼看叛乱要控制不住，就留下慕容和驻守滑台，亲自率军去镇压苻广。

就在慕容德出征期间，又发生了一点儿变故：南燕长史李辩发动叛乱，杀死慕容和，以滑台为投名状投降了北魏。当时，慕容德军中将士们的家人都在滑台城内。慕容德心急如焚，准备率军攻打滑台，但此时北魏军已经入城，南燕在滑台经营也不算久，攻下的把握很微茫。再三权衡之后，慕容德放弃了攻城，打算优先寻一块地方容身，在此期间，慕容德的右卫将军杀死李辩，率两万多名将士家属冲出了滑台城。

如此一来，慕容德就更不会打滑台了，经过一番考虑，他率军南下，攻下齐郡、琅邪、青州等地，被迫迁都广固。至于迁都事件的导火索苻广，倒是比较顺利地被铲除了。

南燕存续期间，慕容德明显是将沃野千里、背山靠海的山东作为经营重点，这里自古就是汉族经营的地区，南燕于是采取胡汉混治，采用了搜刮隐户的手段，命令州郡把鲜卑贵族和世家大族藏匿的荫户重新纳入中央。慕容德还采纳韩稳的建议，休养军队、修炼兵器、扩大农耕、积储粮食，同时派慕容镇率三千骑兵，沿边界严密地设防，防备老百姓逃跑。

但即便如此，青州也不过十五万余户而已，户口量决定了南燕只能割据一方。

慕容德膝下无子，于是于405年册立侄子慕容超为太子，大赦境内。不久，慕容德就去世了，慕容超继位。慕容超是一个昏庸的君主，宠信公孙五楼，致使公孙五楼专断朝政、排挤异己，有才干的大臣被杀的被杀，逃走的逃走。

由于慕容超不关心政事，满脑子都是出游围猎，南燕的政局就更加恶化了，百姓深受其害。更让人难以相信的是，慕容超自己无心理政，把国内搞得一团糟，却还想着兴兵建功，一度派公孙归等人率三千南燕骑兵入侵东晋的济南。东晋虽然刚历经内乱，但毕竟整合了整个南方，因此丝毫不示弱。最终，409年夏，刘裕率东晋军北伐南燕，慕容超派南燕军迎战，屡战屡败，只能逃回广固固守，并派人向后秦求援兵。可此时，广固城已经被重重包围，慕容超派往后秦求助的使者直接被抓。刘裕命人押着使者绕城行走，以瓦解南燕军军心，同时刘裕下令一面利用各种攻城器材攻城，一面优待广固城里出来投降的人。

慕容超虽然昏庸，却没有出降，他带着身边数十人出城，试图突围，结果被俘而死。南燕于是灭亡。

至此，除吐谷浑外，慕容鲜卑的王室各个衰灭，南下的鲜卑人再也没机会回到辽西故土，慕容鲜卑从此退出历史舞台。

知识充电

石窟艺术

由于魏晋佛教的传播，在今天的新疆、甘肃、山西、陕西、河南、四川等地，出现了大量开山修凿的石窟寺，其内往往保存了大量珍贵的雕塑和壁画。著名的有云冈石窟、龙门石窟、敦煌千佛洞、天水麦积山等。其中云冈石窟是北魏创建者拓跋珪令僧侣昙曜负责开凿的。最初有洞窟五个，每个都有高达六七十尺的大佛，雕刻规模和水平冠绝一世。

石窟艺术的主题其实和地质有关，一般岩石坚固利于雕刻的地区主要创作石雕，岩石松脆的地区主要创作壁画，佛像则靠塑造。

▲ 云冈石窟文殊问疾像

时间 376—424

14 从代国到北魏

> 太祖用漠北醇朴之人，南入中地，变风易俗，化洽四海……
> ——《魏书·列传第二十三·崔浩》

【人物】拓跋珪、苻坚、慕容垂、姚兴、拓跋嗣

【事件】拓跋氏崛起、拓跋珪复国、北魏灭后燕、北魏战后秦

从代国到北魏，鲜卑拓跋氏筚路蓝缕，崛起于塞外广袤的草原上。趁着前秦瓦解，群燕内争，群雄大大削弱之时，少年拓跋珪崛起于北地，复旧国、统部落、吞群燕、战后秦，奠定了北方统一王朝的基础。

从代国到北魏

历史上经常将东汉三国大分裂直至隋朝统一的这个时代称为魏晋南北朝，这一期间，南北对峙成为中国国内形势的常态。但需要注意的一点是，东晋王朝虽然偏安一隅，还一度和前秦对峙，但仍然被视为正统，直至东晋灭亡，真正的南北朝都未曾出现，我们之前所讲的种种战乱都属于晋末的天下丧乱。

南北朝的真正开创者，是在淝水之战以后的大乱局中登上历史舞台的。他们分别是南朝宋的建立者刘裕和北朝魏的建立者拓跋珪，我们将分章讲述两个新时代主角的发迹史。

拓跋珪是鲜卑拓跋氏的后裔，拓跋氏和慕容氏一样，是鲜卑联盟中的一个大部。拓跋部发迹于中国的东北地区，早年很可能过着原始的渔猎生活。至今在大兴安岭的嘎仙洞还能找到拓跋氏先人的遗迹。在东汉初年，因为匈奴的分裂和衰落，广袤的大草原成了无人之地，鲜卑拓跋部趁机南迁到了蒙古草原，在此安居乐业。

拓跋氏在大草原上休养生息，又历经数次迁徙，在魏代末年，迁居到定襄，统合了诸多部落，成为很有权势的部落酋长。西晋末年，拓跋氏控弦骑士多达四十万人，成为塞上的一股雄兵。刘琨为了依靠拓跋部对抗汉赵和后赵，曾经上书东晋朝廷，册封拓跋鲜卑首领为代公（不久加封代王）。有了官方背书，丧乱时代的很多晋人归附了拓跋部，拓跋部这才在逐渐壮大中越来越多地采取中原人定居农耕的模式，不再单纯放牧了，他们还逐步学习到了建立国家的知识。当时的中原群雄并起，拓跋部难以建功，就以山西为根据地，向草原发展，以代地为中心建立了国家。

代国的势力并不弱，但正赶上北方的雄主苻坚崛起。376年，苻坚二十万人的大军击代国，彻底打碎了拓跋部初具规模的王国，部落联盟再度分散。代国灭亡后，代国献明帝的遗腹子拓跋珪方才六岁，前秦主苻坚本打算将这个孩子和被征服的其他鲜卑贵族一样，带到长安控制。但是，代国的旧臣们苦苦哀求，说拓跋珪如此年幼，若能网开一面留他在部落中长大，将来若是由他继位，必定会感恩戴德归附前秦。苻坚同意了，然而世事无常，还没等检验拓跋珪是否感恩戴德，前秦就遭遇了淝水大败，前秦瓦解，各族趁机独立。386年，年仅十六岁的拓跋珪在母亲部族贺兰部的支持下召集鲜卑拓跋各部，在牛川召开部落大会，成功博得各部同情，宣布恢复代国，即代王位，随后迁都盛乐。同年，拓跋珪改国号为魏。一个年轻的君主，一个年轻的国家，就此拉开了一个全新时代的序幕。

想要建立一个国家，自然不是一场大会能实现的，少年拓跋珪很快就面临叔叔拓跋窟咄的挑战。拓跋窟咄也号召鲜卑拓跋部旧众，打出复兴代国的大旗，很多部落动摇了，连拓跋珪的部下都有人想活捉拓跋珪，投靠拓跋窟咄。

拓跋珪只好率军撤到阴山北边，依托母亲所在的贺兰部自立。同时，拓跋珪还向北方崛起的新势力慕容垂求救。在后燕支持下，拓跋珪不仅兼并了拓跋窟咄的部众，还于387年先后征服了黄河以南鲜卑诸部。

当时，魏国北面是高车部和柔然汗国，东面是慕容垂所建立的后燕，南面是关中慕容氏建立的西燕。一番衡量后，拓跋珪决定先北后南，不去中原蹚浑水，优先吞并相对落后且分散的高车、柔然等游牧部落。历经数年的努力，高车落败，柔然投降，阴山以南诸部纷纷向魏国服软。

魏国击败和征服大部分强邻，国力大增，拓跋鲜卑因此占据着广袤的草场，拥有中原任何部族都难以企及的海量战马，同时还在中原群雄争霸的时刻保留了宝贵的兵员。

奇珍异宝

神兽纹包金铁带饰

鲜卑图腾是一种瑞兽，被称为鲜卑兽。传说中的鲜卑兽像老虎，而颜色是青色，背上长有翅膀，像狗那么大，走得非常快。

群燕相争，北魏得利

拓跋珪先后征服北部各部落，国力日强，和后燕之间的关系却逐渐微妙。如前所述，后燕缺少战马，而北魏却在消灭独孤部时虏获了战马三十多万匹。后燕既眼馋这批战马所能组建的强大骑兵，又担心大量战马让拓跋部的势力膨胀到不可控制，于是多次索求，甚至闹出过扣押拓跋珪弟弟以勒索马匹的事情。拓跋珪自然明白战马的意义，不仅屡屡拒绝，甚至介入后燕和西燕的争斗之中，在后燕灭西燕时公然派大股骑兵声援。后燕吞并西燕后，两国反目成仇。

此时，拓跋珪虽然少年为帝才干不凡，但后燕主慕容垂却是成名几十年的名将，拓跋珪"示弱远避、待疲而击"的战略能对付后燕主帅慕容宝，却对付不了老到的慕容垂。

太元二十一年（396）三月，慕容垂亲率后燕军奇袭魏国。他率军秘密出中山，修凿横跨太行山的道路，出其不意地攻陷平城。留守平城的魏国宗王拓跋虔战死，守城的三万多家被俘。而慕容垂不依不饶，派慕容宝率军进逼。拓跋珪迫不得已，再次选择避战待机，慕容垂虽然得志于平城却始终找不到拓跋珪来去如风的主力骑兵，无法实现决战的目的。

僵持阶段，造化弄人，还没等新老两位枭雄堂堂正正地在北方来一场排兵布阵，慕容垂就病死于征途，后燕的远征虎头蛇尾地结束了。

慕容垂已死，广阔的东南方再无敌手，当年七月，拓跋珪就建天子旌旗，改元皇始，一个月后，拓跋珪就率领着漫山遍野的铁骑乘胜进击。由于北魏地处山西和内蒙古草原，而后燕则地跨东北的辽西地区、中原、山西南部、山东北部，因此，拓跋珪的骑兵翻过太行山后，直接就插入了后燕的腹心之地，一时间后燕的核心区域山西、河北几乎尽入北魏之手，河北地区只剩中山、邺、信都三城还在坚守。

十一月，拓跋珪集结兵力攻打燕都中山，但因为后燕主慕容宝率重兵驻守于此，一时难以攻下，拓跋珪便暂缓中山攻势，采取分割后燕南北的

时间 376—424

打法,分兵以优势兵力攻下信都,兵临后燕南方的重镇邺城。

后燕的主力和北魏作战失利,内部又爆发了多次骨肉相残的惨剧,最终,中山、邺城纷纷沦陷,称雄一时的后燕被北魏拦腰斩断,北面是割据辽西自保的后燕残部,南面是割据山东自保的南燕。后燕内部的争斗最终便宜了北魏,自魏晋丧乱以来一直秣马厉兵、偏居塞外的拓跋鲜卑成了中原之主。

5 坐拥中原,窥视关中

天兴元年(398),拓跋珪定都平城,即皇帝位,也就是北魏道武帝。入主中原以后,北魏以中原皇帝自居,算是有了一个王朝的外壳。但是,作为一个几十年前还不知定居农耕的民族,鲜卑拓跋氏的里子难免单薄了些,其成为皇族还有不短的路要走。由于部众还比较落后,一时还无法借用汉民族先进的管理经验,拓跋珪最终采用了半军事化的方法稳定政权,命令鲜卑族的成员"分土定居"。也就是各部的贵族定居在都城四围,用军事手段管理耕种。

这种方式当然比较落后,可凭着屡屡得胜,拓跋氏有的是从蒙古草原和中原地区征服的人口,坐拥大片空旷的田野,他们又是游牧民族出身,耕牛驮畜应有尽有,哪怕制度落后些,也足够激发北方的农耕潜力了。以天兴元年(398)为例,北魏将征服的汉人、慕容氏、高丽等民族几十万人迁徙到都城附近,新迁徙的农户不仅按人口分配田地,还发放了大量耕牛。此后拓跋氏历代延续这一传统,一面靠军队南征北战,征服了百姓和土地后就记口分田,下发牲畜、农具……在这个漫长的过程中,鲜卑贵族逐步融入了农耕定居的生活,饱受战乱之苦的北方百姓则过上了相对稳定的耕种生活,为北魏提供了源源不断的粮食支持。

与此同时,为适应新形势,拓跋珪还招纳中原世族门阀参加统治集团,询问他们的经验。如此一来,原本文化落后的鲜卑拓跋氏,在几代人的时

花树状金步摇

间里迅速汉化，逐渐成了合格的统治者。原始的部落制也开始向中央集权制转变。

夺取了山西、中原和山东的部分地区后，两个燕国残余已经不足为虑，拓跋氏在北方的劲敌主要是占领了关中、河东、洛阳地区的后秦。击败后秦而后挥师西进，就能完整地控制黄河流域。

后秦所处的关中虽然号称四塞之地，但是和山西却只有一段黄河相隔，只要能攻占渡口，北魏的骑兵就可以找机会长驱直入。同样，后秦也可以渡河威胁北魏在山西诸多盆地间的核心区域。

所以，起初拓跋珪尝试与后秦友好相处，派人请求和后秦公主联姻。但是，拓跋珪又不愿意将慕容氏的皇后废掉，如此一来，后秦公主就只能做妃子，这激怒了后秦皇帝姚兴（姚苌之子），他拒绝了拓跋珪的请求，并扣留使者。既然无法和亲,两国就不得不彼此严防死守,摩擦不断。

402年,两国爆发了一次大摩擦。起因是北魏平阳太守贰尘率北魏军夺取后秦河东之地。此举震动长安。关中各城白天都关闭城门警备,唯恐遭到突然攻击。受此一击,姚兴不甘示弱,立即决定让后秦军做好进攻准备。

当年六月,后秦军进攻北魏,一举攻陷了乾壁。拓跋珪派拓跋顺和长孙肥率北魏军前去迎战,并且亲自率军后援。后秦军主帅姚平得知消息,立即率后秦军撤走。跑到柴壁(乾壁与柴壁均在今山西襄汾县一带)时,被拓跋珪率北魏军追上,不得不就地防守,等待姚兴救援。

姚兴自然不能轻易放弃远征军队,但在战术上低于北魏一等,其援军的前进路线被北魏防军限制,只能从汾东蒙坑行军,结果在经过蒙坑时被拓跋珪击败。此后,姚兴屡出手段都无法和柴壁的被困军队会合,自然也谈不上营救。

两个月后,姚平粮尽,只能冒险率后秦军突围,结果失败自杀,两万多后秦兵被俘。

知识充电

音乐盛世

中国古代的音乐由周代的《诗三百》发展到汉代的乐府,到了魏晋南北朝时期又有了很大变化。西域、北方、中亚、印度的乐器、音律、舞蹈大量传入,极大地丰富了中国的音乐世界。比较有代表性的传入乐曲有《西凉乐》《龟兹乐》《疏勒乐》《天竺乐》等。传入中华的乐器则有曲项琵琶、竖头箜篌等。当时的音乐往往需要多种乐器配合演奏,极具震撼力,以《龟兹乐》为例,演奏时需要琵琶、五弦、箜篌、胡鼓、铜钹等数种乐器配合,还要配以胡舞和伴唱,能达到听者无不凄怆的舞台效果。

后秦和北魏的摩擦最终以北魏得胜告终。不过，后秦和北魏都是称霸一方的大势力，一些兵员损失还不至于伤筋动骨。更何况此时北方群雄并起，后秦和北魏虽强，但占领的土地还称不上稳固。所以在危急时刻，后秦军坚守不战，没多久北魏就传来柔然入侵北部的消息，拓跋珪不得不撤兵。双方于是默契地就此罢手。

内政稳定，又战胜后秦，统一北方这天大的功业摆在拓跋珪面前，而此时他才不过三十出头，正是年富力强之时。可能是年轻气盛，这些成就冲昏了他的头脑，也可能是服用药物影响了精神状态，拓跋珪变得刚愎自用、猜忌多疑，经常翻旧账，觉得不满就轻易杀害大臣。大臣们惶恐度日，唯恐祸及自身，在这种恐怖统治下，拓跋珪迅速地丧失人心。409 年，拓跋珪的妃子贺夫人因为犯错要被处死，贺夫人所生的二皇子拓跋绍为救母亲便深夜发动兵变，将拓跋珪杀害。

拓跋绍杀死拓跋珪后没能将继承权夺到手中，不久就被拓跋珪的太子拓跋嗣率军镇压。拓跋嗣就是北魏明元帝，他是一个励精图治的继任者，对内体察民情，改革官制，选贤任能；对外开拓疆土，北逐蠕蠕（北魏对柔然的蔑称），设置六镇，逐步扩张。尤其难能可贵的是拓跋嗣尊重儒生，对北魏初年简陋的官制、法律都有所完善，对后来北朝的汉化起到了一些奠基的作用。虽然他的寿命不长，继位十三年就病死了，但历经拓跋氏两代君主的努力，北魏坐拥中原窥视四方的格局已然奠定。

时间　396—404

15 荆扬相争，北府得利

> 初，玄在荆州豪纵，士庶惮之，甚于州牧。仲堪亲党劝杀之，仲堪不听。及还寻阳，资其声地，故推为盟主，玄逾自矜重。
> ——《晋书·列传第六十九·桓玄》

【人物】谢安、桓玄、孙恩、司马德宗、司马道子、王恭、刘裕

【事件】司马道子专权、王氏内斗、桓玄崛起、孙恩起义、劝服北府、篡晋登基、刘裕"平乱"

"父为九州伯，儿为五湖长。"桓温虽死而有其子，皇族豪门虽存统一政府却早已离心。趁着朝中大乱，桓玄掌握荆州、劝服北府，凭借这两股力量完成父亲未已的夙愿。然而，成也北府、败也北府，最终坐收渔利的却是北府小将刘裕。

父为九州伯，儿为五湖长

淝水大战之后，北方乱成一团。作为天下大势的搅动者，东晋在干什么？答案是内斗。在外部威胁解除后，东晋迅速丧失了收复中原的兴趣，开始钩心斗角。王室和世族之间，中央所在的扬州和拥兵重地荆州之间，南方原住民和北方侨民之间，贵族和平民之间……种种矛盾激化，致使东晋不仅没能扩大战果，反而连北府兵收复的徐、兖、青、司、豫、梁六州都没能很好经营，这些土地被北方自立的少数民族逐步吞食。

东晋的名相谢安又在做什么？他此时虽然都督十五州军事，进位太保、

太傅，但已深陷功高震主的窘境，再不好施展韬略了。最终谢安以北征为名，出镇长江北岸的广陵，名为出镇，其实是被皇帝和会稽王司马道子排挤出了朝廷。不久，淝水之战的大功臣谢安就病死了，司马道子成了东晋的宰相。

当时东晋由孝武帝当政，而司马道子是他的同母弟弟，兄弟俩一丘之貉，都沉迷酒色，经常蓬头垢面、醉眼惺忪地处理朝政，而且还明争暗斗不休。可能是为了制衡弟弟司马道子的专权，孝武帝任命自己的舅哥王恭（太原王氏）出镇北府，任命殷仲堪为荆州刺史，可此举却导致前代好容易平复下来的荆扬之争再次名正言顺地出现。

一番昏着后，396年，孝武帝去世了，他的儿子司马德宗继位，也就是东晋安帝。东晋安帝是晋朝第二位智力有问题的皇帝，而且可能比晋惠帝还离谱。据史书记载，这位安帝从小到大连话都说不明白，连冬夏都分不清楚。这样一个皇帝主权，国家自然落到了辅政的司马道子手里，司马道子掌权后，忙于对付孝武帝留下的"钉子"殷仲堪和王恭。朝廷内斗严

元 佚名 画渊明归去来辞绢本

陶渊明，字元亮，又名潜，浔阳柴桑人，东晋末伟大的田园诗人、辞赋家，"古今隐逸诗人之宗"。他出任彭泽县令时，深感官僚机构的腐朽，不愿为五斗米的俸禄折腰，八十多天便弃职而去，归隐田园。

重，自然无暇经营江北，只好任由北方后燕、西燕、北魏、后秦拼死厮杀争夺土地。

结合史实来看，当时东晋朝廷与其说是政斗，不如说已经演变到兵变的程度了。

掌权后，司马道子为了制衡王、殷二人，提拔同为太原王氏的王国宝、王绪，挑拨王氏内斗，而王恭和殷仲堪也不肯退让。就在火药味极其浓厚的时候，一个敏感人物点燃了导火索，他就是桓温的儿子——桓玄。桓温病逝时，桓玄才五岁，虽然继承了桓温的爵位，但桓氏的兵权却不在他手中。世族门阀对桓温当年大多是讳莫如深，但也有人肆无忌惮，比如司马道子就曾毫不顾忌地问桓玄，怎么看待桓温晚年"想当贼"。桓玄从小到大的生长环境，以及对司马氏的厌恶就可见一斑了。

桓玄长大以后，器宇不凡、才华出众，可朝廷不敢让他掌兵，也不让他回到父亲经营的荆州，二十多岁时桓玄才做了一个不上不下的官位。他难过地在诗里写道："父为九州伯，儿为五湖长。"不久就气愤地辞官回到了荆州故居。恰逢新任的荆州长官殷仲堪是个弱才，他清谈水平高、名气大，为政却不太高明，桓玄就借机利用家族的威望帮助殷仲堪，也趁机窃取了不少荆州的话语权。

后来，397年，王恭和王国宝、王绪火药味正浓时，桓玄知道机会来了。他一手挑拨策划了王恭和殷仲堪的兵变，建议他们起兵攻打王国宝、王绪。最终，司马道子担心事情闹大，为息事宁人，杀了王国宝、王绪。但事后，司马道子不甘心遭到王恭和殷仲堪威胁，决定拆散他们的联盟。王恭也不示弱，于398年再次联合殷仲堪起兵，桓玄在这次兵变也起兵响应。

王恭坐拥北府精兵，按说胜算不低，但北府兵的前锋刘牢之被司马道子策反了，北府兵的倒戈致使王恭兵败身死，失去了主心骨的这个联盟于是推举桓玄为盟主。桓玄于是在一年的时间内火并了殷仲堪，夺回了上游的基业，东晋只能接受事实，追认桓玄为都督八州军事。

重得故地以后，桓玄越发壮大。可东晋朝廷却昏着连出，因为顾忌北府兵和荆州兵，司马道子的儿子司马元显决定也建立一支自己的新军。可当时下游已经没有兵源了，司马元显就把本来已经赦免的奴隶强拉入伍，称为"乐属"。这些人原本已经脱离奴籍，正在世家大族当佃客，拉他们入伍，不仅这些人本身不满，拥有他们的世家大族也很愤怒。借着大家的这么一股怒火，再加上侨居的世家大族为了维持奢侈生活，对浙东百姓残酷剥削，痛苦的生活让很多百姓向宗教寻求慰藉，早已存在的五斗米教大为兴盛。401年，五斗米教首领孙恩率军造反，攻陷浙东、逼近建康。东晋朝野惊恐，发出勤王命令。桓玄趁机起兵勤王，向建康进发。最终，孙

知识充电

佛国记

东晋法显于416年撰写完成。《佛国记》一卷，全文13980字，全部记述作者399年至413年旅行经历，既是重要的佛教史料，也是研究中国与印度、巴基斯坦等国交通和历史的史料。

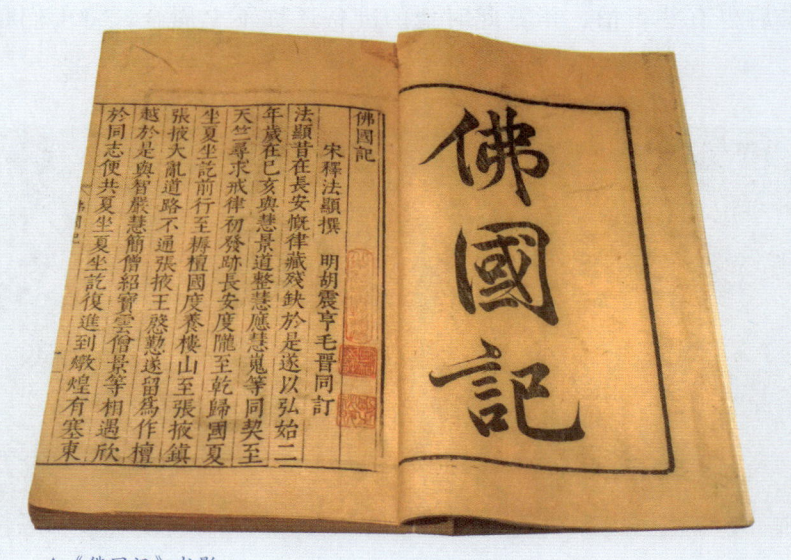

▲《佛国记》书影

时间 396—404

恩起义被镇压,可请神容易送神难,桓玄自此率军占据要害位置,安置流民,扩张势力,以武力控制了东晋朝廷。

子承父业,篡晋登基

桓玄继承了父亲的地位,也继承了父亲的野心,他虽手握雄兵却不肯直接和朝廷开战,而是用经济手腕激化下游的矛盾。

原来,东方的孙恩起义虽然很快平定,但起义军活动的浙东地区却遭到了起义军、平叛官军的双重洗劫,原本是东晋钱袋子的浙东如今饿殍遍野。值此困难之际,朝廷自然急需从富庶的荆州采购物资。但桓玄看清了形势,下令封锁长江,几乎断绝了上游的物资流通,东晋政府有钱买不到粮,因此窘迫到要用谷皮橡子这些东西来充当军粮。百姓、士兵、官员都怨声载道。辅政的司马元显顶不住压力,只好于402年下令讨伐桓玄。因为政府实在是没有强兵可用,司马元显只能依靠刘牢之的北府军。

与桓玄同族的桓石生在京当官,得知消息后秘密通报桓玄。桓玄听到消息后也有些害怕,毕竟此时他的准备还称不上周全,将士们是否愿意跟

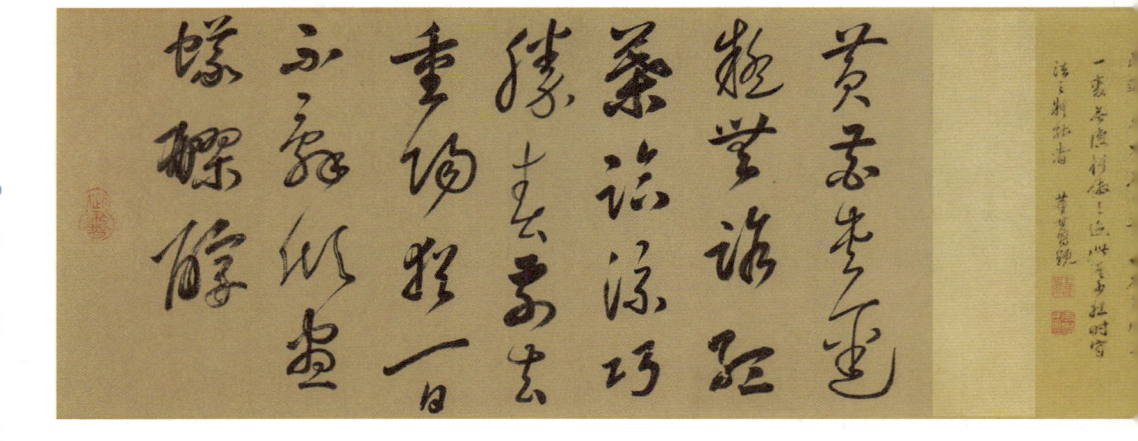

北宋 赵令穰(传) 陶潜赏菊图

他对抗朝廷也是未知数,所以他准备坚守自己的核心区江陵。但部下劝说桓玄,不应主动示弱,不如出兵东下建康,威慑司马元显。桓玄认为有道理,便留下一部分人马镇守江陵,亲自率军东下。

率军东进途中,桓玄发现抵抗的官军迟迟没有出现,显然是很晚都没有出发。聪明的他就摸清了官军和自家士兵的心思,于是他的态度变得强硬,立即反告一状,发檄文历数司马元显的罪行,号召大家讨伐司马元显。

到姑孰时,桓玄派兵夺取了历阳,赢得了一个开门红,也即将面对平叛军的精锐力量——刘牢之麾下的北府兵。谁知,这个刘牢之老毛病又犯了,他担忧击败桓玄后,会不容于司马元显,而且也有一点儿坐山观虎斗的意思,便久久观望,不肯出力作战。最终,刘牢之竟然被桓玄收买,再次率领北府军不战而降了。

这样,桓玄不仅掌控了荆州兵,还控制了北府兵,东晋的强兵都在手中了。司马元显完全无力抵抗,连坚固的建康城也没守上几天。

桓玄入京后总掌国事,历数司马道子及司马元显父子的罪恶。数月后,他派人杀死司马道子、司马元显、司马尚之这些宗室以及他们的亲信。司

陶渊明和桓玄年龄相仿,在桓玄选择为篡位钩心斗角时,陶渊明却选择了隐居南山、与菊为伴的隐士生活。

马休之、高雅之等人北逃到南燕。一时间，建康的世族门阀遭到了一次大清洗。

扫清障碍以后，桓玄出镇姑孰，朝中大事要咨询他才能决定，而朝中小事由桓谦和卞范之做主。当时的东晋百姓自397年以来，连年忍受战祸，都很反感朝廷。桓玄就借机于晋安帝元兴二年（403）十一月，令人给傻皇帝晋安帝写好禅让诏书，逼他抄写。就这样，司马德宗将帝位"禅让"给了桓玄。十二月，桓玄登基为帝，国号为楚，改元永始。

桓玄掌控朝政后，百姓都希望他能整顿朝政，过上安定日子。可是桓玄还真的顾不上这些百姓，他觉得最要紧的是巩固自己的帝位。谁能威胁他的帝位呢，首当其冲的就是东晋第一劲旅北府兵。所以桓玄把大量精力用在清洗北府兵的上层将领上，同时破格提拔北府兵的中下级将领，希望他们能对自己感恩戴德。百姓的饥荒迟迟得不到赈济，浙东一带的民间景况，简直是见者落泪。

于是对桓玄不满的人越来越多。无论是皇族、受欺压的世族门阀，还是庶族寒门、普通百姓，都对桓玄充满愤怒和憎恨。桓玄可能万万没有想到的是，最终推翻他的，正是他苦心提拔、认为会对他感恩戴德的北府兵小将刘裕。

成语典故

囊萤映雪

东晋名臣车胤和孙康小的时候，家里非常贫苦，买不起灯油点灯。怎么办呢？车胤便在夏天夜晚捕几十只萤火虫，用薄薄的绢包住，用萤光照明。孙康则在雪夜顶着刺骨的严寒，利用白雪反射的星月之光苦读。他们勤学的故事被概括为"囊萤映雪"这个成语。

5　拨乱，不反正

刘裕，小字寄奴，是开创南北朝局面的第二位主角。他名字里带着个"富裕"的"裕"字，却没有拓跋珪王族遗孤的显贵身份，是货真价实的贫寒出身。"斜阳草树、寻常巷陌，人道寄奴曾住"，从辛弃疾词里的"寻常"就能看出刘裕早年的困窘。

刘裕祖上是渡江的侨民，他父亲是一个郡中小吏，而且早早就过世了。迫于生计，刘裕青少年时读过书、割过荻、种过地、砍过柴、打过鱼，算是把中国古代的渔樵耕读走了个遍，年长后才在北府兵里谋了个出身。刘裕在北府兵中历任司马、参军，因为镇压孙恩起义有功做到了建武将军。当时正逢桓玄篡位，大肆剪除北府将领，北府兵中的将领人人自危，刘裕却看清了形势，知道自己的军阶还不够格，断定桓玄不仅不会清洗他，日后还必将重用他。

果不其然，刘裕深得桓氏信任。桓玄篡位之前，他的堂哥甚至曾经特地向刘裕询问是否可行。刘裕虚与委蛇，告诉桓家人"乘运禅代，有何不可"，背地里却联络北府兵中幸存的中下层军官，准备起事。这一年刘裕大约四十岁。

桓玄篡位后，更加骄横奢侈，放纵玩乐。他性格急躁，传唤官员时多一会儿也等不得，以至大家不得不在府衙门前、宫门前系着马备用。他又喜欢兴修宫殿、建造豪华的出行乘舆。这些举动导致百姓迅速对他失望。桓玄才称帝两个多月，元兴三年（404）二月二十八日，刘裕就带着弟弟刘道规，联络何无忌、刘毅等北府兵将领在京口、广陵起义，这两处连起来就是长江有名的渡口瓜州渡。控制了渡口以后，北府兵斩杀了桓玄的弟弟青州刺史桓弘，收拢长江北岸的人马直接渡江威逼建康。这个经过看似平稳，其实凶险万分，在刘裕起兵之初，跟随他的其实不过千余人而已。

刘裕率军攻到竹里（在今江苏句容市北，为京口到建康的要道）后，大臣桓谦请求桓玄派兵攻打刘裕。桓玄害怕刘裕所部士气正旺，打算屯兵

时间 396—404

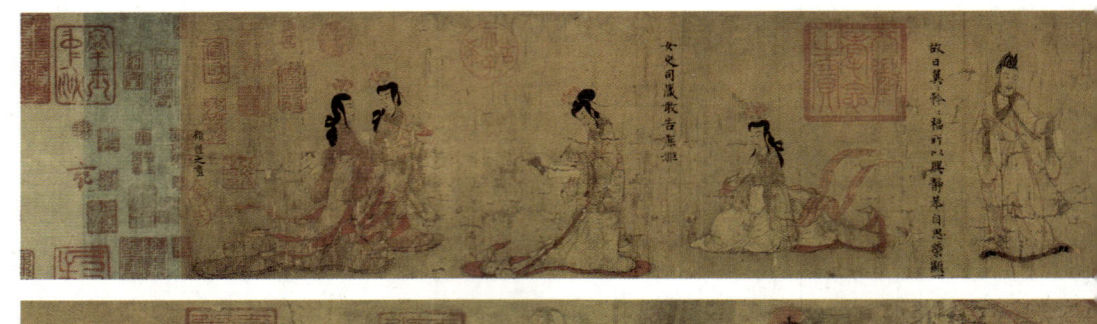

晋 顾恺之 女史箴图

桓玄酷爱书画艺术，与顾恺之交情好，将他的画当作宝。顾恺之是东晋杰出的画家、绘画理论家、诗人，有"画绝、文绝、痴绝"之称。其画作《女史箴图》《洛神赋图》《列女仁智图》《斫琴图》等堪称珍品。

在覆舟山以逸待劳，他认为刘裕等人求战不得，攻城不下，就会自行散走。但桓谦坚决请求出击，结果落得大败。

桓玄非常害怕，命令桓谦驻兵在东陵防守，命令卞范之在覆舟山西驻兵防守，另有两万精兵由自己率领抵抗。北府兵善战，桓谦等人都很畏惧，没有斗志，最终被刘裕乘风放火打得溃不成军。

阻击既然失败，桓玄便萌生了逃走的念头，命人准备好船只率亲信上船向西，逃回了根据地荆州。傻皇帝司马德宗虽然退位，也被裹挟到江陵。桓玄于是在江陵设置百官，扩充水军，打算再上演一次东下"平乱"。

然而没有等桓玄准备妥当，没多久，北府兵将领攻陷溢口（在今江西九江市），攻占浔阳（在今江西九江市北），与刘毅等人一路向西追来。桓

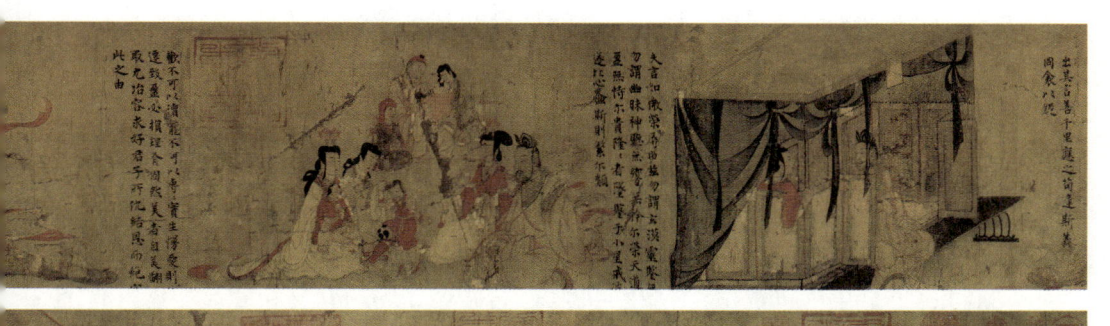

玄被迫从江陵率军迎战。在峥嵘洲，两军相遇。桓玄虽然有兵力优势，但本身心有退意，荆州兵的士气并不高昂，最终被北府兵打垮。桓玄只好下令焚毁辎重，挟持司马德宗逃回江陵，不久就被杀死。

桓玄死后，刘裕救回了傻皇帝司马德宗，帮他完成复辟。凭借这个大功，在短短的一年多时间，刘裕就从北府兵的中级军官一跃为车骑将军、都督中外军事，既尽数把握了北府雄兵，又实际掌握了东晋大权。

不过，经过这次叛乱，荆州扬州势力两虎相争、两败俱伤，东晋元气大伤，拨乱反正的可能微乎其微了，更何况刘裕的心中也未必支持腐朽的东晋王室。

除了核心力量的损失，桓玄之乱还导致了东晋北方领土的沦陷。趁着这次丧乱，原本在山东偏安的南燕也出来欺负东晋，趁机入侵边境、袭扰济南，抓获大量百姓作为奴婢，用来讨好后秦等北方势力。

地图专题 法显取经

性质： 中国僧人到天竺留学的先驱行动。

游历国家： 三十余个。

意义： 带回、翻译了众多梵文本佛经，并将旅行见闻撰写为《佛国记》，为研究南亚次大陆各国历史及地理概况提供了宝贵的资料。

透过地图说历史：

玄奘取经的故事在中国家喻户晓，但很少有人知道唐玄奘还有一位更勇敢的前辈——法显。法显大约生于337年，他本姓龚，是山西平阳（今临汾西南）人。玄奘出发时是个二十多岁的小伙子，而法显出行时是399年，已经是年逾花甲的老人。就是这样的风烛残年，在那样的大乱世之下，法显还是毅然和同学慧景、道整等人从长安出发，目的只是为了补全中国残缺的经律。

这几个人携手而行，越过茫茫沙漠，翻过摩天葱岭，在数千米海拔的高原地带辗转南行，这才来到了当时的印度。法显遍历北、西、中、东天竺，然后经海路来到狮子国（今斯里兰卡），随后从海路经由马六甲海峡沿海岸线回到山东半岛，整个旅程历时十四年。

旅途中，法显用笔生动地记录了一路壮阔的自然风光和恶劣的天气。写沙漠时，他说"沙河中多有恶鬼、热风，遇则皆死，无一全者。上无飞鸟，下无走兽"，极目远眺，黄沙漫漫，死人的遗骸是唯一的标志物。写葱岭时，他说那里冬夏有雪，气候恶劣得好像有恶龙栖息，恶龙会"吐毒风、雨雪、飞沙、砾石"来对付旅人，遇到这些天气后还能幸存的人万中无一。写高原时，他说："其道艰阻，崖岸险绝，其山唯石，壁立千仞，临之目眩，欲进则投足无所。"写渡海时，他笔下的大海弥漫无边，东西

法显取经

难辨，只能靠日月星辰导航，到了夜里，海面有时会放出妖艳的火光，能看见水下各种各样的怪异生物，如果碰到暗礁或者海盗，就没有活路了。

在艰辛的旅途中，不少同伴埋骨他乡。在过雪山时，突然暴起寒流，慧景口吐白沫地对法显说："我亦不复活，便可时去，勿得俱死。"虽然法显没有写慧景的语气，但一个亦字说明这已不是第一次生死别离。《佛国记》中还有一段分外伤感，大体是说法显离开汉人的领地数年，"山川草木，举目无旧"，同行的伙伴也都散了，要么留在当地，要么埋骨他乡。可是当他来到斯里兰卡的王城，却在一座玉佛下看见了有人供奉的一把东晋产的白绢扇子，不觉泪流满面……

地图专题 东晋和十六国形势

性质：从304年刘渊称王，到439年北魏统一北方，各族统治者在巴蜀和北方地区建立的十六个割据政权。

包含国：成汉、前赵、后赵、前秦、后秦、西秦、前燕、后燕、西燕、北燕、前凉、后凉、南凉、北凉、西凉、胡夏（大夏）。

记忆口诀：一汉二赵三秦四燕五凉一夏。

透过地图说历史：

东晋十六国，看似错综复杂，其实是符合古代中国的地理分区的。一汉、一夏，我们可以配合蜀汉和宁夏来记忆，因为成汉的核心和蜀汉一样是四川地区，而宁夏全域都被大夏控制。

三秦可以根据秦国来记忆，前秦像是战国时期几乎统一北方的秦国，后秦像是春秋时期偏居关中的秦国，西秦则像秦人起家时在陇右牧马的情形，只不过西秦和前秦后秦关系都不大，是鲜卑贵族趁着前秦灭亡建立的割据势力。

至于五凉，比较简单的记忆方式就是河西走廊，在西汉时这里设置了凉州，所以围绕这个区域建立的几个国家都以凉为名。前凉和后凉都是统一国家派出的势力，都在统一国家灭亡后割据自立。前凉是西晋凉州刺史张轨所建，被前秦所灭，后凉是前秦进攻西域的将领吕光在前秦灭亡后所建。西凉、北凉、南凉都是后凉分裂后产生的，北凉是卢水胡所建，南凉是秃发鲜卑所建，西凉是凉州汉族李暠所建。五凉中存续到最后的是北凉，北凉被北魏所灭。

四燕主要是在太行山区域以及黄河以北平原为核心建立的政权，都是鲜卑慕容氏的势力所建。春秋时期这里是燕国、赵国之地，所以以燕为名。前燕是慕容鲜卑南下所建立的，后燕则是前燕后裔慕容垂趁前秦灭亡

而建立的。南燕、北燕则是后燕被北魏攻灭后出逃割据的两个势力。严谨地说，应该还有一个西燕，是关中东迁的鲜卑慕容氏所建，但不久就被后燕吞并了。

至于前赵和后赵，它们按刘渊起家的经历来看，的确都是在赵国故地起家，但刘渊建国时是以汉为号的。前赵和后赵其实都是从这个汉分裂出来的，在前赵和后赵对立时，前赵的核心其实和秦国一样，是关中地区了。

除了这十六国以外，冉闵灭后赵所建立的冉魏，翟让建立的翟魏，前文说过的西燕，谯纵割据蜀地时的谯蜀，还有鲜卑人的段部、宇文部，氐人杨氏所建立的仇池，以及北魏的前身代国，其实也都是割据一方的势力，在当时和我们所谓的十六国在性质上区别不大。所以准确地说，十六国应该是二十四国。

(右至左)

人劉勰彥和述

若何哉夫玄黃色雜

之象山川煥綺以鋪

吐曜俯察含章高厚

並靈所鍾是謂三才

心生而言立言立而

包皆文龍鳳以藻繪

色有踰畫工之妙草

南北朝

420—589

420……刘裕建宋
436……魏灭北燕
439……魏灭北凉
479……建齐代宋
485……孝文改革
494……北魏迁都
502……建梁代齐
524……六镇起义
534……北魏分裂
548……侯景之乱
550……北齐建立
554……西魏攻梁
557……北周建立
557……霸先建陈
573……太建北伐
577……周武灭齐
581……杨坚篡周
589……隋灭南陈

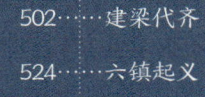

> 南北朝的对立，起于四二〇年宋之代晋，终于五八九年隋之灭陈，共一百七十年。其间南北的强弱，以宋文帝的北伐失败及侯景的乱梁为两个重要关键。南朝的治世，只有宋文帝和梁武帝在位时，历时较久。北方的文野，以孝文的南迁为界限，其治乱则以尔朱氏的侵入为关键。
>
> ——吕思勉《吕著中国通史》

时间 409—420

16 南征北战，以武建宋

> 桓玄为楚王，将谋篡盗。……桓修入朝，高祖从至京邑。玄见高祖，谓司徒王谧曰："昨见刘裕，风骨不恒，盖人杰也。"
> ——《宋书·本纪第一·武帝上》

【人物】刘裕、卢循、徐道覆、慕容超、刘毅、谯纵、姚泓、王镇恶、刘义隆

【事件】北伐南燕、卢循起义、刘毅造反、重用寒门、刘裕灭蜀、北伐灭秦、建宋代晋

从小吏之子，到北府主将，从东晋英雄到刘宋建立者，出身寒门的刘裕完美抓住了时代机遇，紧握军权、改革时弊、建立功勋，竟自然而然地在门第之风盛行的南方，建立了平民为帝的政权。此后南朝诸帝，无不出身于寒门。

伐南燕，平卢循

武人资历加上寒门出身，刘裕上位后一洗东晋高门执政的迂腐，迫切地想建功立业，以洗脱自己底层军官的身份，树立执政威望。由此，他的一系列决策让暮气沉沉的东晋政局焕然一新。

处理完桓玄事件，刘裕一改东晋对江北土地的轻视，亲派使者到后秦，要求归还以前占领的南乡、顺阳、新野、舞阴等地。这个时机抓得很准，因为后秦正在西面战事吃紧，后秦皇帝姚兴不想再在东面与东晋为敌，刘

裕兵不血刃地讨回了失地。

此后，刘裕凭功劳步步升迁，逐步加领南兖州刺史、扬州刺史，基本达到大权独揽。就在此时，又一件"功劳"摆在了他的眼前。409年，南燕末代皇帝慕容超纵兵抢掠淮北，专门劫掠百姓为奴婢，用这些奴婢来讨好后秦。南燕本就是一个三面受敌，朝不保夕的政权，慕容超更是沉迷田猎不理朝政，这一番劫掠自然是因为东晋内部不稳，刘裕见状力主北伐南燕。

南燕虽小，但进攻它的风险却不小。首先就是东晋内部还没有拧成一股绳，如果带北府精锐北上，国内很可能有人借机叛乱；其次是南燕位置敏感，进攻它可能引起前秦、北魏的警觉。

这两种可能全都应验了，东晋义熙五年（409）四月，刘裕沿水路达到下邳（在今江苏睢宁北），然后留下战船步行北上，短短两个月就打到了南燕的首都广固（在今山东青州市西北）。战果虽然卓著，但参考桓温北伐的前例，这种作战风险其实很大。偏偏这时，前秦的姚兴似乎接受了南燕的求救，发来书信，大意是："我现在要派遣十万铁骑，进驻洛阳，晋军如果不退，我就会挥师南下。"

但刘裕不仅精明还很勇敢，硬气地回复道："告诉你们国的姚兴，我本来就想着灭燕之后，养精蓄锐三年，平定他的关中、洛阳，现在他竟然想自己送上门来，那就赶紧来吧！"

姚兴果然没有发兵，战事持续到次年二月，广固沦陷，南燕皇帝慕容超被押送建康斩首，青州、兖州被东晋一战收复，这是连祖逖和桓温也没能完成的功业。

美中不足是，趁着刘裕率军在外，浙东孙恩起义的残余势力卢循、徐道覆于410年在广州起兵，开始从南向北蚕食东晋，农民军大体兵分两路，西路蚕食今天的湖南湖北，东路在今天的江西战斗。这些农民军战士，很多都是百战老兵，比较精锐，东晋的精锐又都在外面，江州刺史何无忌手头的兵员抵挡不住，被农民军所杀。何无忌战死时是三月，正是刘裕刚刚大败南燕之时。

时间 409—420

南朝 青瓷莲花灯檠

此件为青瓷灯檠，在圆盘上树立一个多角形柱，柱顶有双环，用来插蜡烛。柱下面塑有两朵莲花，造型美观精致。

与此同时，卢循的人马在徐道覆的建议下已经占据了长江上游的巴陵，两路起义军在长江会师形成了直逼建康的局面。刘裕得知后，其实是非常紧张的，只带了几十个人赶回建康主持局面。

这次农民起义的将领徐道覆非常善战，他指挥农民军打败了北府兵的大将刘毅、何无忌，不仅坐拥十余万战士，更有高十二丈的巨型战舰。反观刘裕，北伐归来的战士人人带伤，能马上投入战斗的不过数千人。

但是刘裕也是难得的将才，他力排众议，坚决反对迁都避难，以免人心溃散，同时征调百姓再沿江快速修筑工事，并且调拨四方人马回防建康，而农民军一把手卢循却优柔寡断，否决了徐道覆破釜沉舟尽早决战的战法，结果被坚固的建康城拖了两个多月，士气粮草全都出了大问题。此时，农民军其实败局已定了。果不其然，自卢循下令撤退以后，起义军节节败退，不仅实现不了夺取荆州打持久战的目的，反而最终连起家地广州都丢了。东晋义熙七年（411）四月，这次起义被彻底平定。但刘裕的麻烦远远没有结束。

统北府，起寒门

这个麻烦就是刘裕的老战友——刘毅。刘毅和刘裕同为北府军将领，同样参加了对抗桓玄的起义，而且同样立了大功。当时刘裕起事京口，刘毅起事广陵，论功劳不分伯仲。可短短几年，两人就几乎从同事变成了君臣，刘毅的心里多半不太好受。再后来，刘裕北伐南燕、南平卢循立下了东晋前无古人的大功，可刘毅却耻辱地在阻击卢循时大败而逃，刘毅的心里更加忌妒。

旺盛的野心，加上412年落入自己手中的荆州刺史大位，刘毅自然不肯在掌握这片"割据圣地"后屈居人下，决定冒险一搏。他交好谢混，同时申请调拨自家堂弟刘藩到荆州帮助自己，打算把荆州营建成自家领地。

刘裕也看出刘毅不甘人下的心思，于是一反自古以来荆州压制扬州的"定律"，先下手为强，趁着刘毅的堂弟刘藩入朝时突袭杀了刘藩和谢混，断掉刘毅的臂膀，然后发兵西征。西征之时，刘裕很机智地利用信息差，命令士兵诈称刘藩的部下，出其不意地攻到了江陵。这一战，刘毅兵败，从北门出城逃走，在牛牧寺自杀。

趁着刘毅败亡，刘裕还顺道收拾了另一个骄纵贪婪、鱼肉百姓的将领诸葛长民，刘裕杀他的原因却不是剥削百姓，而是诸葛长民趁着刘裕西征，借留守建康之便煽动冀州刺史（北府兵领袖刘牢之的儿子）一同造反。清理了这几个人，刘裕才真正从一个北府兵中多如牛毛的中级将领，蜕变为毫无争议的北府军领袖，牢牢握住了北府大权。

兵权稳固以后，刘裕也开始推行一些改革。一方面处理连年内乱后民生凋敝、政府贫弱的烂摊子，另一方面要培养支持自己的官员。

无论是改善民生，还是培养官员，都有一道墙必须翻越，也就是东晋的世家大族，这些人既是百姓贫困的主要原因，又垄断了官场。

刘裕于是拿世家大族开刀，施行土断，试图遏制世家兼并土地害百姓无田可种的局面。当时余姚世族虞亮是颇有威望的人物，他藏匿了不少流亡户口，不肯上报，刘裕正愁没人立威，于是就用铁腕手段杀了虞亮，罢免包庇虞亮的官员，法办了大批有关的世族豪门及官员。一时间，世族豪门肃然，再不敢胡作非为。刘裕则借机上表减轻徭役，让人民休养生息，还下令世家大族开放庄园里圈占的山河湖泊，允许百姓打柴、采摘、打鱼、垂钓，不得再占山湖收税。人民贫苦的生活这才有了一点儿缓解。

但这些改革措施触犯了既得利益者，比如东晋宗室。所以414年，宗室司马休之的儿子司马文思有了谋杀刘裕的打算。刘裕发觉后，趁机出兵，逼得司马休之亡命后秦。

几番打压之下，东晋的世家有所收敛，对朝政的把握逐渐减弱。刘裕于是着手起用和自己一样的寒门子弟，这些人不仅有才华、肯实干，而且不容易和门阀同流合污。起用的方法就是对秀才、孝廉进行考试，如有不实，一律严查。这样，大多数只靠门第的门阀子弟不得不交出政权，而寒门庶族有才华的人却有了做官的机会，这些人被门阀所排斥自然会团结在刘裕身边。

经过这些事，东晋各世族门阀再也不敢为所欲为了。

不过，读者还应知晓，刘裕的改革能如此顺利，其实是和东晋荆州、扬州的常年内斗，以及浙东地区长达十几年的孙恩、卢循起义分不开的。内斗让世家门阀彼此消耗，失去了对兵权的把控，而孙恩、卢循起义时首当其冲地就是世家大族的庄园，起义军打开他们的仓库，解放他们的奴仆，以浙东为根据地的王谢

宋武帝刘裕

两家遭受了惨重损失。若非损失了如此多的人力物资，世家大族是不会如此温顺的。

5 降蜀伐秦，以武建宋

在偏安江南的东晋一朝，刘裕是凤毛麟角的尚武人物，宋武帝这个谥号他当之无愧。除了北灭南燕、南平卢循，他在登基称帝创立北朝前，还做了降蜀伐秦两件大事。

蜀地主体是今天的四川盆地，在东晋时主要指益州地区。降服蜀地其实和伐秦可以合并成一件事，因为蜀地当时是靠称臣于前秦对抗东晋的。

益州原本是被桓温收复的东晋领土，但是它地形比较封闭，四周有高耸的山脉分隔，和东晋中央又隔了一个荆州。荆州和扬州有时尚且不相往来，何况更偏远的益州呢。405年，趁着桓玄叛乱的余波，益州大族谯纵自称成都王，向后秦称臣。不仅称臣，谯纵还配合桓玄失败后投降后秦的桓氏余脉，长期袭扰东晋的荆州地区。但当时刘裕权位没能巩固，又面临南燕威胁，即便想攻打益州，也不得不冒险越过危险重重的荆州，风险实在太大。所以直到平定刘毅叛乱后，刘裕才对益州下手。

他在东晋义熙八年（412）十二月派大将朱龄石率两万东晋军伐蜀。当时逆长江而上攻打蜀地，一旦入蜀往往要沿着水道进攻，而去往成都地区的水道有好几条，所以若能避开敌人的防御重点进攻就能收获奇效。为此，临别之际，刘裕将自己估计的进军的路线写在密信中交给朱龄石，叮嘱他到白帝城才能打开。到白帝城后，朱龄石打开密信，根据刘裕的指示突然下令全军沿岷江路线向蜀地发起进攻，谯纵的蜀军大惊失色，因为他们的防守重点是涪江，因此落得大败。413年，晋军就成功灭掉了谯蜀。灭蜀后，刘裕下令精简蜀地劳役，让百姓休养生息。大军则从蜀地北方的山道北上，乘胜出击汉中，反攻仇池军。仇池军一溃千里，被迫撤出汉中，献上降表称臣。出蜀地经汉中就能直达后秦的核心关中，刘裕灭蜀也为日后

时间 409—420

对付后秦打好了基础。

416年初，后秦皇帝姚兴死去，姚泓继位。后秦内部叛乱迭起，政权不稳。刘裕认为"息甲三年"灭后秦的机会来了。当年八月，刘裕让儿子刘穆之出任尚书左仆射，对内总理朝政，对外负责供应军粮，然后亲率东晋军，分四路北伐后秦。九月，刘裕率东晋军抵达彭城。四路大军两路是步兵，两路是水军，步兵一路由王镇恶、檀道济率领由淮水、泗水进攻许昌、洛阳；一路由沈田子等率领，进攻关中东南方的要塞武关；两路水军一面配合步兵作战，一面最终开入黄河。后秦各地守军望风而降，东晋军进展顺利。到十月，王镇恶率东晋军占领洛阳。

四路前军打开前路，东晋义熙十三年（417）正月，刘裕留下刘义隆镇守彭城，亲率东晋军主力继续北上。大军来到黄河边上时，北魏也出手袭扰，有十万骑兵列阵北岸，但碍于刘裕带的是水军，且沿南岸行进，北魏骑兵排列不开，只能派几千人骚扰晋军登陆。刘裕果断令自己的卫队渡河用数百张大弩狂射，总算打退了几千骚扰的魏军，抢滩登陆直达洛阳。

刘裕到洛阳时，王镇恶率东晋军已到达潼关，这是自东向西进入关中的几乎最后屏障。后秦军凭着险要的地势阻拦在前。

刘裕到达洛阳后，在此地驻扎了两个月，以防北魏的袭扰。七月，刘裕率东晋军到陕城，命令前锋沈田子率军攻入武关，屯驻在青泥，而他自己到潼关和王镇恶会合。有读者可能好奇，北魏十万骑兵去了哪里？这里有一个插曲，就是北魏谋臣崔浩摸清了刘裕伐秦是为了积累战功篡位，不

中外对比

420年，刘裕建立南朝宋。

420年，波斯严禁基督教，为此波斯与罗马开战。

会留在关中，所以刘裕要打就让他打，反正东晋走了关中还是北魏的，这是北魏罢兵的重要原因。

再说刘裕，从攻秦的兵员布置就能看出，刘裕是想主攻潼关，派沈田子带几千人打武关主要是为了牵制，但兵无常势，谁能想到，沈田子这路偏师作战异常勇猛，又得到附近百姓箪食壶浆的支持，粉碎了后秦军包括断粮在内的种种手段，竟然真的把武关拿下了。如此一来，这些人马虽然少，却是极大的变数，后秦主姚泓于是计划先消灭沈田子所率东晋军，再抵御刘裕。他亲率后秦数万步骑兵直扑青泥，没想到，几万人对几千人居然被斩首万余人，溃逃回了灞上。

而王镇恶则命令军队冒险走水路，从黄河进入渭水，逼向长安，因为潼关在陆地上是雄关，却守不了滔滔黄河。当时王镇恶命大军逆水而上，所有战士都躲在舱内，不得露面，后秦战士本身就很少经历水战，如今看着一艘艘战船甲板上无一人把持，却偏偏逆水而上，不免有些疑神疑鬼，王镇恶就这样一直开到了长安附近的渭桥。这里水流湍急，战士们把船系在岸边，饱餐一顿后竟发现船只全被湍急的水流冲走。这本是大大的不利，但王镇恶随机应变，索性鼓励大家破釜沉舟，反而激起了军队的斗志，不过二十天左右，长安沦陷，后秦皇帝姚泓率群臣投降，后秦灭亡。

417年冬天，刘裕率东晋军浩浩荡荡到长安。他想稍做休整，经

南朝 青瓷博山熏炉

略关中，不料后方传来镇守建康的儿子刘穆之病死的消息，刘裕又悲又怕，哪里还敢留在关中，便留下十二岁儿子刘义真以及王修、王镇恶、沈田子等人共守长安，率军南归。

大军开走时，三秦父老流泪向刘裕述说："我们这些残民没机会接触王化，已经百多年了，今天才看到衣冠之地的风采，人人都欢欣鼓舞。您是刘家人，长安十陵，是您祖先的坟墓，咸阳的宫殿是你家族的祖屋，您不要这里要去哪里呢？"

清 周培春 古代美人图·寿阳公主

据《太平御览》记载，梅花妆的兴起与刘裕的女儿寿阳公主有关。据说寿阳公主正月初七那天在含章殿檐下仰卧着，梅花落在她额上，留下五个花瓣的痕迹。皇后让她留下来，看看能保持多久。这痕迹直到三天后才消失。宫女对公主有梅花痕迹的样子好奇，纷纷模仿。梅花妆从此产生，并流行一时。

帝鉴图说·留衲戒奢

刘宋高祖刘裕早年非常贫寒，曾经在新洲割芦苇。他有一件衲布衫袄，是妻子臧皇后当时缝制的。刘裕富贵以后，一直留着这件衣服，并且把它传给长女会稽公主，叮嘱她说："如果我的后人有骄奢不知道节俭的，就拿这件衣服给他看看。"

可刘裕作为精明的军事家，太清楚形势了，只能忍痛率军离开。

刘裕南归不久，赫连勃勃率军夺取了长安。长安得而复失，东晋却损失了一批良将精兵，幸而已经收复之地损失不大。

凭借灭蜀破秦的巨大军功，刘裕的地位显赫无比。418年，刘裕接受相国、百揆、扬州牧职位，以十郡建宋国，受封为宋公，受九锡殊礼。他授意中书侍郎王韶之缢杀司马德宗，改立司马德文为皇帝。

东晋元熙二年（420）七月，刘裕接受司马德文的"禅让"，登基称帝，改国号宋，改元永初，苟延残喘的东晋就此灭亡，南北朝时期来临了。

地图专题 刘裕北伐

性质： 刘宋政权的奠基之战。

作战方： 刘裕所率的北府兵；南燕军；谯纵军；后秦军。

背景： 东晋末年，桓玄篡晋，北府兵小将刘裕趁势崛起，以北府精兵击败桓玄，把握东晋朝政。具备改朝换代力量的刘裕急需迎合民心，建立战功以树立权威。

透过地图说历史：

刘裕北伐分三步，第一步灭南燕，第二步收巴蜀，第三步灭后秦。通过这三次行动，刘裕重新占领了长江上游，收复了黄河以南淮水以北，乃至关中的大片土地。但由于后方不稳，北伐所得土地没有得到很好的转化吸纳，除了蜀地以外，大多为北方民族做了嫁衣。

回顾三场战役：

灭南燕之战，起于南燕主慕容超抢掠两千五百东晋男女设置太乐给自己玩乐。当时南燕只有五州之地，和北魏是世仇，不思量交好东晋对抗北魏，却和南邻结仇，实在是非常冲动的，更何况其对百姓剥削太重，国内民心已失。两国开战前，刘裕和慕容超的谋士都判断东晋北上补给是最大难题，若是能据守险阻，毁坏禾苗、坚壁清野，东晋北伐断然难以持久。可慕容超一意孤行，竟然决定放弃险阻，放任敌军进入平坦地带，只因为这里便于南燕强大的骑兵发挥，结果一败涂地。

收巴蜀之战，关键是选将以及防守和进攻重点的博弈。自长江入蜀后，必须依赖河道保证行军补给。当时去往成都有内、中、外三条水道，如能预判对方在哪条部署兵力最多，就等于赢了大半。而刘裕在战前就预料，谯纵会觉得东晋往年攻蜀走的是内水，无功而返，这次必然走外水，

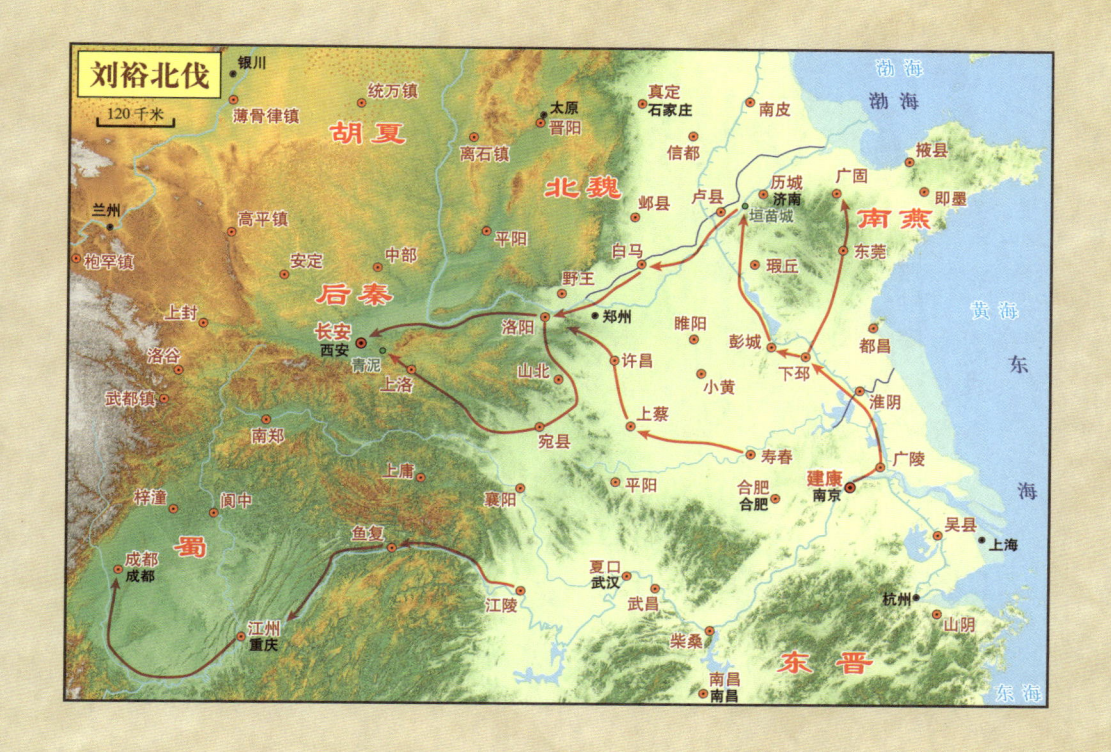

所以反其道而行之，再次以主力走内水，以老弱在中水、外水为疑兵。在选将时，刘裕不仅考虑才能，还考虑主将的经历和情感，放弃了仇视蜀地百姓的毛脩之，冒险启用了资历尚浅的朱龄石。

  灭后秦之战，主要胜在时机和经验，以及中原百姓的支持。刘裕北上时，后秦雄主姚兴已死，国内一片混乱。北方的阻碍势力虽多，但各被琐事缠身：北魏连年遭遇霜旱，百姓饿死很多；西凉和北凉为争夺要地厮杀正盛；唯一可能阻碍的大夏赫连勃勃却料定刘裕难以在北方久待，所以也没有出力阻挠。在策略上，刘裕吸取桓温北伐补给不足的教训，优先控制水道，以王仲德等为先锋，攻取黄河下游的滑台、商丘。一则监视北魏南下，二则保证河道通航。控制黄河、泗水、淮河水网后，大军补给源源不断，遂能会师洛阳威逼关中。由于桓温攻关中时曾主攻武关，结果因道路险阻补给不及而败，所以刘裕以主力沿大河攻潼关，同时分兵少数进入武关牵制。此时的后秦内斗不断，早已没有足够兵力把守，再加上关中百姓箪食壶浆的支持，后秦自然没有了胜算。

时间　386—439

17　铁马秋风陕甘宁

> 世祖聪明雄断，威灵杰立，藉二世之资，奋征伐之气，遂戎轩四出，周旋险夷。扫统万，平秦陇，翦辽海，荡河源，南夷荷担，北蠕削迹，廓定四表，混一戎华，其为功也大矣。
>
> ——《魏书·帝纪第四下·世祖太武帝》

【人物】姚苌、姚兴、吕光、尹纬、赫连勃勃、乞伏炽磐、沮渠蒙逊、秃发傉檀

【事件】后秦崛起、秦夏争雄、夏灭西秦、四凉争河西

南方新朝终起，北方北魏称雄，南北对峙的大局已然形成。然而，大体在如今的陕西、甘肃、宁夏三省境内，后秦、西秦、大夏、南凉、北凉、后凉、西凉仍在割据一方，激烈角逐。它们的政权虽然基本没有走出西北，但同样深刻影响了南北朝初期的局势。

二十三年的大秦遗风

刘裕替晋建宋，拓跋珪吞燕建魏，为南北朝奠定了基础，北魏和刘裕的扩张也基本代表了中国东部乃至北部在晋末的形势变化。但是，在中国西北的关中、关中西北的陇西，乃至更西的河西走廊，同样进行着激烈的角逐。在这片主体相当于今天的陕西、甘肃、宁夏三省的境域内，后秦、西秦、大夏、南凉、北凉、后凉、西凉，为数众多的少数民族势力在此角逐着，年年岁岁，铁马秋风。

它们有着自己的兴衰史，有些也和南朝、北朝的建立者有过交锋，其土地最终大多被北魏吞并。整合这些势力，对中国今后的南北对峙，以及未来的南北统一意义深远。这一章主要就讲述这些西北方的势力从自立崛起到融入北方大潮的过程。

如前所述，淝水战后，鲜卑人和羌人在关中灭绝了前秦的王室。而后，来自东方的鲜卑人归心似箭，集体东迁，广袤的关中之地遂由羌人占领。

羌人首领姚苌，在西州豪族和本部人马的支持下沿用了大秦的国号，于386年即皇帝位，在长安建立后秦。后秦建立时，关中还不算平定，苻坚的族孙苻登曾经自称继承前秦帝位，带领残余的氐人和姚苌争斗过很长时间，南燕迁都广固的导火索，就是苻登的弟弟苻广。苻登的抗争，从386年姚苌继位，一直打到了393年姚苌病死还没结束。这时，姚苌的儿子姚兴继位。

姚兴虽然是羌人，但前秦时就在苻坚朝中出任太子舍人。姚兴接触汉人的文化很深，不像普通羌人那样原始而推重武力，是十六国中少见的文治之君。当年，姚苌在外南征北战，姚兴就坐镇长安处理政事，继位时，他已经是很老练的政治家了。继位不到一年，姚兴就在父亲的战果上平定了苻登的起事，他很仁慈地将跟随苻登的人马解散，用自己的亲军监督，让他们安心务农。以关中为基础，姚兴逐步收服了零星的割据势力，趁着西燕灭亡东晋内乱，夺取了河东、洛阳等地，成了当时的强国之一。

当时，后秦的西北方崛起了一支不弱的割据势力——后凉。后凉其实也是前秦布置的多方势力之一。前秦兴盛时，苻坚任命

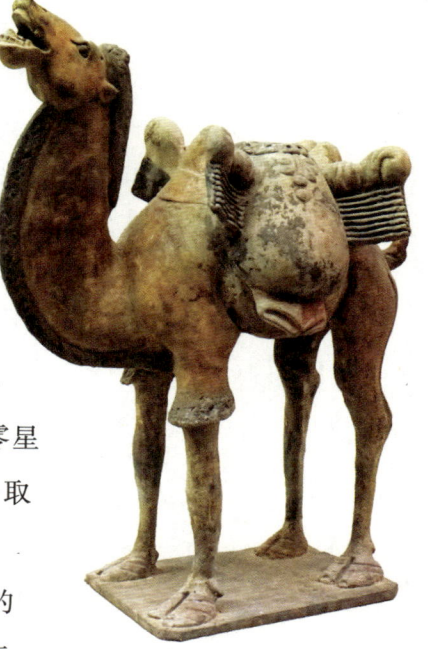

北魏 彩绘陶骆驼

吕光为西域校尉，率七万人马经营西域，这支军队就是后凉建立的根本。后来苻坚败于淝水，吕光本来已经率兵赶回玉门关，但是还没等赶回关中，苻坚就被杀了，吕光不愿归附，就以河西之地自立。396 年，吕光自立为大凉天王，这个势力就是后凉。后凉建立后，常年和周围的部落战斗，主力折损不少，而这七万多士兵又都是氐人，很难在河西得到补充。399 年，吕光病死，他的后人们不仅自相残杀而且沉迷酒色、残忍好杀，结果引来周围的南凉、北凉、后秦三方夹击，最终只能于 403 年投降于后秦。

姚兴的经历其实有一点儿像苻坚，也是迎来了一位宰相之才——尹纬。尹氏是天水的大族，本来在西北地区至关重要，可惜的是尹氏在苻坚时代曾投降过姚苌的哥哥姚襄，而姚襄偏偏又想过夺取关中和苻坚是对头，所以尹氏一直是前秦政权的边缘人。到了姚苌称帝时，尹氏自然没了限制，尹纬于是成为姚苌的佐命功臣。

知识充电

五花八门的杂伎

杂伎，古代称为《百戏》，内容类似今天庙会上表演的节目。杂伎的内容非常丰富，表演规模可大可小。最盛大的叫鱼龙烂漫之戏，是连天子都会观看的盛大表演。根据记载，该戏开场后，先在舞台西方上场一只舍利（兽名），舍利在大殿前舞蹈游戏。不久又变成了比目鱼，惟妙惟肖地跳跃、吐水。比目鱼展示完毕后，又变作黄龙登场。黄龙八九丈长，装饰散射出耀眼的光芒，活灵活现地戏水舞动。除了大型表演外，也有很多一个人就能完成的表演，比如女子在细绳上持伞舞蹈，敏捷的男子在桌上翻筋斗，或者是大力士舞动石臼、大瓮……总之五花八门，精彩异常！

尹纬的才干有多高呢？《晋书》里有这么一则故事，说苻坚被姚苌俘虏后，姚苌曾派尹纬面见苻坚。二人交谈一番后，苻坚大惊失色，因为这样一个人才他却没印象，故而问道："朕在位时封您做了什么官？""尚书令史。"尹纬答道。苻坚一声长叹，说："真是宰相之才、王景略（王猛字景略）一般的人物啊！我竟不知道您，亡国也是活该呀！"

在尹纬的辅佐下，姚兴下令解放因为饥荒卖身为奴的百姓，在长安设立普及法律的"律学"，要求郡县令史上任前都来长安学习，学成才能回去断案。如果有疑难案件，要让最高司法官廷尉来敲定。姚兴自己也时常检查卷宗，听取疑案的审判。

作为少数民族，姚兴还难能可贵地大兴儒学、信奉佛教，延请了很多名儒高僧到国都讲学、翻译经文，当时有成千上万的学子为了求学远赴长安。

可惜的是，这么一个尊奉学术、法治清明的时代在二十三年后结束了。416年，姚兴病死，东晋刘裕趁机北伐，而后秦的继承人却骨肉相残，短短一年，偌大的后秦就彻底灭亡了。

后秦立国三十四年，除去建国的几年征战，其中绝大多数时期都处在比较清明的政治下，颇有王猛、苻坚时代的遗风。

崛起宁夏的匈奴强国

东晋末年，中国西北方除了占据关中的后秦，还有两个国家比较强大，一个是大夏，一个是北凉，这一节主要介绍大夏。

大夏位于后秦的西北方，创建者名叫赫连勃勃，其实严格地说也可以叫他刘勃勃，因为他和刘渊一样，是南匈奴单于的后裔，被赐予汉朝的国姓——刘。刘勃勃的曾祖父叫刘虎，是南匈奴五部帅中的北部帅。匈奴人刘聪建国后，刘虎被封在并州北边。由于一度被并州刺史刘琨击败，刘虎就率部西渡黄河。刘虎死后，直到他的孙子刘卫辰一代，这支匈奴人都经常受到拓跋鲜卑的攻击。此时前秦比较强大，刘卫辰就投奔了前秦寻求庇护。后来，前秦灭了拓跋鲜卑的代国，黄河以西的部分就赐给刘卫辰监督。

然而，世事难料，代国灭亡后，前秦陨灭，拓跋鲜卑中又出了英主拓跋珪。刘卫辰被拓跋珪大败，他的三儿子带领一部分部众逃到了高平川（在今宁夏南部），成了后秦高平公（鲜卑族）的女婿，这个三儿子就是刘勃勃。刘勃勃有才干，本来很受后秦主姚兴的欣赏，但是他假借狩猎，率众袭击杀死了自己的岳父，吞并了岳父的鲜卑部众，和后秦自然也就决裂了。靠着这支结合了鲜卑人和匈奴人的部落，刘勃勃自称大夏天王，大单于。但有一个问题开始困扰他，就是姓什么。从匈奴的本姓来说，他可以姓屠谷、独孤；从部落的组成来看，胡人为父、鲜卑为母的一般称铁弗，反之就称秃发；当然他也可以姓刘。但刘勃勃都不愿意，他说，帝王就是天的儿子，"是为徽赫实与天连"，所以就从显赫和与天相连的意思给自己改姓赫连，人们也就叫他赫连勃勃。

赫连勃勃胸有大志，创业之初就想着吞并南方还很强大的后秦，而且他很有创见地发扬游牧民族的优势，并不建立坚固的都城，而是打算采取

知识充电

乱世出美食

魏晋南北朝时期，南北方饮食风格差异明显，南方以水产为特色，北方以牲畜为主体。晋朝的文学家张翰，曾经因为怀念家乡的莼菜羹和鲈鱼辞官回乡，一时传为佳话，这件事甚至形成了成语"莼鲈之思"，特指思乡之情。葛洪的《神仙传》也特别描写了松江所产的鲈鱼之美。那个时候，人们会把鱼做成鱼脍、鱼羹。比起南方，北方对牲畜肉类的食用则相对原始粗放，主要的方式就是炙烤，也会把肉做成肉脯以便于出行食用。"脍炙人口"这个词，很好地将南北方饮食的融合体现了出来。

游击骚扰的战术,蚕食后秦的岭北、河东,不过他似乎对姚兴有些忌惮,认为要等姚兴死了才能谋取长安。

赫连勃勃的骚扰是后秦巨大的威胁,也是后秦在姚兴死后迅速崩溃的原因之一。其实,就算是姚兴在世时,对赫连勃勃的征讨也是以失败告终的。后来刘裕灭掉后秦,守株待兔的北魏还未来得及蚕食长安,关中就被赫连勃勃于418年南下夺取了,在长安,赫连勃勃即皇帝位。赫连勃勃的大夏国,此时领土只是稍稍小于后秦,但兵马可能比后秦更强。

赫连勃勃是个野心旺盛、手段冷酷的人。他曾经征发十万人修筑城高十仞、城基厚达三十步的统万城。赫连勃勃对这座城的修建要求极高,夯土所筑的城墙要坚硬到可以磨刀。他把统万城的四个门分别命名为"朝宋门""招魏门""服凉门""平朔门",梦想着统一天下。

统万城遗址

统万城也叫赫连城,位于今陕西榆林靖边红墩界乡白城子村,是匈奴贵族赫连勃勃所建大夏国都城遗址,也是匈奴人留下的唯一都城遗址。

时间　386—439

他对手下非常残酷，经常在身边备着弓，在城上四顾，看谁不顺眼，就直接射杀。

赫连勃勃晚年时，因为改换继承人，引起了大儿子、三儿子、四儿子的大战，最终三儿子赫连昌幸存，于是426年，赫连勃勃死后，就把位置传给了赫连昌。

赫连昌的才干就比较一般了。赫连勃勃刚死的那年，北魏主拓跋焘（北魏第三帝，拓跋珪的孙子）就派大将率五万人马渡过黄河攻占长安城，他自己率骑兵两万，袭击统万城。

第二年，赫连昌才率两万人马回来争夺长安，但北魏的国力已经很强，拓跋焘毫不示弱，命令十万骑兵乘虚攻打统万城，赫连昌大败，自此一蹶不振。在赫连勃勃去世的两年后，428年，大夏皇帝赫连昌被俘。只剩下弟弟赫连定逃到平凉，勉强延续着大夏的国号。

应该说赫连定的运气不错，他率部西逃，正好赶上陇西的西秦国大乱。西秦是一群西迁的鲜卑人，以乞伏部为首，曾经先后臣服于前秦和后秦。西秦能够独立还是大夏的功劳，因为大夏袭扰，后秦没有能力控制陇西，所以就出了这么个西秦国。

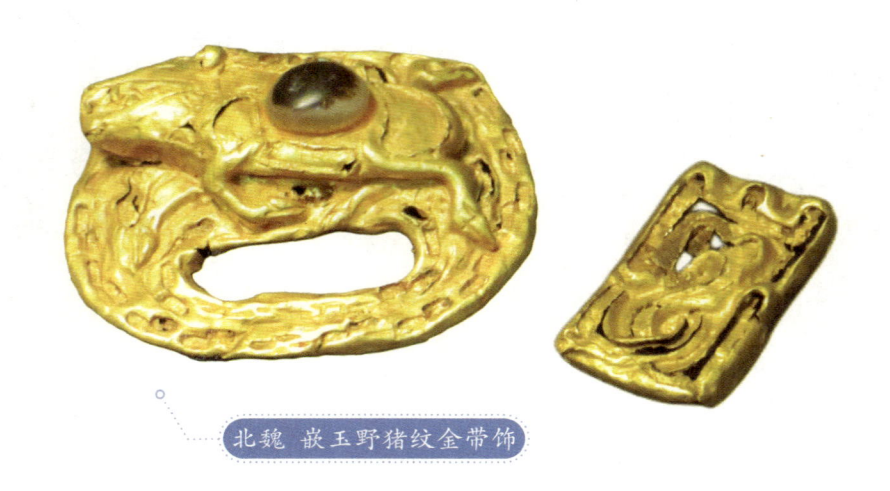

北魏　嵌玉野猪纹金带饰

当时，西秦主乞伏炽磐去世，国内九个月没有降雨，饥荒盛行，而新国主还没有服众就施行残暴的政策，闹得民心离散。最终西秦主乞伏暮末迫于国内矛盾，率众出逃，打算投降北魏。没想到被赫连定堵了个正着。于是大夏灭亡前，还消灭了一个西秦国。

但好运没有一直伴随大夏，赫连定灭了西秦后想要渡过黄河攻击北凉，以河西为根据地，却在渡河时被吐谷浑部落袭击，大夏就这样稀里糊涂地在431年灭亡了，立国共二十五年。

5 统一黄河流域的终战

黄河是中华民族的母亲河，也是北方农牧民族的生命线，自茫茫雪原而东，黄河流域构成了一个个地理区间。在东晋末年，北魏自东而西地统合了黄河流域的中下游，只剩下河西之地这一块区域。当时，占据这块区域的是四个以凉为名的政权，分别是后凉、南凉、西凉、北凉，其中最强大的是北凉。

后凉在后秦的一节已经讲过，就是前秦的西域校尉吕光及麾下人马所建，早早地就被姚兴所灭。

北凉是河西走廊黑河流域一个叫卢水胡的部落建立的，卢水胡早年应该是依附于匈奴的，所以首领以匈奴官名"沮渠"为氏。卢水胡集中分布于河西走廊，他们团结在一起主要是为了自保。卢水胡原本是受前秦西域

中外对比

5世纪初，北凉、南凉、西凉、后凉逐鹿河西之地。
5世纪初，盎格鲁-撒克逊人侵入大不列颠，在英格兰建立众多王国。

时间　386—439

北魏　石雕四足方砚台

校尉吕光支配的，曾经在后凉麾下为其征战西秦。但这一仗打输了，吕光的弟弟战死，吕光非常恼火，认为是卢水胡作战不力，就杀了参战的卢水胡领袖。被杀死的卢水胡领袖很有威望，因此，卢水胡在沮渠蒙逊的带领下群起起义，颠覆了后凉的根基，夺取了张掖。后凉的早亡，和卢水胡反叛关系颇大。

在后秦、卢水胡多方围攻下，后凉灭亡，它的故地成了各方争夺的香饽饽，尤其是要地姑臧城（在今甘肃武威）。姑臧城自然是灭后凉的后秦最容易得手，但后秦的核心离这里太远，想控制姑臧就得留下四万人马驻扎，有些得不偿失。于是这块"鸡肋"成了卢水胡和南凉的必争之地。

南凉的首领姓秃发，是拓跋鲜卑的族人，在汉魏年间就迁徙到了河西，所以也叫河西鲜卑。趁着天下大乱，401年，河西鲜卑首领秃发傉檀以青海乐都为首都，称凉王，建立了南凉。秃发傉檀为了夺取姑臧，向后秦称臣，后秦也乐得有人帮着制衡卢水胡及西秦，就同意了。但姑臧到手后，秃发傉檀翻脸不认人，再也不承认称臣了。因为南凉不肯维护盟友，所以秃发傉檀四面受敌：以北被大夏攻打，以西被卢水胡攻击，不仅守不住姑臧城，还损失人口数万，牛马数十万，名臣猛将大多战死，只能退出河西走廊。

南凉退出，姑臧城最终落入卢水胡之手，411年，卢水胡首领沮渠蒙逊以姑臧城为都，称河西王，史称北凉。定都建国以后，北凉不断攻击退出河西走廊的南凉，三次包围其都城乐都。骚扰得南凉地也没法种，牧也没法放，饥贫得不成样子。无奈之下，秃发傉檀只好率众抢劫青海的土著部落，倒是抢了四十万牛羊，可是趁着他带走精锐，都城乐都却被西秦攻克了。414年，秃发傉檀走投无路投奔了西秦，南凉短短十九年就灭亡了。

没了南凉这个对手，河西走廊上北凉独大，它开始吞并西凉。西凉是汉人世族陇西李氏建立的政权，建立者原本是后凉的敦煌太守，是借后凉覆灭的机会自立的。这个政权只有甘肃的酒泉、玉门、安西、敦煌这些地方，又小又弱。其统治者却喜欢修建宫殿，导致民怨沸腾，所以很容易就被北凉吃掉了。420年，西凉灭亡，立国二十一年。这时北凉成了河西独霸，但此时，后秦、大夏这些强国纷纷被北魏吞并，北方大统已然成为趋势。439年，北凉末代君主沮渠牧健在北魏主拓跋焘的围攻下被迫投降，立国三十九年的北凉也并入了北魏，黄河流域在汉魏以来的几百年丧乱中终于一统，历时一百三十五年的十六国割据终于结束了。

知识充电

河西学风

河西地区虽然偏居塞外，然而无论前凉、西凉、北凉，都保留了这里浓厚的学术氛围。这里名声远播的大学者都被北魏迁到平城，著述修史、讲学授业。汉魏以来的儒学，河西的学风，由此传入铁马金戈的北魏朝堂，北朝的统治者迅速地被文化滋养，奠定了未来隋唐盛世的根基。

时间 415—452

18 元嘉草草，北顾仓皇

> 昔汉氏东京常称建武、永平故事，自兹厥后，亦每以元嘉为言，斯固盛矣。……虽覆师丧旅，将非韩、白，而延寇戚境，抑此之由。
>
> ——《宋书·文帝本纪》

【人物】刘裕、王镇恶、沈田子、刘义隆、檀道济、到彦之、拓跋焘、王玄谟

【事件】元嘉之治、元嘉北伐、拓跋焘南侵

刘裕建立刘宋后，在短暂时间内创建了盛世。然而，北魏也逢雄主，北方黄河流域几乎一统。龙争虎斗之下，刘宋元嘉年间的三次北伐，最终草草收场，落得仓皇北顾。反而是拓跋焘全面反攻，深重破坏了南朝的税收重地江淮。

元嘉之治，风俗淳美

时间稍稍回溯，在西北地区铁马秋风之际，刘裕的北伐后秦却仓促收场。当时只有他十二岁的儿子刘义真和将军王镇恶、沈田子镇守关中。

大夏的赫连勃勃采用谋臣王买德的计策，派出机动骑兵南断武关和长安的联系，东断潼关控制黄河，又派出两万精兵攻打长安，另有大夏军主力殿后。刘义真只有一万多人，将领沈田子又误信了王镇恶想在关中自立的谣言，不仅没有好好配合，反而杀害了王镇恶。王镇恶死后，沈田子也

因为擅自杀害大将被杀。如此一来，刘义真自然难以守住关中了，短短一年零五个月，关中沦陷。这一年是419年，次年就是刘裕受禅称帝。

此时此刻，刘裕自然顾不上关中了。刘裕称帝以后，其实不到三年就病死了。继位的是太子刘义符，刘义符当了两年皇帝，因贪玩懒政被辅政大臣废掉，最终被迎立为皇帝的是刘裕的三儿子、荆州刺史刘义隆。刘义隆就是刘宋文帝，他于424年继位，年号为元嘉。

刘宋文帝刘义隆像

元嘉年间，宋文帝继承了父亲的改革政策，剪除朝堂内外的反对势力，南朝由此进入一个比较安定的时期，史称"元嘉之治"。由于元嘉之治是继承了刘裕的改革，所以也可以把晋安帝义熙十一年（415）刘裕掌握朝政到元嘉元年这段时间，和元嘉之治视为一体。《资治通鉴》赞扬这段时间："江左风俗，于斯为美。"

从刘裕执掌大权，到元嘉之治，南方政府推行了多项改革政策。针对东晋积弊已久的政治、经济状况，从四个方面进行了改革：

风云人物

谢灵运

谢灵运（385—433），本名公义，字灵运，小名客儿，东晋至刘宋时期大臣、佛学家、旅行家，山水诗派鼻祖。谢灵运是第一位全力创作山水诗的诗人，兼通史学，擅长书法，翻译外来佛经，曾奉诏撰写《晋书》，辑有《谢康乐集》。

时间　415—452

吹笙引凤画像砖

吹笙引凤画像砖描绘了两人一凤构成的灵动画面，吹笙的人是周灵王的儿子王子乔，手持麈尾的是修炼得道的高人，正是在高人的指引下，王子乔引来凤鸟升仙而去。羽化成仙是当时士大夫常见的梦想。

· 整顿吏治，重用寒门

东晋时，世族门阀掌控朝内外各级官员的任免权，官员腐败极其普遍。刘裕对官员进行考核，遇到不合格的，无论是世族门阀、皇室宗亲，还是亲信功臣，该罢免的罢免，该处死的处死。在人才选拔上，则唯才是举，重用了很多出身寒微的人，如刘穆之、檀道济、王镇恶等，破除了晋朝以来世族垄断统治权的弊政。

· 实行土断，抑制兼并

由于东晋接收了许多从北方迁移过来的人口，安置侨民所设的州郡建制常有变化，而世家大族又往往兼并土地，逼得百姓破产，沦为奴婢、附庸，很多人口于是不在中央的统计之内，更莫谈为中央交税了。所以，刘裕实行土断政策，就是把人口按照常住的郡县进行正式的户籍登记。除南徐、南兖、南青三州不在土断之列，其余都依界土断。在户籍上，不再分土著和侨民，对于隐藏户口的行为进行严厉清查。

· 减轻"国债"，帮扶农业

刘裕、刘义隆两朝都多次向百姓施恩，改善他们被剥削破产的悲惨境况，让百姓先有田种、有家住，从而恢复国家的税源。在刘裕时代，多次对荆州减少地租、劳役，严禁豪强独占山泽、乱收租税，让百姓可以任意樵采捕捞，补贴生活，还把人们欠政府的旧账大量清空。刘义隆时期，则多次带领人民开垦荒废的旧田，借贷贫困的农民种子，在灾年大力赈济。

· 整顿赋役制度

刘裕下令严禁官吏滥征租税、徭役，规定租税、徭役以现存户口为准。凡是州、郡、县官吏利用官府之名占据的屯田、园地，一律废除。凡官府需要的物资，照价给钱，不得征调。他还下令减轻杂税、徭役。

这些改革措施取得的巨大效果，是刘宋政权南征北战获胜的基本保障，也为之后的元嘉北伐打下坚实基础。

元嘉之治的硕果，也带动医学、天文学、数学等科学发展。刘义隆在位二十八年，治国取得巨大成就，领导南朝宋进入盛世。

全线北伐，威逼关中

南有刘裕立下祖逖、桓温未有之功，北有拓跋珪一统中原大部；南有刘宋文帝刘义隆开启元嘉之治，北有北魏太武帝拓跋焘继位开启黄河流域一统。英雄人物并出于世，南朝、北朝两强并立，就好像上天都有意安排一场龙争虎斗似的。

元嘉初年，南朝相对安稳，北朝战火不绝，北魏一面忙于对付吞食关中的大夏，一面又不得不对付北方强大的柔然。就是在这种形势下，429年，刘义隆向北魏要求归还河南各地，因为此时，刘裕北伐所攻取的虎牢、洛阳等地都已经被北魏趁机夺取了，拓跋焘自然置之不理。

时间　415—452

笔墨不行，便用刀枪。430年，刘义隆命当时很有声望的将军到彦之为主帅，率五万宋军精兵北伐，大军从淮河进入泗水，然后溯黄河西进。北魏军见了，主动从滑台、虎牢、金墉等要地撤出，让到彦之不费吹灰之力就收复四镇。拓跋焘的谥号是太武帝，显然是一位武功卓著的君主，他为何如此忍让呢？因为这一年，占据关中的大夏正被拓跋焘全力围攻，黄河以南的战事其实是被战略搁置了。而且，当时的黄河会在冬天结冰，到时候才真正便于北魏骑兵畅通无阻地开始反击。这种可能性，刘宋名将王仲德曾经很明确地和到彦之说过，但没能引起到彦之的重视。

到彦之是沿河布防的，如此一来，冬季河冰结合，大营完全暴露在北魏铁骑面前。而且入冬后大夏战事也基本到了尾声，腾出手来的北魏军果然渡过黄河反攻，攻下了洛阳、虎牢。刘义隆虽然及时命令檀道济率军进行牵制，但到彦之的败势却有点儿控制不住。这时王仲德建议到彦之，敌军远在洛阳一带，不如退守滑台，千万不要放弃战船逃跑，以免演变成大溃败。但到彦之最终选择放弃滑台撤退，他率军从水路退到历城后，下令烧掉船只，丢掉铠甲，退往彭城。

比起到彦之的惊慌失措，刘宋济南太守萧承之、将军檀道济表现勇敢。

风云人物

檀道济

檀道济（？—436），高平金乡（治今山东嘉祥）人，东晋名将，南朝宋开国元勋。在元嘉北伐中，他以沙土伪装军粮，凭借"唱筹量沙"之计让北魏误以为刘宋军粮仍足，大军赖此顺利退兵，成为军事史上的经典案例。

▲檀道济像

一个冒险以几百人在历城摆空城计,迟缓了北魏的追击,另一个率军北上救滑台,数次重创北魏军。但因为粮草不济,檀道济也只是勉强博了个全身而退。这次北伐的结果是,出征的兵员基本是带回来了,但是,出征时准备的丰厚辎重却损失殆尽,刘宋的府藏、武库全部耗空。刘义隆不得不专心整顿政治,恢复国力,等待时机,可拓跋焘却不会轻易让出先手的机会了。

439年,拓跋焘攻破北凉,统一黄河流域。历经六年整合,他基本把北方稳定下来。但是,因为拓跋焘对被征服民族统治比较残酷,关中地区的卢水胡爆发了一次起义,羌人、氐人和汉人的世家大族都有参与,共十余万人之多。这次起义的领袖盖吴为了寻求帮助曾经两次给刘宋文帝上书求援,但宋文帝只是给了盖吴一些虚衔,在边境布置了一点儿疑兵恐吓北魏,并没有实际的支援。不久,盖吴的起义就失败了。境内安稳后,北魏太平真君十一年(450)二月,拓跋焘亲率十万北魏军南侵,一口气攻下四个郡。北魏军围攻悬瓠(在今河南汝南)时,宋军守将陈宪率不足千人奋力抵抗。北魏军围攻四十余天,不能破城,被迫撤走。

北魏撤军后,刘义隆决定大举北伐。他派江夏王刘义恭进驻彭城,统一调度诸军,再分三路大军,分别赋予战略任务,就这样拓跋焘南侵后不足五个月,刘宋第二次北伐开始了。

作战初期,宋军三路大军进展顺利。

东路宋军一举占领了碻磝(qiāo áo,在今山东茌平西南,为古黄河东岸的重要津渡),镇守乐安的北魏官员张淮之弃城而逃。东路宋军于是沿河西攻滑台,仅前锋就有百艘船,显然这支人数众多、器械精良

南朝 青釉鸡首壶

时间 415—452

的部队是刘宋的主攻军队，滑台岌岌可危。

中路宋军攻克长社（治所在今河南长葛市东），进据小索（在今河南荥阳市北）。北魏豫州刺史拓跋仆兰率两千步骑兵抵抗，大败，逃到虎牢，宋军穷追不舍，又攻到虎牢。

西路宋军从襄阳分头北进，大败北魏军，攻占弘农、陕城（两地均在今河南三门峡市附近）等地，另一部还占领了潼关。

可以说北伐初期，北魏黄河以南的防线处处开花，刘宋军时刻有可能控制黄河要地，甚至西入关中。关中等地的各族人民，闻讯处处蜂起，策应宋军北伐。

北魏朝野震惊，不得不调整部署。至此，南朝宋迎来大好形势。

潦草的北伐，残酷的南侵

"元嘉草草，封狼居胥，赢得仓皇北顾。""可堪回首，佛狸祠下，一片神鸦社鼓。"

刘义隆年号元嘉，拓跋焘小字佛狸，宋朝爱国词人辛弃疾这首词中的两句，很好地概括了这场南北朝的初期交锋。刘宋北伐，动辄兵员数万，旌旗蔽天，然而只落得仓皇北顾，而北朝的南侵却严重地破坏了南朝的江北地区，为南朝日后的衰落写下了伏笔。

说回南朝宋的第二次北伐，南朝宋各路军进展顺利时，东路由王玄谟率领的精锐之师却在围攻滑台时遭遇了困境，围城二百天竟仍未能攻克。王玄谟原本是南朝宋的彭城太守，在朝议论北伐时，他表态最为积极，可打起仗来不仅优柔寡断，而且手脚很不干净。

围攻滑台之初，有人发现滑台城内有很多茅草房，提出用火箭射击它们，点起大火使城内惊慌，然后趁势攻城。王玄谟觉得不好，可北魏知道后却立即拆掉了所有茅草顶。拖了一百多天后，北魏援军即将到来，有人建议强攻，迅速破城，王玄谟也没有听从。于是北魏拓跋焘就有了时间亲

知识充电

元嘉新历

元嘉年间，天文学家何承天创立了新的历法《元嘉新历》。元嘉历最大的特色就是提高了精确度，运用了"定朔法"和"调日法"。以定朔法为例，它改革了东汉以前的平朔法。两种方法的区别在于，平朔法比较原始，将月亮的运行速度当作固定的，而定朔法考虑了月亮运动的不均匀性。

自来救滑台。北魏大军即将到来时，有人建议用车兵环绕军营，抵御北魏骑兵冲击，王玄谟又没采纳。王玄谟不仅多次拒谏，而且对部下缺乏管束，经常弄出大肆杀戮的事件，导致北魏军民不肯投降。他还利用军职之便营商，牟取暴利，导致士兵离心。刘宋军的劣势就被逐渐放大了。

冬季来临时，拓跋焘亲率北魏军到枋头（在今河南浚县西东枋城、西枋城）。北魏军到后，由长孙真率五千骑兵从石济津渡过黄河，切断宋军退路，防止王玄谟逃跑；由陆真趁夜率数人潜入滑台城，抚慰守城将士，并登城察看宋军动静，再连夜回营报告。第二天，拓跋焘亲临前线，率北魏军渡过黄河，直逼宋军。

北魏军这次来势汹汹，号称百万。王玄谟见北魏军逼近，再没了建议北伐时的慷慨激昂，惊慌失措，弃军逃跑。宋军阵势大乱。北魏军趁势进攻，杀死万余人，无数军资器械被缴获。

王玄谟仓皇撤退，不仅是作战水平低下，还坑害了滑台以西的友军。当时北魏军将缴获的战船用铁索连接起来，在黄河上组成三道封锁线，用以截断滑台以西的宋军退路。北魏的举措是宋军迅速溃退的自然后续，可是王玄谟败逃时不知出于什么原因，竟然没有将自己败退的消息告知垣护之。垣护之自然也无法提前部署，等他得知宋军败退后，退路已被北魏军截断。幸好垣护之应变及时，急令军队趁河水迅猛急速顺流而下，遇到拦截铁索就用长斧砍断。在垣护之的率领下，宋军水师奋勇作战，漂亮地冲破封锁线，仅损失一艘战船。

由于前锋已败，剩余宋军不得不重新部署，由王玄谟防守碻磝，垣护之防守清口，其余诸军回历城。

总领北伐的宗王刘义恭认为，碻磝是孤城，必不可守，于是令王玄谟退军，碻磝落入北魏军手中，而且退军途中王玄谟再次战败。由于东路军的接连败退，北魏兵深入南境，对西路柳元景等军也是一个威胁，所以刘义隆下令西路军同样撤退。西路军所取得的辉煌成果也付之东流。

南朝宋撤军了，北魏军并没有因此停战，而是趁势全面反攻。北魏军分兵五路反攻：拓跋仁率军从洛阳攻向寿春；长孙真率军攻向马头；拓跋建率军攻向钟离；拓跋那率军从青州攻向下邳；拓跋焘亲率北魏军从东平攻向邹山。

黄绿釉龙柄凤首壶

五路大军南下，直刺南朝江北河南的广袤土地，大量土地沦陷，只有一部分城市还在坚持。北魏军于是绕过这些坚城，一直打到长江边，在长江北岸大拆民房，建造筏子，扬言要渡江。建康内外因此戒严，丹阳丁壮几乎都被紧急征发当兵，王公以下的子弟都要参军，沿江六七百里都布下了严密的巡逻。

不过拓跋焘南下匆忙，虽声言渡江，但渡江所需的强大水师、战船器械都没有准备，所以多半是虚张声势。并且，由于江淮百姓坚壁清野，北魏军抢掠效率不高，军粮逐渐不足。次年就只得回军围攻盱眙，攻城三十日,遭到城内居民拼死反抗,北魏军、南朝百姓的尸首堆得几乎和城墙一样高。由于久攻不下,拓跋焘担心后路被阻断,所以逞过一时兵威就退军了。

撤退途中,北魏沿途烧杀抢劫,残酷地破坏了江淮地区。丁壮者大多被斩杀,婴儿被虐杀取乐,幸免一死的也不过是被掳掠为奴婢罢了。原本江淮地区数十万的户口,死的死,逃的逃,再去掉被俘虏的,简直百不存一。

这些地区本是南朝的重要赋税来源,这次的破坏深重地影响了南朝的国力。此后,南朝的防线不得不步步南撤,从滑台洛阳,退到了淮北地区。

452年,刘义隆趁拓跋焘被杀的时机仓促发起第三次北伐,仍以战败收场。

元嘉北伐,三次都以战败告终。

知识充电

叹为观止的农业技术

魏晋南北朝时期,农业技术进步非常快。当时播种不再全靠农民一手持种,一手点播,而是出现了窍瓠这种半自动的播种工具。窍瓠又叫点葫芦,里面装满了种子,下面有孔,用耧在土地上开好播种的沟后,人们就拽着窍瓠沿沟前进,种子就一点点撒在沟里了。为了提高产量,人们还会故意将不同生长周期的作物进行搭配种植,让一块土地一年中不断生产作物。比如豆类作物往往种在谷物、蔬菜之前作为前茬,而桑田下的土地则往往种上绿豆、小豆等作物(属于现在的套作技术)。并且,为了提高土地肥力,人们还会种植绿肥,充当绿肥的一般是某些杂草或者绿豆、芝麻之类作物,农民让它们在谷物播种的间隙快速生长,然后直接翻地掩埋,作为下一茬谷物的肥料。

地图专题 刘宋初次北伐

性质：刘宋尝试收复河南之地的战争。
作战方：刘宋军；北魏军。
背景：自拓跋珪灭后燕，刘裕灭南燕后，北魏、刘宋正式在山东、河南境内接壤，渐渐形成针锋相对的局面。

透过地图说历史：

430年，刘宋文帝刘义隆发起了初次对魏北伐，目的是收复黄河以南。此时的刘宋和北魏都是新主掌权，锐气正盛，再加上刘裕过世时北魏曾经趁国丧伐宋，所以这次北伐是新仇旧恨一起来算。

通过地图可以看出，表示黄河的有深蓝色和浅蓝色两道线条，深蓝色线条表示当时的黄河，位置和如今的黄河差异很大，这是王莽年间黄河决口改道导致的。这时候，黄河和济水两条河流基本就是刘宋和北魏的势力交界。因此，黄河和济水南岸的要冲历城、碻磝、滑台、虎牢就成了这次北伐的攻击重点。历城靠近如今的济南，从春秋起就是水陆四通，三齐要地；虎牢关东面平坦，西边险要，最险峻处"一夫荷戈而立，百人自废"，自然是控制黄河的必争之地；而碻磝、滑台则是黄河南岸的水陆交通要道。更何况，滑台、洛阳等地本就是北魏趁刘宋国丧攻占的，于情于理刘宋都是想要夺回的。

在兵马调动上，刘宋主要依靠泗水、淮河等天然水道，由长江沿水网北上。在战术上，刘宋比较避讳和北魏骑兵平原对决，所以刘义隆特意叮嘱到彦之，如果北魏调动兵马，就速速进入水道，如果没有，就先占据彭城。

对于刘宋的北伐，北魏的态度是防守，因为此时北魏在北方还有战事，而且正值夏日，黄河南岸滩涂遍布、草木繁茂，非常不利于骑兵发挥。再加上碻磝、滑台、虎牢等地的守军本来就少，北魏索性将守军全线撤回，在黄河以北布置兵马，同时制造舟船，凭黄河据守。打算等秋凉马肥、河冰结合、地面干燥再发动反攻。

刘宋将领王仲德预料到了这一点，但北伐军将士都被轻易收复河南地区的喜悦冲昏了头脑，尤其是主将到彦之，竟然贪婪地令大军沿黄河西下，在碻磝、滑台、虎牢、洛阳、潼关等要地分兵把守，建立了长达千里的防线。

等到河冰结合，万里黄河对骑兵近乎坦途，这么长的战线如何防守？到彦之因此一败涂地，在撤退途中他又逃生心切，不肯乘船和滑台等要塞的守军合兵防守，反而放弃战船步行逃到彭城。结果刘宋沿路防线土崩瓦解，虽然有檀道济这样的勇将，也无法挽回了。

地图专题 刘宋二次北伐

性质： 刘宋与北魏惨烈的消耗战。
作战方： 刘宋军；北魏军。
背景： 第一次北伐失败后，北魏灵活地在柔然和刘宋之间切换目标，连接两次发起对刘宋的南侵，但都没有取得决定性胜利。

透过地图说历史：

第二次元嘉北伐，南北形势已然大变，北魏攻灭大夏、击退柔然、消灭北燕、吞并河西，北方大局已定。而刘宋偏居一隅，虽然国力增强，但常有动乱，形势不如北魏稳定。由于宋魏的交界东西长达千里，所以每次战事往往在东西两面展开。划分东西的分界点是洛阳，洛阳以东，黄河沿岸的重镇碻磝、滑台、虎牢、荥阳均为北魏控制，是刘宋的进攻重点。洛阳以西，刘宋主要想争夺关中和陇右的控制权。

在战术上，两国各有特色，北魏主要趁河冰结合、地干马肥的秋冬季节以优势骑兵奇袭、劫掠，攻坚则不擅长。而刘宋主要配合北魏国内的起义，以彭城、寿春、襄阳等核心城市作为攻打黄河以南地区的据点，利用春夏季节河水上涨，依托便捷的水网作战，在夺取黄河南岸的要地后，再修城防守。

对于刘宋的北侵，拓跋焘非常不屑，寄来猎马十二匹、药物若干，并附信揶揄道："你们远道而来，要是马不行可以骑这些猎马，要是水土不服可以吃我送的药。"拓跋焘说得轻松，但这次北伐其实对北魏非常凶险。沿河的碻磝很快沦陷，周边官员弃城而逃，重镇滑台被王玄谟围困。与此同时，刘宋的西路军则拉拢了关陇的大户，顺利进入关中。

然而，滑台之战王玄谟严重失策、犹豫不决，最终拖到北魏援军赶来，被迫退守历城。这是北伐的转折点，由于东线不利，刘宋西线的战果也只能放弃，等到秋深马肥，反而被北魏大举反攻。北魏骑兵一路从洛阳进攻寿春，一路从虎牢进攻马头，一路从青州直扑下邳，整个东线以多路骑兵穿插包围，将刘宋的彭城、寿春两大要点变为孤城。北魏主力则直捣长江北岸，抵达瓜步和横江渡口。

北魏肆虐的铁骑，在刘宋南兖州、冀州、徐州等东方六州造成惨烈的屠杀，所过郡县往往被烧成白地。但北魏的战士军马也损伤过半，最后因为春暖而回。总体来说这是一场非常惨烈的消耗战，严重破坏了刘宋江北的经济基础。

大战前令人叹息的是北伐功臣檀道济，只因他立有大功，麾下又都是精兵良将，所以引起宋文帝的猜忌，竟然把檀道济无理由地叫到京城数个月，最终杀害。临死前，檀道济目光如炬，对抓捕者说："你们是毁了自己的万里长城！"

时间 424—452

19 统一北方的北魏雄主

> 太祖显晦安危之中,屈伸潜跃之际,驱率遗黎,奋其灵武,克剪方难,遂启中原,朝拱人神,显登皇极。虽冠履不暇,栖遑外土,而制作经谟,咸存长世。
>
> ——《魏书·帝纪第二·太祖道武帝》

【人物】拓跋焘、崔浩、冯弘、沮渠牧犍、宗爱

【事件】云中之围、击败柔然、收纳高车、设立六镇、统一北方、国史之祸、拓跋焘遇刺

北魏历经三帝,由部落蜕变为帝国。第三帝拓跋焘在位期间,不仅几次挫败南朝宋进攻,还打败柔然,统一北方。但北魏内部,北方门阀和鲜卑贵族的融合仍不顺利,国史之祸正是双方矛盾的激烈爆发。

大破柔然

北魏自道武帝拓跋珪于386年建国,到统一黄河流域,总共经历了三位皇帝。道武帝完成了拓跋鲜卑从部落到王朝的整合,明元帝完成了拓跋鲜卑王朝的巩固和文治的推行,到了太武帝拓跋焘时,北魏开始急速扩张。拓跋焘通晓兵法,一继位就惊艳北朝。

在讲述拓跋焘的事迹前,读者需要简单了解一下他的第一个对手柔然。柔然是在4世纪到6世纪纵横于蒙古草原的强大部落。柔然内部统合了很

多草原部族，但从其贵族和统治者的姓氏来看，柔然的上层和拓跋氏显然是鲜卑族内的近亲。在分布区域上，柔然大体处在拓跋鲜卑的北面。所以民风更粗犷，游牧程度更高。在5世纪初年，也就是前秦败于淝水之战、北方群雄并起的时候，柔然在漠北统合许多部落，建立起了东起大兴安岭西过阿尔泰山的超大汗国。这时候的柔然人冬季到漠南避寒，夏季到漠北放牧，还没有文字，社会落后但剽悍好战，是北魏的心腹大患。北魏为了防范柔然，不得不在原来的都城平城周边设置六个驻兵重镇——六镇来保护国家。北魏很多贵族子弟都在六镇任职，这些人日后深刻影响了中国格局，以至有传说称，走在当时的六镇街上，人人都有帝王将相的面相。

说回北魏，北魏太武帝始光元年（424）八月，正是柔然强大的时候，可能也是拓跋焘一生最惊险的时刻。当时的北魏皇帝拓跋嗣，也就是拓跋焘的父亲去世。拓跋焘只有十六岁，刚继位就赶上柔然在牟汗纥升盖可汗的率领下，派六万骑兵入侵，北魏故都盛乐被攻陷，云中城被包围。

这位少年皇帝没有畏惧，他十二岁时就曾以太子身份远赴河套，在长城防线指挥过军民抗击柔然，对柔然战术非常熟悉。他认为柔然人夺取北魏祖地，不断骚扰北魏，使北魏无法全力跟中原其他政权角逐，与其派北魏军深入草原打击柔然军，不如在柔然军入侵时一次性将它打痛。面对来势汹汹的柔然军队，他力排众议，亲自率两万北魏骑兵火速赶到云中救援，准备与柔然军决战。

不过拓跋焘还是有些轻敌了，柔然军人多势众，将拓跋焘所率北魏骑兵重重围住，《北史》甚至说拓跋焘被包围了五十余重。见柔然军人多势众，北魏将士十分恐惧，拓跋焘却非常淡定，鼓舞北魏将士拼死作战。

大战中，柔然将领多次率军冲锋，却屡屡被击退。等到柔然大将于陟斤率柔然军发起冲锋时，竟然意外被北魏军射杀。这件事引起柔然大军的慌乱，趁此机会，拓跋焘率北魏军奋力反击，将柔然军阵搅乱。柔然军不敌，竟然落败。由于柔然内部的问题，大军最终撤退了。

惊险继位后，拓跋焘把云中之围视为奇耻大辱，曾多次率大军北上复

时间 424—452

知识充电

元嘉体

在南朝北朝争雄的时期，南朝国内却还是一片歌舞升平。文人们在元嘉年间甚至兴起了一种新诗风。这种诗不再谈论东晋时大家热衷的庄子老子，而是专门寄情山水，讲究辞藻和对偶。有识之士们往往为了一个新奇的句子、一个巧妙的表达穷尽心力，也不知还有多少心思去关心江北沦丧的衣冠之地。

仇。但柔然毕竟是一个游牧部落，地广人稀，北魏虽然得胜却很难消灭柔然的有生力量，边境的骚扰自然久久不能平定。

北魏太武帝神䴥二年（429）四月，拓跋焘刚攻破了大夏的要地统万城，于是他与大臣讨论，打算趁机狠狠教训一下柔然。公卿大臣及保太后都担心南朝会趁机攻击北魏，竭力劝阻。但太常卿崔浩说："宋国听说我们攻克统万城，会深怀恐惧的，必然不敢主动攻击我们；柔然自认为相距遥远，觉得我军不能将他们怎样，防备松懈不是一天两天了，所以他们到夏季就散众放牧，到秋季就聚众南侵。如今，我们趁柔然人分散放牧没有准备时进行攻击，可以一举消灭掉他们。"

崔浩是拓跋焘的心腹大臣，也是北魏智囊。见他如此说，拓跋焘下定决心攻打柔然。于是，拓跋焘命令长孙嵩、楼伏连镇守京都；命令长孙翰率北魏军从西道向大娥山进攻；亲率北魏军从东道向黑山进发，越过大漠，一起夹攻柔然可汗庭。

五月，北魏军悄悄攻进草原。到漠南后，拓跋焘下令舍弃辎重，亲自率轻骑兵，每一个骑兵另带一匹马，朝着栗水进行长途奔袭。柔然兵马其实不弱，但社会结构落后，加之不在战时，各部一团散沙没有办法集结大股兵团，百姓难以抵抗，只能带着牲畜在惊恐之余四散逃跑。

> 北朝 青釉塑贴人物纹凤首龙柄壶

拓跋焘于是命令北魏军分军搜讨，搜捕范围东西五千里，南北三千里，沉重打击了柔然汗国。慌忙之中，柔然牟汗纥升盖可汗令人烧营帐，率军向西逃跑，漫山遍野的牲畜都来不及带走。

由于打通了漠北草原，北魏还获得了一个意外收获，就是将原本臣服于柔然的高车人从柔然汗国解放出来。这些高车人大多归附北魏，人数多达几十万，其中近东高车部落就有几十万落被北魏带到了漠南，失去了这么多附属部落，丢弃了如此多的牲畜，柔然汗国的势力骤然衰落下来。

北魏的北方威胁暂时平缓。不过出兵以前，北魏大臣们的劝阻并非没有道理，就在拓跋焘对付柔然时，南朝递上了请求归还土地的文书，次年，刘义隆就发动了第一次北伐。

征辽西，通河西

击败柔然时，后秦、大夏也已经灭亡，北方比较强势的势力几乎都被北魏吞并、征服，所剩下的只有辽西的慕容鲜卑残余和河西的北凉国。

北凉在大夏灭亡时已经向北魏称藩，而北燕却和南朝有所牵连，所以北燕成为拓跋焘下一步征战的目标，这也是当年北魏死对头后燕的最后一点儿残余。原本，北燕是以继承后燕自居的，但后来发生了政变，导致其统治者不再是后燕的慕容氏王族了，所以被称为北燕。北魏太武帝延和元

时间 424—452

年（432）五月，拓跋焘调集兵马到平城南郊，屯聚粮草，准备出兵北燕。一个月后，拓跋焘率北魏军亲征北燕。

这次远征，北魏的准备并不充分。一个月后，北魏军到濡水时，后勤供给出现危机。拓跋焘派安东将军奚斤征发幽州和密云民众，以及高车部的一万多人，去搞后勤运输，负责运送攻城器具。一番努力后，奚斤居然顺利完成任务。

北魏军继续东进。在北燕都城龙城外，拓跋焘的北魏主力军和奚斤率领的人马会师。北燕国家小，统治者又奢侈昏庸，百姓日子很苦，所以民心并不归附。在进军途中，北魏军基本没遇到什么抵抗。北燕守军和官员都望风而降，北魏军没费多少工夫就包围了龙城。

见北燕统治者不得人心，拓跋焘又下令征发三万多民众，在龙城外挖围堑，企图困死龙城内的北燕守军。

北燕皇帝冯弘不甘心就此投降，派三万人出城挑战，战败，拓跋丘和拓跋齐趁机率北魏军合围北燕军，北燕军死伤近万人。遭此一败，北燕将领逐渐失去信心。冯弘见形势不利，邀请位于辽东的高句丽军保护他，并率龙城百姓突围，打算东渡辽水，投奔高句丽。投奔高句丽不久，冯弘就被高句丽长寿王杀死。北燕彻底灭亡。

消灭北燕大约七年后，北魏太武帝太延五年（439）六月，拓跋焘率北魏军从平城出发进攻河西地区的北凉。北凉的开国君主已经过世，如今在位的是其子沮渠牧犍。沮渠牧犍继位后，其实和南朝与北魏关系都不错，南朝封

北魏 彩绘陶马及牵马俑

他为河西王，北魏还嫁了一个公主给他。但是随着北方一统，河西走廊连通西域的意义越来越大，沮渠牧犍想要独立于北魏的可能越来越低。偏偏沮渠牧犍自己还不太检点，和人有奸情。此事被北魏公主发现后，沮渠牧犍就对公主下毒，结果公主没有毒死不说，还给了北魏一个进攻的好借口。

　　于是拓跋焘派太子拓跋晃监国，又令嵇敬和拓跋崇带两万北魏军驻扎在漠南防止柔然军进攻，同时派人送信去谴责沮渠牧犍，列数了他的"十二项罪状"，勒令他亲率群臣投降。

　　河西地区面积小，又经历了几个凉国的争战，人口兵员都比较有限。明眼人都知道河西无法独存，但沮渠牧犍考虑到柔然还能威胁北魏的北方，所以迟迟不肯屈服。他一边派人去柔然寻求援助，一边命令部将率一万人出姑臧城南迎战，试图以一战挫挫北魏军的士气，延长城池的防守时间。谁知北凉兵士气低落，望风崩溃，城内的士气更低了。

　　沮渠牧犍唯一的指望就是一条柔然军即将进攻北魏的消息，他期望北魏军无法久留，便闭城固守。但是在数万北魏军的围困下，城内人心散了。一个月后，沮渠牧犍的侄子沮渠万年率军投降。城内的情况被北魏军知道得一清二楚。最终，姑臧城很快被攻破，沮渠牧犍只好率文武官员投降，北凉自此灭亡。

　　后来，北魏军又攻克张掖、乐都、酒泉等地，将河西走廊纳入统治范围。北魏自此统一北方，与南朝宋形成南北朝对峙。

5 国史之狱，世族悲歌

　　拓跋焘的时代，北魏历经两代皇帝的奠基，已经完成了从游牧奴隶制部落向定居、农耕、收纳田租户调的贵族的初步转变。但是，相比有数百年传承高门大户等级鲜明的北方世族，鲜卑人的起步还是低了些。虽然鲜卑族中的独孤氏、贺楼氏、尉迟氏等八个大姓已经逐步垄断了北魏的军权，在生活上和南朝的大世族非常接近，但是在汉族世家的眼里，这些征服者

时间 424—452

还是暴发户的阶段，缺乏可夸耀的显赫历史。可北魏又不得不采取汉族世家的方式来管理北方，这就导致了步入政权的汉族世族和北魏新贵之间的名分之争与地位之争。最具代表的，就是国史之狱事件。

国史之狱的主角是崔浩，他是北方著名世族门阀清河崔氏的代表人物。清河崔氏的崔宏、崔浩父子为北魏出谋划策，功劳显著。尤其是崔浩，拓跋珪、拓跋嗣和拓跋焘三代皇帝都重用他，采纳了他不少的建议。

拓跋焘非常倚重崔浩，每逢遇到疑难问题，都会向他请教。攻打赫连、远征柔然、攻打北凉、平息薛永宗盖吴暴乱、征讨吐没骨部落、讨伐吐谷浑、南征刘宋等战争，拓跋焘都征求过崔浩的意见。拓跋焘曾经召集众尚书，下令说，朝中遇到不能决定的大事，都要先征询崔浩的意见。有时候，拓跋焘会直接到崔浩家里去向他请教，崔家有时来不及准备美食，拓跋焘就开心地和崔浩一起吃家常菜。崔浩进宫见拓跋焘，也不一定在朝堂参见，还会出入他的寝宫。

崔浩才华出众，但有个缺点，就是门第观念非常强。他掌权后，按照世族门阀传统，整理并规定各氏族的等级，分出高低。跟随拓跋焘浴血沙场的鲜卑贵族自然看不惯崔浩压在他们头上，对他们指手画脚。

在崔浩眼里，"门第遮百丑"。当时，崔浩的侄女嫁给了王慧龙，王慧龙的家族是著名世族门阀，但世代有遗传的酒糟鼻，被人戏称"齇（zhā）王"。这种样貌，今天的人是不希望出在自己身上的，可崔浩不仅不嫌弃，反而认为酒糟鼻是高贵血统的象征，竟然说："的确是王家的男子，纯正的贵种！"为了夸耀自家攀上高门，崔浩经常拿这个鼻子说事。

鲜卑贵族们可不觉得酒糟鼻帅气，于是揭崔浩的短，说王慧龙是从南方归降的人，崔浩吹捧"齇王"有鄙视鲜卑皇族的意思。此事自然绊不倒崔浩，但鲜卑贵族和崔浩的矛盾更深了。后来，因为崔浩举荐了大量世族子弟当郡守，和北魏监国的太子拓跋晃也有了矛盾。崔浩的身边于是危机四伏了。

北魏太武帝太延五年（439）十二月，拓跋焘令崔浩采集北魏数代留

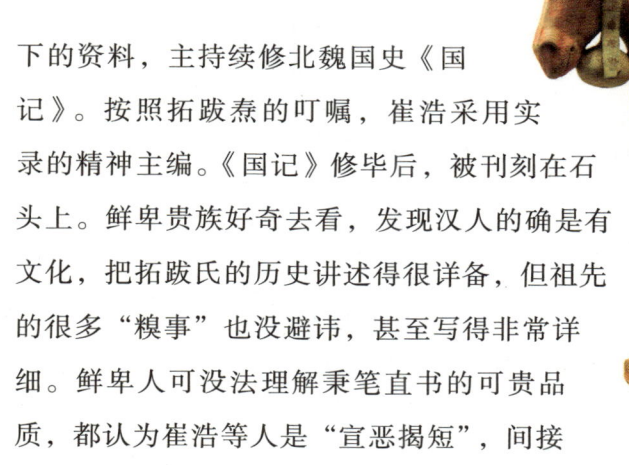

下的资料，主持续修北魏国史《国记》。按照拓跋焘的叮嘱，崔浩采用实录的精神主编。《国记》修毕后，被刊刻在石头上。鲜卑贵族好奇去看，发现汉人的确是有文化，把拓跋氏的历史讲述得很详备，但祖先的很多"糗事"也没避讳，甚至写得非常详细。鲜卑人可没法理解秉笔直书的可贵品质，都认为崔浩等人是"宣恶揭短"，间接辱骂鲜卑人的祖宗。

见此，鲜卑贵族无不愤怒，纷纷到拓跋焘那里添油加醋地告状。拓跋焘于是下令抓捕崔浩及参与编写《国记》的人，进行审查，结果查出崔浩受过贿赂……

鲜卑贵族于是将长期压抑的愤怒都倾泻到崔浩等世族门阀身上。北魏太平真君十一年（450）七月五日，崔浩所在的清河崔氏被灭族，同族无论远近都被杀掉，连其姻亲范阳卢氏、太原郭氏、河东柳氏都被连坐灭族，受牵连的世族多达数千人，史称"国史之狱"。

国史之狱的发生，和鲜卑贵族与汉人士族的矛盾密不可分，也和拓跋焘逐渐残暴的性格有关，他在执政晚期经常冲动杀人，甚至逼死了自己的太子。但事后，他又往往后悔。

此时，北魏在北统一了黄河流域，向南大肆劫掠破坏了江淮地区，实力上已经超过南朝了。拓跋焘虽然已经在位近三十年，但也只是四十岁出头而已，若他仍能在位，也许北朝吞并南朝的进程会加快许多。然而，由于残暴好杀，他宠信的宦官宗爱担心被他杀死（宗爱和逼死太子事件有关），于是先下手为强，于452年害死了拓跋焘。

北魏 陶马

拓跋鲜卑人热爱骏马，在捏塑马时，十分注重造型、装饰以及骨骼肌肉的表现，追求生动自然、活灵活现；而在装饰方面，大多数陶马鞍辔华丽完备，还用璎珞、铃铛等把马装扮得高雅富贵，彰显对骏马的热爱与尊崇。

地图专题 北魏统一

性质： 黄河流域的统一之战。

作战方： 北魏；胡夏（大夏）；北凉；北燕；柔然。

背景： 前秦覆灭、后燕灭亡，崛起塞外的拓跋鲜卑占据了中原之地，成为北方群雄角逐的胜利者。

透过地图说历史：

这张地图中各大势力的边界，是以407年的史实为依据确定的。这一年，后燕末主被杀，北魏取代后燕成为中原霸主，后燕的残余势力分别在辽东和山东建立了北燕和南燕。此时东晋刘裕尚未北伐，所以后燕、谯蜀和后秦均在，而西秦还没有建立。

从我们归纳的作战方可以看出，北魏进攻的势力是远少于地图所列的北方势力的。这是因为在北魏着手统一之时，北方各国已经有了一定的互相攻灭，南方的晋朝则灭了后秦和南燕。

北魏的统一，主要完成于太武帝拓跋焘在位时，此时北魏国家初立，多次遭遇自然灾害，又东有北燕，南有刘宋，北有柔然，西有大夏，其实是处于内外不稳、四面受敌的危险形势之中的。在强敌环伺下，北魏采用崔浩的建议，采取集中主力攻一国的策略。北征柔然时，便采取联合大夏，交好刘宋、北燕的外交策略，尽可能减少多面作战。实在难以避战，就主攻一线，其余边境采取守势，或者南守西攻，或者守西南而攻北。

在统一北方的战斗中，相对棘手的是大夏、柔然，至于北燕、河西地区，则是凭借强大实力碾压而破。

从地图即可看出，北魏和大夏两国其实主要以黄河为界，由于此时的

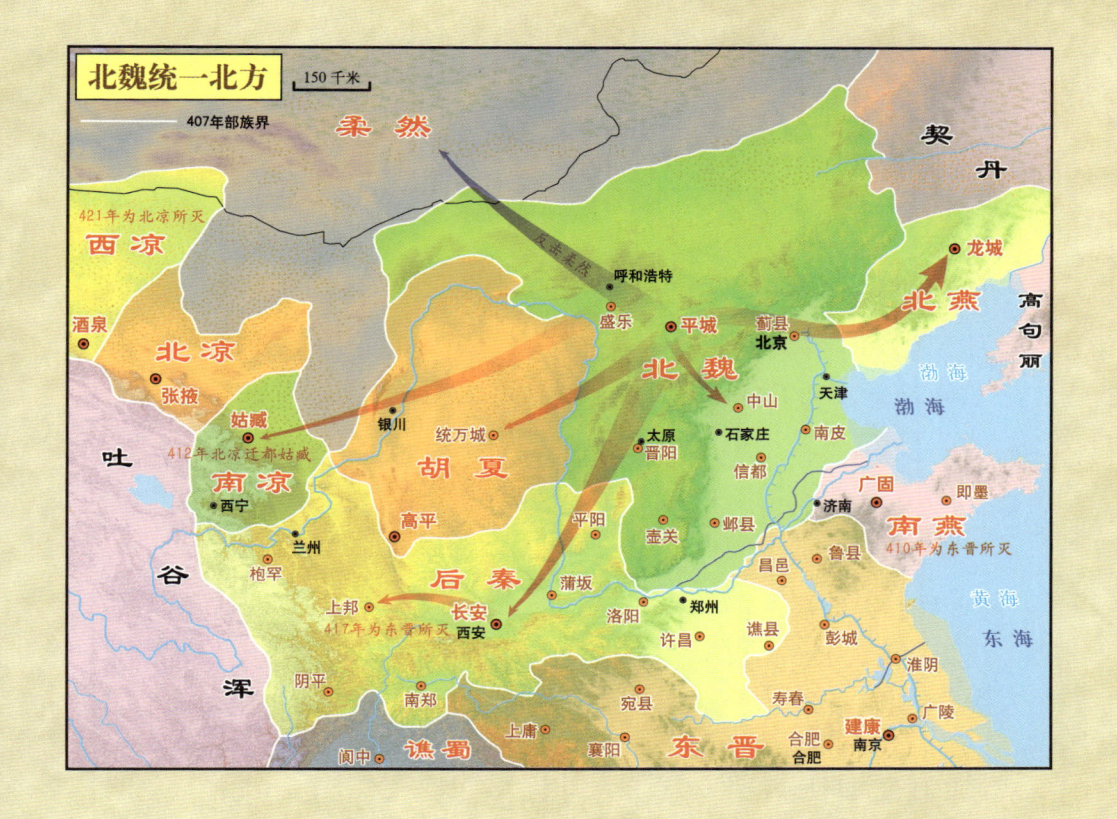

大夏已吞并后秦，所以领土应再加上后秦的主体。这样一来，大夏就有两个核心——北方的统万城和关中的长安。而北魏灭夏正是一路直指统万城，一路西进关中。值得称道的是，进攻大夏时，北魏战略非常灵活。当时大夏雄主赫连勃勃去世，北魏闻讯立即改变先灭柔然的策略，立即进兵破夏。

攻灭大夏之后，北魏和柔然的对立其实很像汉朝和匈奴。柔然人的战略和匈奴一样，是以精锐骑兵乘南方不备，大肆劫掠。北魏的战略则和汉代类似，是集中优势兵力对柔然王庭进行斩首。而且北魏有汉代不具备的两大优势，一是他们富有马匹，骑兵称雄天下，二是北魏的核心区比西汉更北，距离柔然王庭更近。讨伐柔然时，北魏骑兵一人带马数匹，携十余日口粮，往往可以穷追猛打到柔然腹地。

合理的战术配合强大的骑兵，北魏统一北方其实是理所当然的。

时间 452—499

20 大改革家孝文帝

> 焕乎其有文章，海内生民咸受耳目之赐。加以雄才大略，爱奇好士，视下如伤，役己利物，亦无得而称之。其经纬天地，岂虚谥也。
>
> ——《魏书·帝纪第七下·高祖孝文帝》

【人物】冯太后、拓跋弘、拓跋宏、拓跋澄、王肃、李冲

【事件】冯太后主政、迁都洛阳、汉化改革、推行均田

无强君主政的近四十年以后，北魏终于出了雄才大略的改革者拓跋宏。他一生锐意改革，完成了鲜卑民族的汉化。但改革是一柄双刃剑，改革过程中，鲜卑贵族因吸纳门阀制度迅速腐化，北方的六镇急速破落，这一系列危机是拓跋宏没有来得及解决的。

铁腕太后与聪明皇孙

拓跋焘的暴死，推迟了北魏的霸业。在他死后，接近四十年的时间里，北朝都未能有一位强大的君主亲政，所做的只是稳定征服的区域，零零散散地进行汉化改革。

产生这种局面，归根到底在继位的皇帝。拓跋焘死后，他的小儿子拓跋余继位，也就是北魏南安王，当时的北魏应该还不很富裕，但拓跋余继位没几个月就把国库给花光了的"壮举"还是骇人听闻的。所以第二年，

他就被杀害了。接下来继位的是拓跋濬，拓跋濬是拓跋焘的嫡长孙，非常聪明，但是年纪太小，只有十二三岁，也就是北魏文成帝。北魏文成帝在位大约十三年，其间主要平定了内部的叛乱，进行了官制、法律上的少许改动，维持了北魏北方霸主的地位。拓跋濬在位期间，还有一点值得一提，就是破除了父亲的禁佛政令，下诏允许各州县修建佛寺，准许个人剃度出家，还亲自为师贤等高僧剃发。从此，北魏逐渐兴起开凿石窟的风气。

465年，文成帝去世，他的儿子拓跋弘继位，也就是北魏献文帝。拓跋弘的继位年龄比父亲还小大约一岁，这个时候，北朝实际执政的是冯太后。冯太后是拓跋濬的夫人，抚养拓跋弘长大，却并非拓跋弘的生母。因为北魏有一条残酷的旧俗，如果后妃所生儿子被册立为太子，生母要被赐死，防止母以子贵，专擅朝政。拓跋弘生母李氏因此被赐死，拓跋弘由冯皇后养育，视若己出。

冯太后是北燕国的王室之后，北燕末帝冯弘是她的祖父。她出生时，北燕已灭亡六七年。在她十二岁那年，拓跋濬登基为帝，选她为贵人。因为自幼就有家教，加上长期陪丈夫耳濡目染了北魏高层的政治运作，冯太后小小年纪就对皇宫中和朝堂中的一套颇有见解了。所以十岁出头的拓跋弘一继位，正值青年的冯太后就趁势垂帘听政。

冯太后执政之初，太原王乙浑贪权狂傲，认为皇帝年少可欺，阴谋篡位。得到消息后，冯太后立刻展示了雷霆手段，她秘密布置，下令拓跋丕、源贺和牛益等人率军抓捕乙浑，迅速稳定了政局。

就这样执政了几年，北魏皇兴元年（467）八月，拓跋弘十四岁时，皇

中外对比

476年，北魏孝文帝拓跋宏十岁，继位五年。
476年，西罗马帝国灭亡。

时间 452—499

长子拓跋宏出生。冯太后喜得长孙,决定停止临朝,不听政事,担当起抚养皇孙拓跋宏的责任。而亲政的拓跋弘,则开始培养和安插心腹,公开除掉冯太后的亲信。这一点是冯太后无法容忍的,五年后(471),她再次采用雷霆手段,利用声威与势力逼迫拓跋弘禅位给5岁的太子拓跋宏,自己做太上皇。冯太后被尊为太皇太后,借着抚育拓跋宏的机会再度临朝听政,成为北魏政治核心。

大权虽然到手,可废立君主导致政局动荡,北魏的鲜卑贵族此时多年没有大战,迅速腐化贪污,屡屡犯罪。为实现长治久安,巩固权力地位,冯太皇太后恩威兼施,笼络贤能的人做亲信,组成效忠她的核心圈,打击不法的人,奖励清正廉洁的人,重用有才干的人,甚至破例重用有才干的太监。很快,局势得到稳定,北魏的政治、

北魏 彩绘骑马人陶俑

科学发明

乱世出精钢

魏晋南北朝是用武的时代,在军事需求的推动下,南北朝的炼钢术升级很快。当时南朝的《天工开物》等著作中详细记载了低成本的炼钢法,当时还出现了一种百炼横法钢。北朝也不示弱,大夏的赫连勃勃曾经下令制作百炼钢刀,名为大夏龙雀,是当时难求一件的宝物。北齐的怀文则发明名为宿铁刀的钢刀制作方法,这种刀能够斩破三十札的盔甲。

经济和风俗习惯都更加趋于汉化。大规模改革的时机逐渐成熟了。

在大刀阔斧地执政和渐行改革的过程中，小皇帝拓跋宏长期跟在祖母身边耳濡目染，深深意识到改革的必要，而且得到了很多锻炼的机会。就这样，在和祖母一起执政十九年后，北魏太和十四年（490）九月，冯太皇太后去世，拓跋宏全面亲政，开始自己的改革事业。拓跋宏也就是元宏，是中国历史上赫赫有名的北魏孝文帝。

要么南征，要么迁都

在南北朝时期，南朝宋齐梁陈，其实都是在刘裕开创的南朝宋基础上进行的内部权力更迭。北朝有北魏、西魏、东魏、北齐、北周等五个政权，虽然势力更迭更频繁，局面更复杂，但万变不离其宗，这个宗就是北魏。从南北朝北方的分裂统一，到日后隋唐的天下一统，线索的起点都在北魏，在孝文帝的改革，在迁都洛阳。

说回孝文帝，拓跋宏在历史上之所以著名，就是因为他的改革。亲政后，拓跋宏继承冯太皇太后遗志，重用汉族士人，在各方面进一步实施改革，全盘推行汉化。他模仿汉族王朝礼仪，作明堂、建太庙、正祀典、迎春东郊、亲耕籍田，祭祀舜、禹、周公、孔子，允许群臣守三年之丧。

北魏太和十五年（491）十一月，拓跋宏仿照汉人官制，大定官品，考核州郡官吏。同年冬天，设太乐官，议定雅乐，依据儒家六经，参照各国音乐志，制定声律。

大刀阔斧的汉化改革之外，拓跋宏又大胆决定迁都到千里外的洛阳。

当时北魏的首都是平城，这里地理位置偏北方，好处是位于拓跋氏祖地附近，靠近放牧的草原，利于抵挡北方柔然的侵袭。但弊端也很明显，随着人口越来越多，天气寒冷，经常有风沙的平城无法粮食自给，不得不依赖运粮供养。可是这里又群山环绕，进出不便，又不能修运河，运输成本太高。退一步讲，就算不考虑吃喝，日后北魏大军南下，统一南朝，国都也显然是在南方一些较好，不然如何及时指挥前线、统治中原？所以迁都可不是拓跋宏的心血来潮，早在北魏第二位皇帝明元帝时期，就有过迁都的想法，虽然没有实行，但北魏长期不得不将过剩的人口外派到粮食产地就食。拓跋宏耳闻目睹了这一切，于是暗自有了迁都的打算，但又担心大臣们反对。

于是，拓跋宏想出了一个很让人意外的法子。493年，一次上朝时，拓跋宏提出要亲征南朝齐。（此时刘宋已经灭亡，因为南朝相对偏安，宋齐更替会在后续讲到）任城王拓跋澄带头反对。拓跋宏生气地说："天下是我的，你想干涉我用兵吗？"

拓跋澄反驳说："天下虽然是你的，但我是朝廷大臣，明知用兵危险，有责任反对！"

拓跋宏只好宣布退朝，单独召见拓跋澄，说："我出兵伐齐，其实真正的意图是借机会带文武官员迁都洛阳。你反对吗？"拓跋澄恍然大悟，表示支持。

于是拓跋宏像模像样地开始准备"南征"：立拓跋恂（xún）为太子，发布文告宣告南伐南朝齐，下诏在扬州、徐州征集民丁扩充军队，派拓跋羽持节去安抚北方六镇，调发精锐骑兵随驾出征。

八月，拓跋宏率群臣百官以及一百余万步骑兵从平城出发，浩浩荡荡南下。他命拓跋丕和拓跋羽负责留守平城，任命拓跋干为车骑大将军，与穆亮等人共同镇守关中。

北魏军列队出城，一路之上，阵容整齐，浩浩荡荡，所过之处，秋毫无犯。他们过恒州、肆州，在当年九月底到达洛阳。

当时，阴雨连绵，北魏军只好就地休息待命。秋雨足足下了一个月，到处都泥泞不堪，车马和辎重难以运送了。政治经验很丰富的拓跋宏这时却突然"任性"起来，无论如何都要继续进军。大臣们慌了，纷纷出来劝阻。

拓跋宏暗暗掂量着大家的心思，等到所有人都急得不行，苦苦哀求不要南征时，才说："我们兴师动众，如果半途而废，岂不是给后代人笑话？

如果大军不南进,就得把国都迁到这里。你们认为怎么样?"

拓跋宏又说:"这事不能犹豫不决。同意的往左边站,不同意的往右边站。"

大家面面相觑,没有说话。但"两害"之中也只能取其轻了。知道内幕的拓跋澄称职地站出来当托儿,他率先站到左边,说:"只要能停止南征,我愿意迁都洛阳。"许多文武大臣虽然不赞成迁都,但为了停止南征,也站到左边。

因为人马齐备,494年,拓跋宏正式宣布迁都洛阳。拓跋宏的这一步,是中国南北朝相争时期,南北统一的一大步,为北朝统一南朝埋下了伏笔。

拓跋宏难以预料的是,因为国都南迁,原都城平城的地位变得尴尬,北方围绕平城防御柔然的六镇,也从国家重地,沦为苦寒之地。这些手握重兵、地位却卑贱的边镇,直接动摇了北魏王朝的根基。

北魏 孝文帝礼佛图

《帝后礼佛图》是龙门石窟宾阳中洞东壁上的浮雕。它创作于北魏年间,是中国古代浮雕的重要作品,后被盗卖至国外。《北魏孝文帝礼佛图》是其中一部分。

时间 452—499

5 均田·易俗·汉化

北魏以前，北方所有在晋末大混乱中建立的王朝都十分短寿，很多甚至没有完全脱离军团的性质。这和北方民族与汉民族迟迟没有统一的生活方式关系非常大。自草原而来的民族，往往文化落后于汉民族，却大量沿用管理部落的经验去管理北方，导致各民族的矛盾激化。再加上统治者常常穷兵黩武、残暴奢靡，王权也就难以久远。但北魏是北方第一个长久政权，历时近一百五十年，很重要的原因就在于以拓跋宏为代表的汉化改革。先进的统治方式，胡汉风俗的一统，让分裂的北方有了统一的基础，汉民也就不再日夜期盼南方那腐化的王师了。

民以食为天，而食物来自土地。孝文帝的当务之急，就是进一步深化前代的均田制度。虽然早在道武帝拓跋珪时，北魏就开始把荒地、耕牛分配给百姓，但北魏政权还是占据了大量牧地。因为他们是游牧民族出身，到哪儿都得带着牧群，中原没有那么多草原，他们就圈占民田作为牧场、猎场，占据的土地多到百姓无田可种。孝文帝的做法就是打开这些林苑、牧地，把它们分配给百姓。很快，田土荒芜的北方再次被开垦，北魏的粮食产量大大增加。不过均田实施起来也是有很多困难的，比如荒地大多在边远的州郡，不同乡村往往土地多少不一。孝文帝只好施行鼓励政策，鼓励百姓离开家乡去荒地多处开垦。在人口数量大的地区，他则小心地照顾人们安土重迁的心理，规定某一姓的土地在分配顺序上必须优先其亲人，严禁土地充足之处无故调走百姓。这样一来，均田的压力才小了不少。均田还有一个好处，就是百姓和田地都登记在册，税收就不再是糊涂账，稳定的税收是国家强大的重要根源。

衣食足而知礼节，基本解决田土问题，迁都洛阳后，孝文帝开始在鲜卑风俗上大做文章。因为这数以百万的鲜卑人涌入中原，如果处处标新立异是很容易引起大乱的，所以这套改革涉及衣食住行方方面面。当时，鲜卑人习俗是编发左衽，男子穿袴褶，女子衣夹领小袖，多数人不会说汉语，朝廷的汉官只能学鲜卑语；新迁洛阳的鲜卑人，没有房子住，没有存粮，不会搞农业，一心想着以前的生活。为此拓跋宏大刀阔斧，直接开始全面汉化。

北魏太和十八年（494）十二月，在王肃、李冲等汉族士人支持下，拓跋宏下诏，禁止士民穿胡服，规定鲜卑人以及其他少数民族一律改穿汉式服装，朝廷百官改穿汉式朝服。几天后，他下诏免除新迁洛阳的胡人三年租赋，鼓励他们在新授予的土地上耕种；招收新迁洛阳的胡人为羽林、虎贲，充当禁卫军。

495年，拓跋宏又召集群臣，发布诏令，不再以鲜卑语为官方语言："在朝廷说胡语，一律免官。"当月，他又发布诏令，规定迁到洛阳的鲜卑人死后要葬在洛阳，不得葬在平城。将从代郡迁到洛阳的鲜卑人全部登记为河南郡洛阳县人。他又依据《周礼》制度，下诏去长尺，废大斗，改重秤，统一北方因为政权分立而千奇百怪的度量衡。

这一年八月，洛阳金墉宫建成。拓跋宏下令在洛阳城内设国子学、太学、四门小学，保证鲜卑贵族接受汉化的教育。九月，平城的六宫后妃以及文武大臣全部迁到洛阳。

汉服俑和胡服俑

汉服和胡服各有特点，差异看起来一目了然。

北魏太和二十年（496）正月，拓跋宏连鲜卑人的姓氏都改了，因为从姓氏会和汉人产生区别。他亲自带头，把皇家的拓跋改为汉姓元。拓跋宏都变成了元宏，底下的鲜卑贵族也纷纷改姓，独孤氏改为刘氏，乌洛兰氏改为兰氏，如此种种。

为促进各民族进一步融合，元宏大力提倡鲜卑人与汉人通婚。他带头纳北方大世族的女儿为妃，并亲自为六个弟弟中的五个选取汉族门阀的女儿做王妃。通过这种互通婚姻形式，鲜卑贵族与汉族世族门阀紧紧联系在一起。

元宏还采用魏晋的门第等级制度，学着中原的门阀，在鲜卑贵族中分姓定族，根据等级高低分别授以不同官位、给予不同特权。北魏的世族门阀迅速形成，成为从朝廷到地方的统治力量。

鲜卑姓与汉姓对照表

拓跋——元	薄奚——薄	贺拔——何
纥骨——胡	正娄——娄	叱吕——吕
贺鲁——周	屈突——屈	是娄——高
丘敦——丘	解毗——解	屋引——房
车焜——车	丘林——林	辗迟——展
独孤——刘	素黎——黎	费连——费
贺楼——楼	库狄——狄	去斤——艾
叱罗——罗	叱干——薛	叱卢——祝
贺葛——葛	出连——毕	温盆——温
邱穆陵——穆	他骆括——骆	步大汗——韩
步六孤——陆	俟力代——鲍	温石兰——石
援列兰——梁	吐伏卢——卢	纥豆陵——窦
勿扭于——于	莫那娄——莫	侯莫陈——陈
阿鹿桓——鹿	没路真——路	独孤浑——杜
破多罗——潘	胡古可引——侯	贺赖、贺兰——贺
阿单、渴单——单		

鲜卑是在北方游牧了千百年的民族，元宏的改革注定会引起巨大的反抗，而且洛阳温暖湿润，气候也让鲜卑人大感不适，连他的太子元恂都带头抵制汉化，天天吵着要回平城。

当年八月，抵制汉化的太子元恂密谋带亲信回平城。事发后，元宏废掉元恂的太子位，借机杀掉一些反对迁都变俗、改革官服、改说汉语的鲜卑贵族及其后裔。

当然，反对改变的鲜卑人不在少数，为缓和矛盾，元宏又特别下令：鲜卑旧贵和北方各少数民族酋长，承受不了暑热的，允许秋冬居洛阳，春夏回部落。算是网开一面。

这一系列改革主要发生在太和年间，所以史称"太和改制"。

拓跋宏是一位大刀阔斧的改革者，也是胸怀壮志的皇帝。499年，怀着"迁都嵩极""南荡瓯吴""仰光七庙，俯济苍生"的壮志，拓跋宏因病去世。

在他的梳理下，北朝的官制、民生都逐渐有了中原王朝该有的样子。

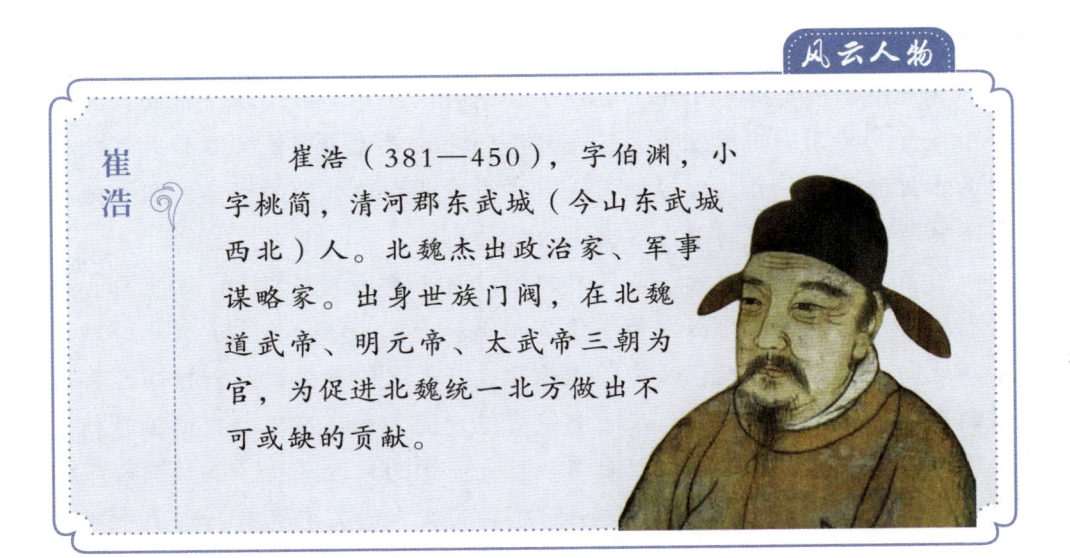

风云人物

崔浩

崔浩（381—450），字伯渊，小字桃简，清河郡东武城（今山东武城西北）人。北魏杰出政治家、军事谋略家。出身世族门阀，在北魏道武帝、明元帝、太武帝三朝为官，为促进北魏统一北方做出不可或缺的贡献。

地图专题 北魏迁都

性质：北魏为解决粮食、气候、外敌侵略问题并在中原建立统治的必由之路。

各方势力：鲜卑保守派；鲜卑中立派；鲜卑改革派。

意义：鲜卑民族迅速汉化，以华夏继承者之一的姿态出现在历史舞台上。

透过地图说历史：

前文已经讲过孝文帝迁都的经过，可能很多读者会觉得强征大军南下，中途却停下建都的行为比较荒诞，但在那个历史时期，孝文帝实在有不得已的苦衷。

北魏最初的都城是平城，也即如今的大同，距离洛阳城直线距离就达一千多里，其间山川阻塞，为了来到洛阳北魏孝文帝可能需要带大军跋涉近两千里的距离。作为理性的君主，孝文帝明白这样做的艰辛，但令他不得不冒险的是北魏建国以来就出现的种种危机。

首当其冲的就是粮食。北魏自建国以来，都城远居塞上，这里自古就是农耕条件比较差的地区。为了保证首都和六镇的粮食，自道武帝时期就不断地向平城附近移民、授田，但粮食生产也只能勉强供应六镇而已。这里的自然灾害则非常频繁，经常有粮食绝产的年份，可王都又偏偏时刻聚集着大量不事生产的贵族，粮食消耗巨大。因为粮食危机，北魏只好将京城的百姓送到山东"就食"。这个问题其实汉代的关中也有，但关中有黄河、渭河可以漕运，而平城周围群山环绕，地势颇高，以水运粮几乎没有可能，以人畜运粮也万分艰难。

北魏迁都洛阳

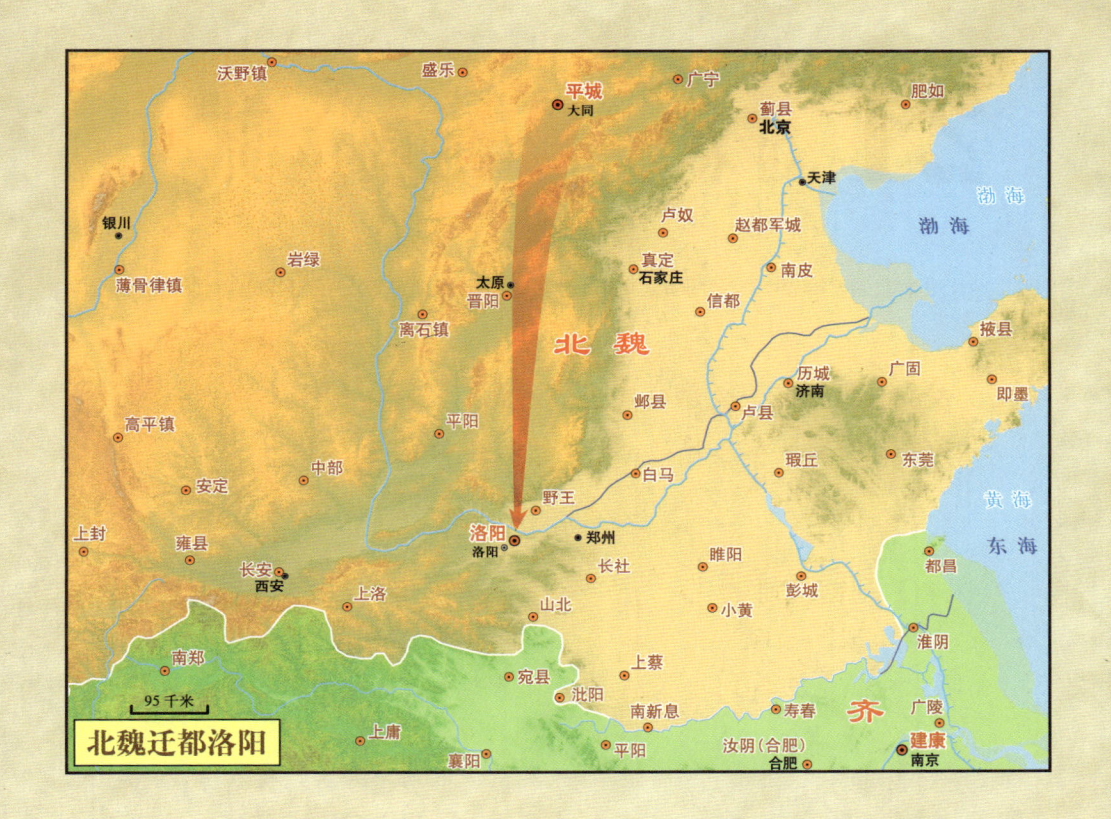

其实迁都不是孝文帝的发明，早在明元帝时北魏就想过迁都邺城，走出太行山脉。只是那时北方还不稳定，在邺城不便于支援北方，所以明元帝为了军事安全强行压制了粮食危机。到了孝文帝时期，北方一统，平城人口更多，以至于有时要关内州郡每十家出一头大牛，向塞上运粮，其间的花费损耗可想而知。

与粮荒齐头并至的是柔然侵扰，当时柔然北方的高车族不安分，频繁袭扰柔然后方，柔然又屡屡遭遇暴雪，人畜死伤惨重。为了弥补损失，柔然的南侵几乎疯狂，北魏太和三年（479）甚至有三十万大军南下、威逼平城于七百里外的险状，对王都的安全造成极大威胁。

此外，平城作为王都，满足尚处在部落时代的鲜卑贵族还算可以，等到鲜卑贵族逐步汉化，生活奢靡，平城恶劣的气候就实在令他们厌恶了。当时有《悲平城》歌谣，充分说明了这里气候的恶劣：悲平城，驱马入云中。阴山常晦雪，荒松无罢风。

时间 452—502

21 刘宋萧齐，丑剧重演

> 令同财之亲，在我而先弃，进引之爱，量物其必违。疑怯既深，猜似外入，流涕行诛，非云义举，事苟求安，能无内愧。既而自树本根，枝胤孤弱，贻厥不昌，终覆宗社。
> ——《南齐书·本纪第六·明帝》

【人物】刘劭、刘子业、萧道成、萧赜、萧昭业、萧宝卷

【事件】刘宋宗王内争、萧道成建齐、萧齐内斗、萧衍建梁、门阀相轻

自寒门庶族崛起，南朝宋取代东晋，南朝统治者同族相残，乘乱篡位的丑剧就没有改变，刘宋灭亡以后，萧齐又模仿南朝宋表演一次"禅让"。二十多年后，南朝齐又被迫禅让。南朝陷入"权臣轮流做皇帝"的怪圈中。

宗室内讧，萧氏夺权

452年，似乎是南北朝局势的一个转折点。这一年，拓跋焘去世，刘义隆趁机发起第三次北伐，但以失败告终。此后，北朝近四十年没有强力的君主亲政，好容易出现了雄才大略的孝文帝，可孝文帝才主政不满十年就去世了，他"南荡瓯吴"的志愿自然没有机会实现。

那么在北魏近四十年没有强力主君亲政的期间，南朝为何没有趁乱北伐？南朝统治者的腐化和内讧是重要原因。

说来很巧合，在拓跋焘被宦官所杀后不到一年，453年，刘义隆就被亲生儿子所杀。起因是一起巫蛊事件。当时刘义隆定下的太子是刘劭，刘劭和兄弟始兴王刘濬关系很好，这两人私下里做了不少坏事，生怕被刘义隆知道，于是就找到女巫施法诅咒刘义隆，结果被发现了。刘义隆原本宽恕了两个儿子，但他们屡教不改，表面认错实际仍然包庇着施法的女巫。刘义隆非常失望，有了换太子的想法，不承想消息走漏，还未及动手，就被刘劭带人闯入寝宫杀害了。

刘义隆一死，南朝宋的辉煌时刻便过去了，短短三十多年，换了五个皇帝，骨肉相残，难得安宁。五个皇帝中，刘义隆之后继位的孝武帝刘骏在位最长，杀人罄竹难书，动辄杀戮兄弟、屠戮城池。刘骏死后，前废帝

帝鉴图说·笑祖俭德

刘宋开国以来，两代君主都堪称楷模。然而，这种优良家风并没有传续下去，刘宋继承人的价值观飞速地扭曲着。到了刘骏这一代，不仅自己生活奢侈，而且开始嘲笑祖先的简陋。此图即描绘了刘骏大修宫殿、拆除刘裕居室时对其内简陋的陈设发笑。

时间　452—502

> **中外对比**
>
> 479年，萧道成建立南齐，刘宋灭亡。
> 481年，法兰克王国建立。

刘子业当政，南朝宋的局势更加失控。

刘子业残暴无比，对大臣说打就打，如同对待奴隶，对待宗室王公说杀就杀，如同对待仇敌。刘氏宗王内乱不断。残暴的刘子业一年就被废掉，他的叔叔刘彧当上皇帝，也就是刘宋明帝。明帝以明为谥号，杀人一点儿也不含糊，他采取各种手段，成功消灭侄儿刘子勋，平定江南和淮南各地，并将拥护刘子勋的那一派宗室杀光。最终，刘彧为了保证皇权，不仅把孝武帝的儿子杀了个干净，还把自己的五个弟弟杀了四个，有能力的宗室、功臣和世族门阀不是被杀，就是遭到猜忌。

人是杀了不少，但总归无法杀尽，南朝宋内部的斗争于是一发不可收了。如果这场骨肉相残是在东晋发生，那宗王之争可能止于政斗。但刘裕在位时做了这样的布置：为了打压门阀大族，他一方面启用寒门士人掌管机要大事，另一方面依靠血缘亲情，把重要的方镇交给宗室诸王，把荆州分给诸位皇子。所以，南朝宋这场宗王内争才如此严重。南朝的人们看惯了子杀父、弟杀兄的丑事，对刘宋政权逐渐鄙夷。

掌握兵权的宗王们既然离心了，这个政权的根基也就坏了，在刘彧任内，一些地方实力派纷纷投降北魏，淮水以北的地区白白落入北魏手中。

南朝民谣

遥望建康城，
小江逆流萦。
前见子杀父，
后见弟杀兄。

472年，刘彧去世，他的儿子刘昱继位，也就是刘宋后废帝。刘彧死后不到两年，他"硕果仅存"的一个弟弟江州刺史刘休就起兵造反、攻打建康，骨肉相残的丑剧再度上演。在这种情况下萧道成脱颖而出。

萧道成祖上是兰陵（今山东枣庄）人，是衣冠南渡到的江南。萧家自称是萧何后裔，但其实能崛起的最大原因是刘裕的继母出自萧氏。凭着这层关系，萧家显贵起来，积累功劳当上了南朝地方太守。到了萧道成时，已经登上中领军职位。中领军就是皇城的禁军首领，刘休造反，萧道成就负责守城。

最终结果是，刘休的叛军被击溃，而刘昱不过是一个十岁出头的小孩，立下如此大功的萧道成便顺理成章地掌握了禁军。刘宋本来就是以北府兵为根基建国的，禁军的归属旁落，其命运就可想而知了。刘昱长大一些后，在一众臣子的帮助下应该是想过重掌大权的，一度剥夺了萧道成统率禁军的权力。但这之前，萧道成已经执掌大权三年了，被触碰底线后，同年（477）七月，萧道成收买刘昱的侍从，抢先一步派人弑杀刘昱，掌握朝政大权，并册立刘準为帝，也就是刘宋顺帝。仍忠于南朝宋的大臣袁粲等人举兵讨伐萧道成，均被残酷镇压。

478年春，萧道成全面开始篡位布置：在地方安排子孙或亲信接管兵权，在朝廷中任命亲信担任要职。随后，萧道成晋封相国、齐公，加九锡；晋爵齐王、加殊礼。最后，他又怂恿下属劝皇帝禅让。

按照礼仪，皇帝要到大殿前会见百官，交出玺绶。刘準吓得不敢出

南朝 青釉莲花灯架

面，在宫里佛殿的佛像底下躲起来。萧道成的心腹王敬则率禁军去接刘準。刘準哭着问王敬则："是要杀我吗？"王敬则安慰他说："只是移驾别宫而已，你的先辈取司马家天下，也是如此做的。"刘準明白这意味着什么，哭喊着说："愿我今后生生世世都不要再生在帝王家！"

刘準被架走，褚渊手捧玺绶，率文武百官到萧道成跟前，劝他即位。萧道成假模假样地推辞三遍后，即帝位，国号大齐，改元建元，这一年是479年，萧道成也就是齐高帝。没过多久，刘準就被杀了。

萧道成继位后，模仿当年刘裕，崇尚节俭，反对奢靡，以身作则，任用贤臣掌权，推行检籍法，严令整顿户籍，减轻百姓负担，与北方搞好关系，维护边境的安定。于是南朝齐迅速取代了南朝宋，彻底稳定下来。

祖冲之

南朝宋、齐之际，涌现了一位中国科学史上的重要人物，他就是大科学家祖冲之。祖冲之特别善于运算，曾经给《九章算术》作注，并且史无前例地将圆周率的数值精确到 3.1415926 到 3.1415927 之间，在千年以后才有数学家计算到了同样的精确程度。祖冲之还制定了《大明历》，在《元嘉新历》的基础上引入岁差的概念，比以前的历法更为精准。除了这些成就外，祖冲之还是出色的机械师，仅仅依据简单的历史记载或残破的实物，就成功复原了历史上记载的指南车、千里船、木牛流马、欹器。

5 萧齐内斗，丑剧重演

篡位四年后，萧道成去世了。483年，其长子萧赜（zé）继位，即齐武帝。如果看帝王数量，南齐共有七帝，和南朝宋的八帝相当，但朝代长度却不及南朝宋的一半，只有二十三年。南齐二十三年，有约十五年是齐高帝、齐武帝父子主政的，政治还勉强可以，其余时间完全是南朝宋骨肉相残、内乱不休的丑剧重演。

南齐初建时，为了稳定政局，萧道成父子采取了不少积极措施。比如减免百姓欠下前朝的债务，减轻市税等。尤其是萧赜，经常关心百姓疾苦，发布过很多听起来不错的政策，比如下诏酌情遣返军中的囚徒；对于鳏寡和贫穷的人，要加以赈济；提倡并奖励农桑；灾年时，要减免租税；兴办学校，挑选有学问的人任教，培育人才。此外，他还与北魏通好，维护边境安定。

齐高祖萧道成

《文心雕龙》

501年，《文心雕龙》成书，它是南朝齐文学理论家刘勰创作的一部理论系统、结构严密、论述细致的文学理论专著。它是中国文学理论批评史上第一部有严密体系的、"体大而虑周"的文学理论专著。

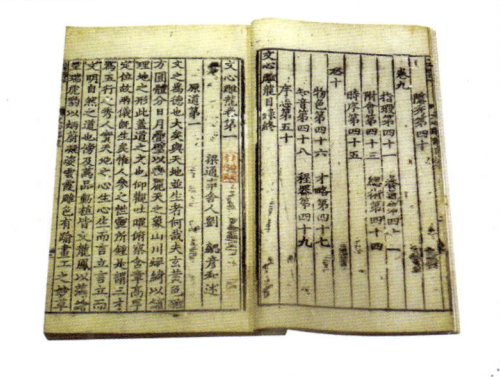

时间 452—502

这些政策的初心是好的，可是，政策始终是为王室服务的。如果花钱的王室奢侈无度，老百姓想轻松又怎么可能呢。以齐武帝为例，他的确不喜欢游宴、奢靡之类事，可是却养了数以万计的后宫姬妾，消耗能少吗？再说南齐宗王，皇帝虽然劝勉他们不要封山占湖，可是仅齐武帝的弟弟一个人就养了上千后房。这笔支出从何而来呢？所以，为了满足南齐统治者奢靡的生活，种种暗地里的敛财仍在进行，以至于南齐府库里聚集的铜钱多达五亿万，金银布帛更是无法统计了。

连南齐武帝这样还算有作为的君主都无法节俭用度、约束子弟，何况此后更迭频繁的继承者……而且，南齐也没有解决王室内斗的问题。

这场内斗起于齐武帝时期，齐武帝的文惠太子早亡，文惠太子的儿子萧昭业被立为太孙。这在继承上倒也合情理，可是齐武帝的二儿子萧子良太过优秀了。他历任太守、刺史、司徒等要职，而且广招文学之士，招揽了很多人才，就连日后取代南齐的南梁开国皇帝萧衍都在萧子良招募的文学之士中，可见其名声、经验俱佳。相比这位叔叔，萧昭业就是个深宫长大的小孩子。

所以493年齐武帝病死时，朝廷分为两派：一派主张立萧昭业为皇帝，一派主张立萧子良为皇帝，双方剑拔弩张，互不相让。最终太孙萧昭业继位，贤良的萧子良饱受猜疑，忧惧而死。

萧昭业登位后，他的行为很快就惊呆了所有大臣。

萧赜尚未下葬，萧昭业就令人奏乐歌舞。歌姬尚且怀念先帝，边献艺边流泪，萧昭业却在宝座上嬉笑欢饮。萧昭业还有个赏钱的爱好。当皇帝后，他任意赏赐亲近的人，一赏就是数十万。有次看见金银宝锭，他自言自语地说："我从前想拥有你们一个也难，看我今天怎么用你们！"御库中共有八亿万钱，金银布帛不可胜数。他继位不到一年，就已经挥霍大半——都赏赐给宠信的左右、宫人。他的宫中遍布文物宝器，有人以抛掷击碎文物宝器为乐。

最终，荒唐的萧昭业没有被能干的叔叔夺权，却被辅政的萧鸾（萧道

奇闻逸事

皇帝爱经商

萧宝卷特别喜欢屠夫商贩。他曾在宫苑中设市场,让太监杀猪宰羊,宫女沽酒卖肉,潘妃充当市令,自己担任潘妃副手,遇到纠纷,就交付潘妃裁决,玩得像模像样。

成的侄子）夺了大权。萧鸾杀了萧昭业,立了萧昭业的弟弟萧昭文。

不到四个月,萧鸾又废萧昭文为海陵王,自立为皇帝,改元建武。

萧鸾当上皇帝后,因皇位来得名不正言不顺,对宗室特别防范。为压制宗室,他设立典签监视诸王,寻找借口残杀宗室,将萧道成与萧赜的子孙杀得一个不留。

499年,萧鸾在位四年死去,他的儿子萧宝卷继位。萧宝卷年少时不读书,喜欢捕捉老鼠、玩游戏。萧宝卷继位后,很少说话,不喜欢跟大臣接触,常常出宫闲逛。他每次出游,都要拆毁民居、驱逐居民,还大量赏赐亲信随从,以致造成朝廷财政困难。他还喜欢杀害大臣。

所以在他任内,萧遥光、王敬则、崔景慧被迫先后起兵,但都兵败被杀。叛乱被平定,萧宝卷认为自己有天命,谁也奈何不了他,于是更加昏庸残暴。

萧宝卷没忘了爷爷萧道成是怎么得来的天下,打退了叛乱不久,就除掉了平叛立有大功却对他不满的尚书令萧懿。

可此时,天下已经离心离德了。萧懿其

无量寿佛像碑

实和齐武帝是族兄弟，和萧宝卷沾亲带故。萧懿这一脉为萧宝卷父子立有大功，本是支持他们父子的重要力量。可萧宝卷却杀了萧懿，和这一脉决裂了，南齐的气数自然基本到了尽头。

萧懿死后不久，他的弟弟萧衍联合把控荆州的实权人物萧颖胄一起发兵，萧宝卷根本不是对手。见萧宝卷奈何不了自己，萧衍便拥立萧宝卷的弟弟萧宝融在江陵继位，博得大义的名声，然后亲自率军进攻建康。萧宝卷在乱中被杀。

萧宝融当时只是个十四五岁的孩子，根本没有实权，攻下建康后，他就重蹈了刘宋末帝的覆辙，不得不"禅位"给萧衍。萧衍继位时是南朝齐中兴二年（502）四月，他改国号为梁，建立了南朝第三个朝代，萧衍就是梁武帝。从起兵反抗，到扶持傀儡萧宝融，再到取而代之，萧衍其实只用了一年多时间。

帝鉴图说·金莲布地

萧宝卷为政荒唐，但对爱妃潘玉儿极为宠爱，为了衬托潘玉儿绝美的身姿步态，他特地在皇宫地板镶嵌用黄金打造的金色莲花，潘玉儿每走一步，脚下都好像有一朵金莲生出，这就是成语"步步生莲"的由来。

南朝的门第鄙视链

说来有趣，在南朝这种门阀盛行、门第观念根深蒂固的地方，高门大族最后奉立的，却是两个出身寒门的王朝。南朝宋和南朝齐，都是由寒门将帅起家的。他们登上皇位，其实也反映了南朝内部很有趣的一种争斗，世家大族和寒门将帅的争斗。

按理说，东晋时世家大族扶持了南迁的政府，完全把控了政府的要职，在地方又占据众多的田园，收纳着大批农民作为奴婢和附庸，朝廷是根本没有机会重用寒门的。但没想到，就是这种世代为官、高高在上的心态架空了他们自己。

由于东晋的高门大族子弟随随便便就可以升迁到公卿职位，不需要凭借政绩，又都过惯了养尊处优的日子，所以他们都喜欢做那些地位高却事情少的职位，反感危险的军职和劳苦的实职。可事情还是要有人做，所以，高门大姓就吸附了一大批不怕辛苦，能做实事的寒门子弟为将帅和实职。

时间一长，寒门将帅逐渐掌握了军队的实际指挥以及朝中的实职，高门子弟却远离政坛，逐渐堕落，地位虽然依旧，能力却堕落到只会空谈完全担不起政军大事了。

拟行路难（其六）

鲍照

对案不能食，拔剑击柱长叹息。
丈夫生世会几时？安能蹀躞垂羽翼。
弃置罢官去，还家自休息。
朝出与亲辞，暮还在亲侧。
弄儿床前戏，看妇机中织。
自古圣贤尽贫贱，何况我辈孤且直。

时间　452—502

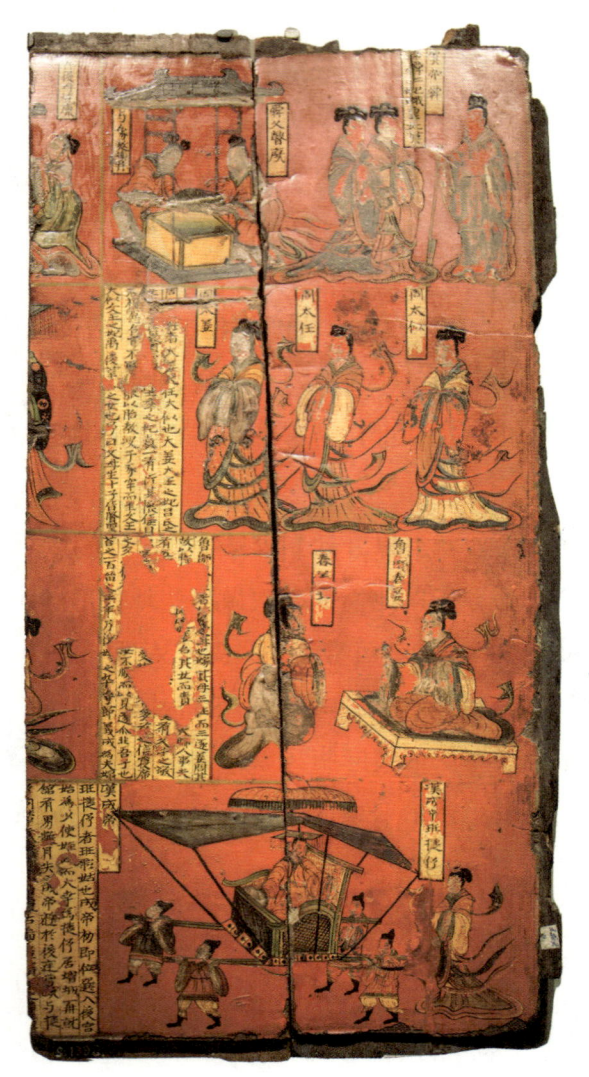

北魏　彩漆列女图屏风残件

哪怕时隔一千多年，这幅屏风依旧明艳动人，它以刘向《列女传》中的女子故事为题材，技法则颇有东晋名家顾恺之的风范，是一件禁止出境的国之重宝。屏风上的文字，是极其少见的北魏传世墨迹。

让世家大族雪上加霜的是，皇帝因为权力受到大族的制衡，所以也乐意任用寒族。于是，南朝很有名的现象"寒人掌机要"出现了。要是再赶上君主幼弱、昏庸不能理政，那么当政的寒人简直就成了布衣天子。比如刘宋孝武帝死后，寒门权臣戴法兴大权独揽，民间直称其为"真天子"。南齐时代也是一样，纪僧真、吕文显、茹法亮都是寒门小吏起家，最后权倾天下。至于南朝宋开国皇帝刘裕，南朝齐的开国皇帝萧衍，更是寒门将帅夺政权的典型了。这两个朝代的皇帝不光大量启用不质疑他们出身的寒人，而且大量委派宗亲去地方称王，所以南朝宋和南朝齐都爆发了骇人听闻的内乱丑闻，世家大族此时却几乎被架空了，只剩下崇高的地位。

在这样寒门掌握实权、高门大族被架空的情况下，南朝奇怪的鄙视链诞生了。

世家大族享有高人一等的社会地位，无论和他们打交道的人有什么政治和经济地位，只要没有崇高的门第，就会被视为奴仆草芥，根本不能与之为伍。即便对方是皇亲国戚，独揽朝权也照样鄙视不误。

比如南朝宋的孝武帝时期，皇帝的舅舅有个孙子叫路琼之，和王僧达是邻居。王僧达门第很高，路琼之可能觉得自己是皇亲，虽然以前是寒门，但现在也可以交往了。但王僧达一直把路琼之晾在一边，好久才说了一句话："我们家之前有个马车夫叫路庆之，是你什么人啊？"说完还叫人把路琼之坐过的椅子烧了。

路琼之羞愧难当，却不敢接一句话。路庆之就是孝武帝的舅舅，路琼之的爷爷。这种当朝显贵，在门阀眼里却只是些奴才罢了。更离谱的是，就连南朝宋和南朝齐的皇族也不敢干涉，只能嘻嘻哈哈打圆场了事。

不仅是寒门权贵受鄙视，就连同属门阀，同一个姓氏之内，也要以血脉出身分个三六九等，上等的看下等的，和看低贱的寒姓区别都不是很大，门不当户不对的联姻更是因为玷污高贵血统而成为整个家族之耻辱，连皇帝也难以强求。

就是因为南朝日益发达的鄙视链，高门大族满脑子都得想着怎么标新立异、凸显出身，哪怕是同姓也得细分出个三六九等。为了把这门学问弄清，南朝甚至出现了专门研究各个大姓家谱的专家，官府招人往往必须得请教专家，核验来人的家谱是否造假，才能决定录用。家谱学也就兴起了。

世族门阀的鄙视链，无意中却为中华历史留下了很多宝贵的细节资料。

南朝著名诗人鲍照，就是因出身寒微而屡屡不得志，在他的《拟行路难》诗里，我们可以清晰地看到门第制度下寒门有识之士的悲鸣。

时间 499—528

22 六镇起义——北魏丧钟

> 及武泰元年，尔朱荣称兵渡河，太后尽召肃宗六宫皆令入道，太后亦自落发。荣遣骑拘送太后及幼主于河阴。太后对荣多所陈说，荣拂衣而起。太后及幼主并沉于河。
> ——《魏书·列传第一·宣武灵皇后胡氏》

【人物】元恪、胡太后、元叉、刘腾、尔朱荣、破六韩拔陵、阿那瓌可汗

【事件】鲜卑贵族腐化、胡太后专政、僧侣起义、六镇起义、河阴之变

孝文帝改革未已而中道崩殂，繁华的大洛阳中于是充满了黑暗的角落。贫寒的僧侣、苦难的百姓、被遗忘的军户，如同星星之火，转眼呈燎原之势。而北魏政府却自毁长城，买敌之矛，破己之盾，终于落得王权旁落，血染河阴。

大洛阳的繁华与腐朽

自494年孝文帝迁都洛阳，直到524年的六镇起义，三十年间，北魏民族矛盾有所缓和，社会经济有所发展，洛阳城复现了东汉时的帝都之风。在孝文帝改革以后的三十年，洛阳城的户数一度激增到十万九千，城内"门巷修整，阊阖填列……天下难得之货，咸悉在焉"，北方的各族"自葱岭以西，至于大秦，百国千城，莫不款附"。

然而在这样的繁荣外皮下，北魏却仍是一个钱币少有流通的时代。虽然孝文帝铸造了太和五铢钱币，但是由于魏晋以来常年战乱，商业遭到破坏，钱币的公信力几乎消失，人们都更信任实用的布帛等物，经济远远没有恢复到汉朝的程度。

就是在这种百废方兴的局面下，499年，孝文帝去世，儿子元恪继位，也就是宣武帝。宣武帝为政宽松，入主中原的鲜卑贵族很快腐化了。于是，繁华城市里的改革成果被世族门阀所攫取，立于朝堂之上的统治者日益腐败……大洛阳的繁华和腐朽，就恰似北魏这个朝代的一个缩影。

人物葡萄藤纹鎏金铜高足杯

以孝文帝的弟弟高阳王元雍为例，他的住宅、园林像皇宫一样豪华，拥有六千多名仆人和五百多名侍女，吃一餐饭要花费数万钱。再如曾被称为"饿虎将军"的北魏宗室元晖，在当上吏部尚书后，明码标价卖官，把国之重地吏部，"打造"成了"卖官的市场"，把官吏培养成了"白昼的劫贼"。地方的州郡刺史、太守也想尽办法敛财。征收租调时，他们往往自备长尺、大斗、重秤，虽然租调额度未改，但实际征收量却往往翻倍。

宣武帝在位十六年死去，他的儿子元诩继位，也就是北魏孝明帝。孝明帝当时才七岁，所以母亲胡太后掌控了北魏朝政。可能有读者好奇，按照北魏旧制，儿子被立为太子，母亲不是要被处死吗？的确如此，但胡太后是个特例：她丈夫元恪的儿子频频夭折，妃子们都不愿意生儿子，只有胡太后反其道而行，日夜祈祷早生皇子。胡太后的行为感动了元恪，他不仅将胡氏生的元诩立为太子，还破了"子贵母死"制度。

胡太后禀性聪颖有悟性，多才多艺，既信佛，又擅长射箭，喜欢走出宫门为百姓断案申冤，朝廷选拔的孝廉秀才她有时还要亲自测试。这么一个女子上台后，很快就使政局稳定下来。

然而，掌控局势没几年，胡太后的缺点也暴露了。她对世族比较宠信和放纵，赏赐起来往往失度。有一次，胡太后心血来潮，带王公、妃嫔、公主等一百多人前往朝廷仓库，命令他们凭力气随意扛绸子，能扛走多少，就赏赐多少。那些养尊处优的贵族和门阀一听，顾不得什么体面，纷纷撸起袖子，抢着往家里扛丝绸。

结果，扛得多的，一口气扛走了两百匹丝绸，扛得少的也有一百多匹。最搞笑的是贪婪的尚书令李崇和章武王元融。他们扛了太多丝绸，一不小心摔倒，结果李崇伤了腰，元融伤了脚。胡太后见此情景哈哈大笑，嫌他们没本事，扛丝绸都摔倒受伤，一匹丝绸都不准他们拿走，以惩罚他们"不争气"。

为了支撑这样奢侈无度的玩乐，北朝对农民的剥削很重，农民付不起租调，只好借取高利贷款，这简直是剜肉补疮。黑心的高利贷者每日都要定下利息，一个月后，欠款就能翻到本金的两倍多。老百姓还不起，就得变卖家产，甚至变卖田地，田卖没了，就更还不上。这样一来，北魏初年的均田制就被破坏了，一批老百姓没了田，政府的收税人变少，只好再变本加厉地盘剥，如此恶性循环。

雪上加霜的还有兵役和徭役，南征北战让北魏对兵员和运输物资的民夫有着巨量需求，这又加剧了百姓的破产和死亡。

5 抗争之火，遍起伽蓝

朝廷腐败，繁重的兵役和徭役使大批农民破产。这些破产农民想要活命，一般只有两条路：或者投靠世族门阀，沦为失去独立地位的佃农；或者为逃避赋役进入寺院当僧尼。

根据史书记载，北魏孝文帝承明元年（476），国家统计在册的僧尼总数还不到八万（指黄河流域，但也基本涵盖北魏核心区），到了孝明帝年间，僧尼竟然达到了两百万！这些人投身沙门的原因，显然就是躲避租调和徭役。

在这种社会风气下，那时的伽（qié）蓝之地自然被大量涌入的流民弄得鱼龙混杂，少有净土了。有心人甚至利用宗教为外衣，以斋会为幌子，聚众批判朝廷的弊政，激发贫苦百姓的反抗之心。当时范阳卢氏的卢渊，甚至专门上奏朝廷，觉得应该速速将这些僧尼的领头人处死，否则有可能酿成另一场黄巾之祸。

卢渊的建议是很有远见的，仅仅在北魏宣武帝统治的十五年里，就爆发了四次僧侣起义，分别是：

永平二年（509），沙门刘慧汪起义；

永平三年（510），秦州沙门刘光秀起义；

延昌三年（514），幽州沙门刘僧绍起义；

延昌四年（515），冀州沙门僧法庆起义。

而在宣武帝之前的孝文帝时期，僧侣还发起过两次起义。

僧侣的起义，其实比起宗教行为，更像是流民的起义。因为这些僧侣多数本来就是破产的百姓。他们加入寺庙后，大多没有福分烧香拜佛，靠化缘生活，而是要在寺院里做着种种活计。有的要在寺院的田产里耕种收割，有的要给寺庙修房子修路，还有的要打扫卫生，端茶送水地伺候大和尚。

奇珍异宝

洛阳伽蓝记

东魏时期，杨衒之撰写了《洛阳伽蓝记》。全书按洛阳城的区域分为城东、城西、城南、城北以及城内五个部分，追述了北魏洛阳城内佛教寺庙的繁盛。同时也叙述了尔朱荣作乱的事情，收录了很多当时著名的艺文，是研究洛阳古城的重要史料。

时间　499—528

那些掌管着寺院财产的少数大和尚，很多都无视佛教教律中的寺院财产属于全体僧众的说法，不和大家有福同享，而是拿这些寺产巴结官府、放高利贷，牟取巨额利润。实际上，当时很多僧院的大和尚已经和所谓俗世的大地主相差无几了。

起义的小僧尼们，在外恨透了官府和地主的剥削，对寺庙内大和尚的盘剥自然也咬牙切齿。所以僧尼起义时，不仅攻城略地、大杀赃官，还往往借口"新佛出世，除去众魔"对寺院下手，经常出现屠寺、焚经、毁像的残酷行为，以报复剥削他们的大和尚。

北魏的伽蓝起义，不仅镇抚消耗了北魏政府不少的精力，而且也揭开了北魏末年大起义的序幕。

北魏　镇墓兽

买敌之矛，破己之盾

在僧尼、百姓此起彼伏的起义中，北魏政府自己也出了点儿内乱。

北魏神龟三年（520）七月初，北魏宗室元叉和宦官刘腾等人联合发动政变，把胡太后软禁在北宫，杀死她的亲信党羽，把持了朝政大权。

篡权不到三年，北魏正光四年（523）二月，刘腾就死了。胡太后不是泛泛之辈，抓住机会和元诩、元雍密谋，一举解除元叉职务，再次夺回朝政大权。

然而，元叉、刘腾也好，胡太后也罢，都没有根本解决北魏农民大量逃亡、编户迅速减少的问题，所尝试的只是百姓跑了就派人搜捕。人是抓回来一些，可百姓活不下去，还是会跑，其中激进的百姓索性公开造反。

当时，各族大起义遍布北方各地，名号繁多。起义军包括汉、鲜卑、匈奴、氐、羌、敕勒等各族。

其中，引爆了整场大起义的导火索，就是六镇起义。

所谓六镇在前文也有提及，它们指的是沃野镇、怀朔镇、武川镇、抚冥镇、柔玄镇、怀荒镇。提到这六镇的名字，今天的读者已经很难有印象了，因为它们普遍分布在黄河几字形的东北，所在地是一片山地牧原。

但是如果把这六镇和北魏的前都城平城都画在地图上，六镇的战略意义就一目了然了。六个军事据点，大体列为一个"人"字，沃野镇、怀朔镇、武川镇在西，抚冥镇、柔玄镇、怀荒镇在东，如同大雁低垂双翅，遮挡山川之间的通道，坚盾般护卫着居于南方的平城。它们防御的，自然是北魏的老对头柔然了。

北魏早期，六镇关系国都安危，能镇守这里的是最信得过的精兵强将，北魏的皇族、鲜卑贵族中的佼佼者经常在六镇任职。这些贵族在六镇卫国戍边，立下军功后回朝往往能平步青云。可是随着北魏孝文帝的迁都和改革，鲜卑贵族大量南下，迅速汉化，越发看重汉人的学问，对北方的看重则降低了。可怜还在寒风草原上坚守的镇兵，他们的地位一下从王国之盾变得形同流放，回去后也不怎么吃香了。

更让六镇鲜卑人被边缘化的，是他们久居草原不得不保持着鲜卑族语言和习俗，而洛阳的鲜卑人已经快连鲜卑话都不说了。朝中的要职也不再只看重军功，而越来越看重门阀出身，六镇军事将领无论立多大战功，都被排斥在顶流世族门阀外。

在孝文帝时代，英明的君主在上，朝廷还没有忘了北方的重要，孝文帝本人也经常巡查六镇，可是此

北魏 玻璃小瓶

后六镇就逐渐被疏远了。这六个地方，连年灾旱，自然条件恶劣，没有水源的田土根本无法耕种，加上官方的补贴减少，六镇将士也就越来越贫困。

到了文成帝时，北魏干脆把死刑犯流放到北面守边，六镇俨然成了垃圾场，下层军民人人都有一腔怒火。

523年，也就是胡太后再度临朝听政那年，柔然出现饥荒，柔然阿那瑰可汗率三十万柔然军到六镇进行烧杀抢掠，将六镇的家财粮食大掠而还。

胡太后只拨了一些赈恤粮款，赈恤粮款杯水车薪，起不到任何作用。而怀荒镇的镇将却借口没有得到洛阳的命令，不肯打开粮仓发粮。眼看柔然人已经打来，可应敌的将士连肚子都填不饱，怀荒镇军民于是强抢官府粮仓，杀掉怀荒镇镇将于景。第二年（524）四月，沃野镇的镇民匈奴人破六韩拔陵起义，杀死了所在戍的戍主，不久攻下了沃野镇，六镇军民闻讯纷纷起义响应。破六韩拔陵于是逐步攻破六镇，在五原白道大破政府军。后来北方的高车族也加入了，六镇起义至此已经完全不是政府可以控制的了。

为了维护统治，胡太后听亲信的话，竟然向六镇子弟世世代代浴血拼杀的柔然服软，花重金请柔然平叛。六镇的建立，本来是为了当抵挡柔然人的坚盾，可如今为了维护统治，北魏人竟然买敌之矛，破己之盾。柔然可汗岂有不愿意之理？

知识充电

打铁奴与北方霸主

攻破六镇的柔然人恐怕难以想到，北方草原的下一位霸主崛起于他们的附庸之中。在柔然统合的部落联盟中，有一支部落来自阿尔泰山西南麓，他们和西域以炼铁闻名的龟兹城邦为邻，学会了先进的打铁技术。因为善于炼铁，柔然人将他们称为打铁奴。这个部落就是未来的北方霸主突厥。

中外对比

524年，六镇沃野镇的镇民破六韩拔陵起义。
524年，波斯与拜占庭帝国的战争爆发。

北魏正光元年（525）四月，阿那瑰可汗率十万柔然军进入六镇，从武川西向沃野，配合北魏北道大都督元渊统率的北魏军，一起剿灭六镇起义军。在两面夹击下，起义军很快处于劣势。元渊又收买了西敕勒酋长，削弱了起义军。八月，柔然军与北魏军会合，在五原打败起义军主力。破六韩拔陵下落不明，二十多万六镇兵民投降后被分散在河北。

六镇起义，从破六韩拔陵起义到被覆灭，历经一年零三个月，激烈的斗争使北魏摇摇欲坠。和六镇起义几乎同时，北魏正光五年（524）六月，关陇也发生了起义，关陇起义没有六镇起义那么顺利，但持续时间长达几乎七年。

北魏政府焦头烂额，边塞上的强者则磨刀霍霍，准备向北魏下手了。

5 河阴惨变，尔朱夺权

六镇起义被镇压后，胡太后并没有吸取教训，采取措施缓和社会矛盾。她在宫内培植党羽，掩人耳目，借故除去皇帝元诩亲近宠信的人。元诩逐渐明白搞乱朝廷的根源是胡太后，和胡太后的关系越来越紧张。

雪上加霜的是，天下起义四起，除了上一节提到的关陇起义还在延续以外，河北也爆发了起义，这场起义是六镇起义的复燃。事情的缘由是六镇起义失败后，二十多万降户被发往河北"就食"，一路忍饥挨饿不说，好容易到了河北，才发现那里也是天灾频发，饥荒数年。活不下去的六镇降户以柔玄镇兵杜洛周为首在上谷起义，河北多地响应。最初，河北起义

陶镇墓兽

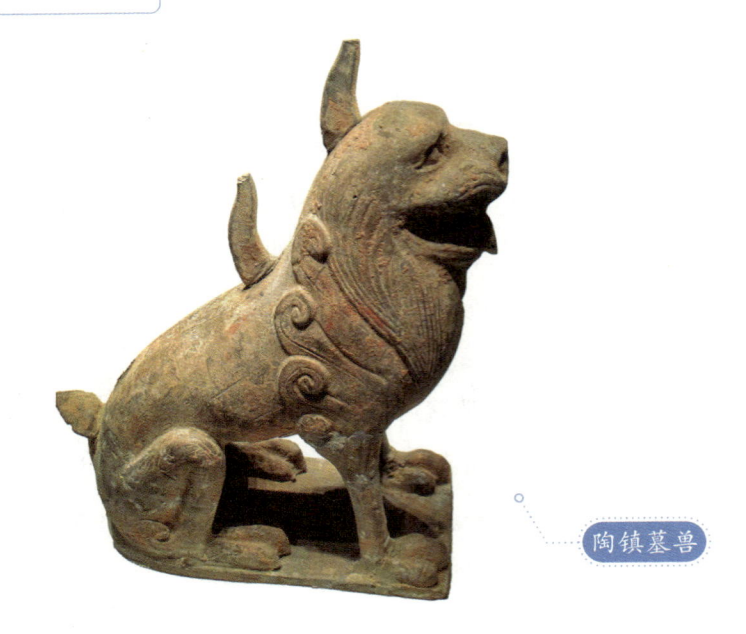

的义军大多是以六镇军户为领袖，指挥不一，内部也发生了不少摩擦。两年多后（528），出身怀朔镇的葛荣统合了义军，攻下了河北燕、幽、冀、定、瀛、殷、沧七州的土地，拥兵数十万之多。北魏王朝的主力军将领章武王元融、广阳王元渊都被葛荣击败。葛荣于是自称天子，国号为齐。

河北轰轰烈烈的起义，引发了连锁反应，原居河北的百姓本来就因为饥荒大量出逃，大起义期间，又有多州百姓南下流亡到山东青州一带，他们衣食都没有着落，受尽了欺凌，于是在永安元年（528）以河间世族邢杲为首爆发起义，很快就聚集了十多万人……

此时此刻，河北、山东、关陇乃至北魏的祖地代地，起义风起云涌，庞大的国家处处燃烧在战火中。而就在这起义频发的528年，和胡太后素来不和的皇帝元诩莫名其妙地死了，三岁的孩子元钊被立为皇帝。不管元诩死亡真相如何，在外人眼里这明显是一次弑君夺位。于是，尔朱荣以"为皇帝报仇"为借口起兵了。

尔朱荣是契胡部落酋长，率部久居塞上，在北魏末年时发展得"牛马驼羊……弥漫山谷，不可胜数"。拥有这样强盛的部落，尔朱荣本人又善于利用北魏末年的丧乱，积极组织骑兵为朝廷镇压六镇起义，趁机大肆收聚流民和六镇起义残兵,在朝廷和起义军彼此消耗时,逐渐壮大,成为大起义的最终赢家。这样的兵力本身就不是胡太后能应付的,而尔朱荣进军途中还拥立皇族元子攸为皇帝,名正言顺,就更不是区区一条黄河和一座洛阳城能阻挡了。尔朱荣率军从孟津渡过黄河,很快击溃了洛阳守军,胡太后见大势已去,下令后宫嫔妃和她一起到永宁寺出家,企图以此躲避惩罚。

北魏建义元年(528)四月,北魏皇室、贵族官僚、世族门阀到河桥迎接新皇帝元子攸,也就是北魏孝庄帝。尔朱荣的兵变似乎到此就圆满结束了。

然而尔朱荣并不放心胡太后、小皇帝以及北魏的高官贵族,于是做出了一件骇人听闻的暴行。在带着胡太后和元钊一起离开洛阳回晋阳去时,尔朱荣下令将胡太后和元钊扔入黄河中淹死。随后,尔朱荣听从慕容绍宗建议,让皇帝元子攸以祭天为借口率领百官到河阴聚集。大家到齐后,尔朱荣登上高台,四处观望,大声叱责说:"天下丧乱,皇帝暴崩,都是因为你们贪婪暴虐,不能尽职尽责导致的。你们个个该杀!"

说完,尔朱荣令两千多骑兵包围百官,纵兵大杀。一时间,刀劈斧砍,飞矢交加,血流成河。文武百官,不分良奸,无一幸免,全部被杀死。北魏贵族和出仕北魏的汉族豪门经此一劫几乎殆尽了,北魏这个由鲜卑贵族和汉族豪门联合建立的政权,自此也就成了无本之木。

这件事后,洛阳城内发生大规模恐慌和骚乱。一些在洛阳的北魏官吏纷纷出逃,京城昔日的繁华荡然无存。消息传到地方,一些北魏宗室甚至投降南朝梁。北魏南部防线近乎崩溃。

此时的尔朱荣虽在晋阳,可洛阳的皇帝元子攸完全是受他"遥控"。北魏实际上已经成为尔朱氏的天下。

地图专题 六镇起义

性质： 北魏末年北方六镇戍兵和各族人民的大起义。

包含： 沃野镇、怀朔镇、武川镇、抚冥镇、柔玄镇、怀荒镇。

背景： 北魏后期，汉化与鲜卑化的对立引起了激烈的国内矛盾，社会危机四伏。

透过地图说历史：

北魏六镇，是为了抵御柔然捍卫北魏首都平城而设立的六个屯兵镇戍，其实在怀荒镇以东还有一个御夷城，在太和年间也升格为镇，所以北魏北方其实是有七镇，称呼它们为六镇是习惯使然。

六镇起义的过程已经有过叙述，这里主要介绍一下六镇军民的生活处境。

按照北魏的兵制，六镇兵马属于镇戍兵，内部可以分为镇和戍两级，镇有镇都大将、都副将、镇将、副将，主管一个镇的军政，品级上类似于刺史。戍是镇的下属单位，有戍主、副主，品级相当于郡守。每镇的军队大约三千到五千，若是重镇人数还会增加。

六镇的戍兵在户籍属于兵户，虽然是由国家直辖，但其实比百姓低一等。哪怕是犯了死罪的人都可以去北方戍边成为兵户，其卑贱可想而知。有一些兵户如果没有得到赦免，是世世代代都无法摆脱的，他们既要打仗还要承担比百姓更重的负担，完全是奴隶一般了。

在北魏时期，军粮主要有两个来源，一个是国家从百姓那里征收用来充军粮的租调，一个是军队靠屯田自己生产的粮食。由于粮食长途运输成本极高，因此军粮主要靠屯田和周边郡县供应。然而六镇所在的区域，虽

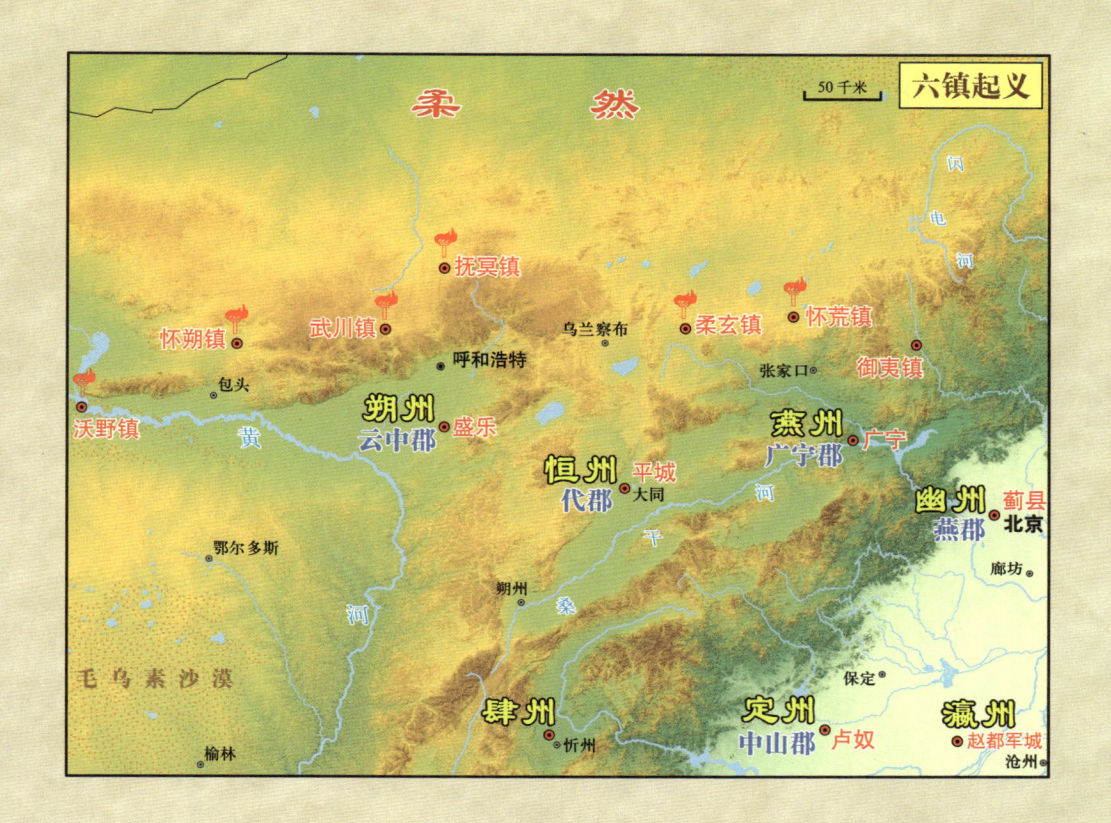

然也有垦田放牧的基本营生，但这里已居亚洲内陆，远离东南和北方的大海，是欧亚大陆气候最干燥的区域之一。六镇几乎全部都被两百毫米等降水线包围在内，属于高原山地气候，这里的农耕只能是看天吃饭，绝产是常有的事情。这就导致这里的兵民都相对贫困。六镇内部则非常不平等，作为统治者的是镇将、镇将的幕僚以及当地的大族，他们人数少却霸占了仅有的肥美土地，六镇兵民耕种的则是"瘠土荒畴"，而且要承担繁重的劳役租赋。

即便是在六镇呼风唤雨的统治者，在朝廷也仍然被蔑视为"北人"，在北魏刚流行起来的门阀制度里地位非常卑贱，他们即便有功想做官，也得因为门第制度给在国都享福毫无才干的高门"清流"让路。

六镇其实是北魏社会矛盾最激烈的地方。

时间　529—547

23　北魏分裂

神武性深密高岸，终日俨然，人不能测，机权之际，变化若神，至于军国大略，独运怀抱，文武将吏罕有预之。统驭军众，法令严肃，临敌制胜，策出无方。听断昭察，不可欺犯。知人好士，全护勋旧。

——《北齐书·神帝纪第二·神武下》

【人物】陈庆之、葛荣、元颢、尔朱荣、元子攸、高欢、元脩、宇文泰

【事件】陈庆之北伐、元子攸除尔朱荣、高欢崛起、元脩西奔、北魏分裂、东西魏争雄、高欢病逝

尔朱荣的暴死，重启了北方的纷乱。白袍军的北伐，点不亮中原百姓的心灯。饱受磨难的六镇兵户，终于在大乱中建立了自己的政权。天苍苍，野茫茫，辽阔的北方，最终成为宇文泰与高欢角逐的战场。

千军万马避白袍

尔朱荣对付北魏高层的手段非常残酷，但不能否认他拥有不错的军事能力。凭着塞外练出的骁勇善战的契胡族骑兵，尔朱荣四方征战，竟然扫平各路义军，为北魏完成了平叛。

无论是西方领导关陇起义的万俟丑奴，还是东方领导河北起义的葛荣、领导山东起义的邢杲都被尔朱荣在短短两年间一一消灭。在顺序上，葛荣

首当其冲，被尔朱荣亲率七千精兵攻破中军，一战而擒。尔朱荣将葛荣降兵中的精锐编入军队，其他的就地遣散。河北数十万义军群龙无首，竟然就此土崩瓦解。

镇压葛荣后，尔朱荣又派兵去攻打占据济南的邢杲流民起义军。到北魏永安二年（529）四月，邢杲在济南兵败，被俘杀。关陇地区的起义平定稍晚，但实际耗时也不长。次年春，尔朱荣派尔朱天光、贺拔岳、侯莫陈悦一起率军进攻关陇。贺拔岳、侯莫陈悦等人作战勇猛，花了五个月时间，就基本镇压了关陇起义军。

从这段文字看来，尔朱荣的擅权之路可谓顺风顺水，但在北魏内乱、尔朱荣擅权的时间里其实还出了一件大事，也就是梁武帝麾下将领陈庆之的北伐。

陈庆之北伐自然是利用了北朝人民的起义，但打出的名目却有些可笑，是扶持投奔南梁的北魏宗室元颢。元颢是北魏献文帝的孙子，受封为北海王，原本在平定北魏末年起义中有大贡献。然而他生不逢时，正在率军镇压河北起义时，赶上了尔朱荣入洛阳事件，得知北魏贵族在河阴惨变中被杀戮殆尽，元颢为了自保，只好投降了南朝梁。

南朝梁的皇帝萧衍出于战略考虑，封元颢为魏王，派将领陈庆之率七千梁

辽宁省朝阳市北塔

朝阳北塔始建于三燕时期，是东北地区现存最早的佛塔，体现了魏晋南北朝时期建筑技术的飞速进步。

时间 529—547

军送元颢北上洛阳登位，目的自然是想扶持一个亲附南朝的傀儡政权。

陈庆之和元颢北上之时，尔朱荣忙于处理河北、山东的起义，北魏黄河以南地区一盘散沙，力量没有得到特别好的整合。而陈庆之这个人也很传奇，他自幼跟随梁武帝萧衍，其实算是皇帝的玩伴。梁武帝喜欢下棋，经常通宵达旦叫人陪他玩，很多人困得睁不开眼，只有陈庆之随叫随到，因此受到赏识，逐步成了将军。

陈庆之虽然靠关系上位，而且是个拉不开弓的弱书生，但率梁军创造了一个又一个奇迹。从袭取铚城开始，陈庆之率梁军作战四十七次，攻取三十二座城，战无不胜，甚至以一万人的队伍击败了据说三十万的北魏军。顺顺利利地把元子攸赶出了洛阳，让元颢进了京城。由于陈庆之喜穿白袍，当时竟然传出了这样的歌谣："名师大将莫自牢，千军万马避白袍。"

然而，陈庆之辉煌的战果虽然颇有刘裕之风，但南朝士兵此时的心态和刘裕北伐时已经大不相同。他们不再把洛阳视为王朝失地，更不把这里

知识充电

乱世与豪宅

汉代的中国建筑古拙、严肃，唐代的中国建筑流丽、活泼，而作为两者之过渡的，正是魏晋南北朝建筑。魏晋南北朝时建筑风格的变化，和南北文化的交融以及各民族生活环境的改变是息息相关的。

一方面，北方民族迅速南下，另一方面，中原世族被迫南迁。两者均不得不面对新领地上大不同于既往的环境和可选建材。所以这一时期以土为墙、墩，以木材在内为骨架的土木混合结构逐渐向全木结构转变，砖石修筑的技巧也有大大提高。数十米高的砖石塔，通体木质的精美阁楼层出不穷。就连岩石的雕凿技术也因大量石窟寺的修建而突飞猛进。

的百姓视为待解救的子民。他们蛮横残酷地对待百姓，迅速失去了人心。元颢坐上宝座，得到数以十万计的北朝兵民支持，对陈庆之则越发顾忌，有了不端的想法。这时，陈庆之的北伐已经危机重重了，可南梁没有再派一兵一卒北上。

雪上加霜的是，尔朱荣已然意识到元颢和陈庆之的威胁，决定先将起义军放一放，优先对付元颢和陈庆之。最终，元颢在尔朱荣反攻洛阳的战争中身死，陈庆之孤军难支，英勇作战后全军覆没。万幸他本人倒是机智，乔装为僧人逃回了江南。

解决了南朝军神陈庆之，荡平了河北、山东、关陇起义，尔朱荣在北朝贵不可言，皇帝元子攸的左右大臣、内侍，都是尔朱荣安插的眼线，就连皇后也是尔朱荣的女儿。

北魏 永安五铢

尔朱荣枭雄一世，万万没想到这个傀儡女婿元子攸竟然真敢玩出什么花样。元子攸先是和一些皇族近臣密谋，随后利用尔朱皇后怀孕临盆的机会，派人飞报尔朱荣，请他进宫接受百官祝贺。尔朱荣眼见百官络绎不绝，耳听尔朱皇后生下了继承他家族血脉的太子，哪里还会起疑，带着十四岁的儿子尔朱菩提以及元天穆等三十多人就进了宫。没想到元子攸早就埋伏好了兵马，将这几十人一举杀死。

元子攸成功杀了尔朱荣，可北魏贵族和汉族门阀此前已经被尔朱荣杀尽，元子攸找不到多少支持他的力量，不久就被幸存的尔朱氏反扑杀死。

北魏出现权力真空，各方势力趁机拥立皇帝，争夺正统，北魏的统一历程至此逐步走向了尽头。

5 尔朱暴死，高欢崛起

说回尔朱荣被杀的那年，也就是永安三年（530）。在决心杀死尔朱荣前，元子攸心里想到的是同样以魏为国号的曹家。他对亲信说："这件事，就算是死也必须做，何况还有生机！我宁愿像高贵乡公曹髦一样死去，也不要像常道乡公曹奂一样窝囊地活着！"

这一席话一语成谶，元子攸当了一回血性汉子，可也把天下百姓和自己的身家性命丢下了油锅。尔朱荣一去，北魏好不容易取得的安稳局面刹那间崩塌，元子攸凭着洛阳城的势力左支右绌，还不出一年，洛阳沦陷，元子攸被尔朱荣的从子尔朱兆俘杀。

尔朱兆立孝文帝的侄子元恭为皇帝，也就是北魏节闵帝。新皇帝有了，可尔朱兆并非拯救局面的救星，事实上，尔朱荣一死，尔朱家就各据一方。尔朱兆占据山西的并州、汾州，尔朱天光占据关中之地，尔朱仲远则占据了徐州、兖州。尔朱家的这一群人，可能是因为出身的种族接触中原文化的程度比较低，因此都非常贪婪而野蛮，骨肉之间尚且残酷攻杀，何况对待百姓。尤其是尔朱仲远，为了敛财竟然污蔑有钱的大户人家谋反，公然杀人夺财。

尔朱家的残暴不仁，惹得人神共愤，而北魏王室衰弱不振。在这个背景下，得六镇兵户者就相当于得到最雄厚的政治资本，这个得六镇兵户的人就是高欢。

高欢多半是鲜卑人，鲜卑名贺六浑。据说他的祖父因为犯罪成了六镇兵户，到高欢这一代已经非常穷困。高欢在怀朔镇娶了一个鲜卑妻子，因为妻子娘家有钱，所以高欢混到了一匹马。因为有马，高欢被提拔为专门给洛阳送信的"函使"。六镇起义、河北起义，高欢应该都有参与，但他很快就背叛了河北起义的领袖葛荣，投奔了契胡酋长尔朱荣。

高欢有着六镇的出身，又非常精明，尔朱荣便利用他分化起义军投靠自己。高欢不负期待，给尔朱荣拉来了一万多六镇战士，因此成了晋州刺史。尔朱荣死时，尔朱兆率军反扑洛阳，精明的高欢没有参与，而是选择留在晋州观望。尔朱兆自然很不满，但是高欢很会表现，不久后就出兵帮助尔朱兆解晋阳之围。尔朱兆非常感动。正好河北起义失败后，六镇民兵有二十多万流亡并州，可并州也闹天灾，兵民们饿得面如土色，随时可能出乱子。尔朱兆觉得棘手，就任命高欢去统率他们。

高欢欣然接受了，带领六镇兵民离开了尔朱兆控制的并州，去山东就食。当时，从河北去山东一路形势非常复杂。幽州刺史刘灵助已经自称燕王，和尔朱氏的势力剑拔弩张，而赵郡、魏郡的大族则支持高欢，高欢就在他们的拥戴下进驻信都。

站稳脚跟后，高欢开始散布谣言，称尔朱兆要把六镇的人都分配给契胡族当部曲（地位很低，比奴隶好不了多少），他手下的六镇兵民自然群情激奋。高欢又假造尔朱兆的兵符，声称并州要向他们这里征兵，而他打算送万人去应征。六镇兵民听了都怒吼道："生死唯命！"意思是坚决不从尔朱兆的征调，愿意誓死跟随高欢。

尔朱兆坐不住了，高欢在北魏普泰元年（531）六月煽动造反，当年十月，尔朱兆就率两万兵马越过莽莽太行山，奔河北而来。尔朱仲远等尔朱家人也配合赶来。但这一家人心不齐，高欢稍微一离间，尔朱仲远竟然不战而走，结果次年（532）的第一次大战，尔朱兆大败。

北魏 彩绘陶持盾俑

此俑身材魁梧，瞠目决眦，鼻梁高耸，嘴角下撇，面目狰狞，头戴平顶盔，身穿圆领窄袖长衣，外罩铠甲，右臂曲举，手握拳头，有孔，左手附在盾牌上，是当时典型的武士形象。

> **奇闻逸事**
>
> **两边哄**
>
> 高欢能在乱世中掌握大权，和他善于处理胡汉矛盾关系很大。对鲜卑人，他说："汉人就是你们的奴隶呀，丈夫给你们耕地，妇女给你们织布，供你们粮食，供你们布匹，让你们温饱，你们欺负他们干什么呀？"对汉人，他说："鲜卑人是你们的客人呀，拿了你们一点儿粮食，一点儿布匹，就为你们和盗贼战斗，让你们安全，你们干吗怕他们呀？"

这场惨败打醒了尔朱家，他们集合起来，聚集了二十万大军对付邺城的高欢。高欢在起事时，特别叮嘱部下，"不得欺汉儿，不得犯军令"，所以汉人都愿意为他所用，六镇军民更是对尔朱家恨之入骨。所以虽然面对强敌但高欢的手下人人拼死斗争，竟然反败为胜。这一仗，打散了貌合神离的尔朱家。

尔朱兆的部将斛斯椿等人反水，抢先一步回洛阳，大肆杀死尔朱兆的亲信党羽，还将控制关中的尔朱天光抓了送给高欢。在山东难以立足的尔朱仲远则吓得投奔南朝去了。

这年四月，高欢就入驻洛阳，杀了尔朱氏拥立的皇帝元恭，另立孝文帝孙子元脩为帝，高欢自己则当了大丞相，实际上总揽朝政。

高欢深知尔朱氏的威胁，大权在握后立即调动大军十多万攻陷了尔朱兆的根据地晋阳，次年（533）正月逼死了尔朱兆。从尔朱荣身死，到尔朱家各大势力陨灭，这个契胡族的势力只两年多就土崩瓦解。

夺取晋阳之后，高欢很满意晋阳表里山河的险要地理位置，在晋阳修建大丞相府，把河北的六镇兵民都迁到自己身边拱卫，然后和尔朱家一样在晋阳遥控洛阳。

东边一个魏，西边一个魏

每每提到南北朝乃至隋唐的政治，历史学家都喜欢谈六镇。因为就是在六个被北魏王朝冷落的边镇，走出了北朝和日后隋唐的数代君主，乃至将相集团。六镇的起义虽然败了，可消灭尔朱氏把握北魏大权的高欢仰仗的仍是六镇兵马，不仅高欢，另一支崛起的力量也是以六镇人士为领袖的。

这个人叫宇文泰，读者可能一看到这个名字就想到前文提过的鲜卑宇文部。没错，宇文泰就是西晋时期强盛的宇文部的后代。宇文氏进入六镇的经历很曲折：西晋末年，宇文部被慕容部所灭，并在慕容部的前燕、后燕出仕，后来众燕势力都被北魏吞食，宇文泰的祖先就投降了北魏，迁居于武川镇。

宇文泰这一家人自然也参与了六镇起义，宇文泰的哥哥宇文洛生甚至在河北起义中因战功被封为渔阳王。后来河北起义失败，宇文洛生被尔朱荣所杀，宇文泰却攀上了和尔朱荣部将贺拔岳的关系，被收编在贺拔岳麾下。

科学发明

农学宝典——齐民要术

在北魏的最后时光里，北魏农学家贾思勰完成了中国完整保存至今的最早一部农书《齐民要术》。贾思勰曾经当过北魏高阳郡的太守，他认为农业技术是民生的重点，所以在任期间搜集了大量的文献资料，采访过很多有经验的老农，还亲自进行观察和试验。北魏末年，贾思勰将这些宝贵的知识整理成册，分为十卷九十二篇，系统讲解了各类作物、果蔬的栽培，以及家畜、家禽的饲养技巧。其中包括为提前梨树结果时间的嫁接技术、对家畜进行阉割以提升肉质加快育肥的技术，反映了一千五百多年前中国农业的发达。

时间 529—547

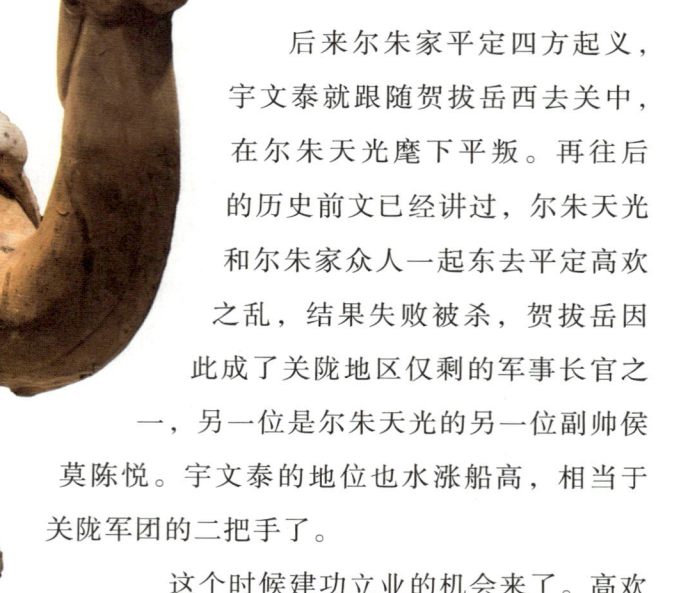

后来尔朱家平定四方起义，宇文泰就跟随贺拔岳西去关中，在尔朱天光麾下平叛。再往后的历史前文已经讲过，尔朱天光和尔朱家众人一起东去平定高欢之乱，结果失败被杀，贺拔岳因此成了关陇地区仅剩的军事长官之一，另一位是尔朱天光的另一位副帅侯莫陈悦。宇文泰的地位也水涨船高，相当于关陇军团的二把手了。

这个时候建功立业的机会来了。高欢奉迎了北魏宗室元脩为帝，想学尔朱荣遥控朝廷。可北魏的王室到底有些骨气，元脩同样不甘成为傀儡。而且他的手段比元子攸高明，懂得拉拢关陇军团的主帅贺拔岳，和高欢抗衡。高欢于是拉拢了关陇军团的另一位长官侯莫陈悦，请求他杀死贺拔岳。

最终贺拔岳被侯莫陈悦所杀，此时积累了相当资历的宇文泰就在大家的推举下，继承了贺拔岳的地位。

宇文泰时年不过二十七八岁，威望竟然足以震慑三军，一方面是他这个人才干高，另一方面是因为贺拔岳的军中有很多武川镇出身的军官骨干，他们对同出武川的宇文泰自然支持。宇文泰掌权后，果敢地向侯莫陈悦宣战，侯莫陈悦的大将李弼倒戈，致使侯莫陈悦大败，宇文泰趁机统一了关陇地区。宇文泰统一关陇时是永熙三年（534）三月，四个月后又一次良机来到宇文泰面前。

534年夏季，元脩以讨伐南朝梁的名义调兵，在洛阳近郊阅兵，准备攻击高欢。为麻痹高欢，元脩下密诏给高欢，说要准备攻打关西宇文泰。高欢丝毫不为所动。

北齐 张肃俗墓彩绘陶骆驼

高欢当时掌握了强大的军力，他不上当，元脩是毫无办法的，而且一旦谎言被戳穿反而有性命之忧。在这种情况下，王思政劝元脩避开高欢的兵锋，前往关中依附宇文泰。于是，元脩任命宇文泰为关西大行台、尚书左仆射，又下诏宣告高欢的罪恶。

高欢得知后，任命高敖曹为先锋，发兵攻打宇文泰。宇文泰也公开声讨高欢的罪恶，并率军从高平到弘农。

七月，元脩亲率十万人到河桥，派斛斯椿为前锋，在邙山北列阵以待高欢。可两军未交锋时，元脩手下就有暗中投降高欢的。高欢率军渡河后，元脩一方更是惊恐失措，甚至有将领散播谣言。眼见仗没法打了，元脩只好出逃，被高欢部将逼着进入关中，投奔宇文泰去了。

高欢弄丢了皇帝，只好先回洛阳，立十一岁的元善见为皇帝。此时他也意识到西边宇文泰势力对洛阳的威胁，于是索性将都城东迁到邺城。

于是原本就名存实亡的北魏一分为二，在邺城的是东魏，在关中的自然是西魏。东面一个魏，西面一个魏，都供着元家的皇帝，却没有哪个是真正被元家掌握的。

5 枭雄终末路，病唱《敕勒歌》

到高欢和宇文泰这一代，北方大地乃至全中国在魏晋数百年丧乱之后，终于开始能看见统一的端倪。此时的东魏和西魏，在日后的二十多年竞争中，分别奠定了北朝最后两个朝代——北齐和北周的基础。尤其是西魏，其政治制度为北周、隋朝继承，为北方统一乃至南北统一王朝的出现奠定了基础。

不过，东魏也不是弱国，其势力长期强于西魏，但阴差阳错，东魏和西魏在高欢和宇文泰的时代数次交手，就是无法征服对方。

东西魏对峙开始时，高欢所立的小皇帝只有十几岁，自然是傀儡，可逃到关中的元脩却不怎么愿意被把控。于是，短短几个月，元脩和宇文泰

时间 529—547

这对君臣就闹翻了，这一年年底（534），元脩被宇文泰所杀。孝文帝的孙子元宝炬被立为皇帝，也就是西魏文帝。西魏文帝时期，国家大政全由宇文泰做主。当时，东魏占有的土地人口多，处在势强一方，西魏人口少，土地产粮也少，处于势弱一方。

536年，西魏控制的关中地区遇到了一个大荒年，据说死者多达十之七八。这个机会高欢自然不会错过，他兵分三路进攻西魏。具体部署是自己率主力在黄河修造浮桥准备渡河，派大都督窦泰率领万余人攻打潼关，派高昂从上洛包抄蓝田。宇文泰分析形势后，佯装要西退到陇右地区放弃关中，实际却从潼关旁边的小关带兵偷袭。窦泰猝不及防，这路东魏兵死伤殆尽。高欢只好拆掉浮桥撤退，这就是小关之战。

小关之战西魏虽胜，但关中的粮荒仍在继续，537年，西魏宇文泰被迫带领万余人出潼关，攻下恒农（今河南三门峡），恒农有东魏的不少存粮，西魏在那里吃了五十多天。高欢自然不会罢休，但等他派兵围困恒农时宇文泰已经入关了。高欢于是亲率十万人马渡过黄河洛水，屯军沙苑。这一战西魏军听取大将李弼的意见，抢先占据渭曲，东西布阵，在接战时分割了东魏军。东魏大败，损失八万人，丢弃的铠甲军资不可胜数。这八万人不少被西魏军俘虏，但西魏确实缺粮，养不活，只能选了两万人留下，其余都遣散了。这就是沙苑之战，西魏以一万兵马击破了东魏十万大军。河东地区的蒲坂和洛阳地区的金墉城都被西魏夺取。

538年，东魏大将侯景率东魏军收复了金墉城，将洛阳大量民居官寺几乎焚尽，剩下的不过十之二三。洛阳是皇帝的陵寝所在，西魏皇帝元宝

中外对比

537年，沙苑之战，西魏以一万兵马击破了东魏十万大军。
537年，拜占庭帝国建成圣索菲亚大教堂。

炬和丞相宇文泰本来正要去祭奠，闻讯后，立即率西魏军驰援洛阳，击杀东魏前锋将领莫多娄贷文。侯景连夜突围，宇文泰率军追击。在混战之中，宇文泰的坐骑被飞箭射中，他本人落马，险些被俘。不过很快西魏军后军赶到，侯景率领的东魏军最终大败，被俘一万五千人，落水而死的还有近万人。这就是河桥之战。

这三场战斗都以西魏获胜告终，此后足足过了五年（543），西魏和东魏才再次大战。这一战的起因是东魏北豫州刺史投降，宇文泰自然要赶来接应，而高欢则亲率十万大军赶到黄河北岸。

这是高欢与宇文泰交手最精彩的一战。为了阻挡高欢大军渡河，宇文泰在黄河上游放出大量火船，但东魏反应也很快，用小艇装了长长的绳索，火船来了就开小艇去用钉子把绳索钉在火船上，岸上的人一拉绳子就把火船给拉走了。

北齐 陶牛

高欢大军由此渡过黄河，来到邙山摆阵。宇文泰不甘示弱，趁夜在邙山袭击高欢。高欢将计就计，摆开阵势，跟宇文泰决战。两军鏖战一夜，西魏军溃败。第二天，宇文泰率西魏军再次发起进攻，他绕过东魏军主力，直捣高欢的大营，差点儿将他俘虏。但高欢重整部队，站稳脚后，立即率领东魏军主力大举反攻。西魏军大败而逃，几乎全军覆没。这一战就是邙山之战，当时很多人都认为高欢趁机西进有机会一举建立大功，但高欢却没有率军追击。

高欢也许有自己的考量，但宇文泰毕竟比高欢年轻十多岁，天长日久，一些战略外的因素开始影响战局。三年转眼又过，东魏武定四年（546）十月，高欢率十万东魏军再次进攻西魏，此时他已经年事略高了。宇文泰并没有亲自率军迎战，而是派韦孝宽率西魏军在玉壁守城抗敌。高欢想尽各种办法攻城，将当时攻城的技术全数用上，但都被韦孝宽一一破解。东魏军苦攻玉壁五十多天，还没有攻下，军中爆发了严重的瘟疫，战死、病死的将士多达七万，最后高欢也病倒了，不得不撤军。

知识充电

耕田分几步

三国魏晋南北朝时期，北方游牧民族的南下，为中原地区带来大量的牲畜。畜力的普及则催生了大量全新的农具，比如以牲畜拉动的耙、耱（mò）。耙的前端架在牲畜背上，后端有铁齿，作用是把犁翻过的土地耙得更细更松。耱则是由长条木板或者荆条之类制成，既可以磨碎一些大土块，还可以把土地扫平整。那个时候耕田，一般先耕再耙最后耱，三步下来土地就变得又平整又疏松了。

西魏人见了，立即散发谣言，称高欢被韦孝宽的弩箭射中，已经要死了。弄得东魏军心动摇。高欢没有中箭，但身体非常不适，此时也只好强行撑着身体，接见军中要员，让大家放心。这场聚会上，高欢令部将敕勒族人斛律金唱起北朝民歌《敕勒歌》。

"敕勒川，阴山下。
天似穹庐，笼盖四野。
天苍苍，野茫茫，
风吹草低见牛羊。"

听着熟悉的民歌，高欢忍不住轻声相和，黯然泪下。他似乎已预料到自己命不久矣。

几个月后，一代枭雄高欢带着遗憾病死，把广阔的舞台让给了年轻些的宇文泰。

御制外戚事鉴·斛律金

为高欢唱起《敕勒歌》的斛律金是北齐著名的功臣，他有两个孙女被选为北齐太子妃，他的儿子斛律光是北齐名将。这幅图描绘了斛律光极尽荣宠却谦恭谨慎的美德，以作为后世外戚的典范。

时间 502—554

24 引狼入室，萧梁哀歌

> 兴文学，修郊祀，治五礼，定六律，四聪既达，万机斯理，治定功成，远安迩肃……三四十年，斯为盛矣。……呜呼！天道何其酷焉。虽历数斯穷，盖亦人事然也。
>
> ——《梁书·本纪第三·武帝下》

【人物】萧衍、萧宏、侯景、萧渊明、萧纶、萧绎、萧纪、萧詧

【事件】建梁代齐、萧衍勤政、宠溺亲族、修浮山堰、侯景之乱、卖国称帝、萧梁灭亡

他是南朝世族的模范皇帝，是南朝百姓眼里的皇族帮凶，是北朝君王口中的吴地老儿。他的一生，几乎覆盖了萧梁从兴起到覆灭的过程。侯景之乱，他宠溺的亲族自相残杀，卖国求帝，梁武帝遗留的错误，最终葬送了萧梁王朝。

刻苦博学的模范皇帝

比起北朝的金戈铁马，自萧衍502年篡齐建梁以后，南朝逐渐安稳下来。但这种安稳中积极的成分不很多，更多的是南朝腐朽积习的维持和对外的软弱忍让。

萧衍在位四十八年，一个人的任期相当于南朝齐存续时间的两倍。他这个人信佛、节俭、爱好文学，有不少好品质，所以任期内梁朝大体比较安稳。但这种安稳也只是暂时的，伴随高欢去世、萧衍去世，南北朝平静

的局面注定要再起一次波澜，而这也是南北对峙的最后一段时间了。

萧衍深知自己的政权和宋、齐一样是篡取所得，所以想了很多方法来建立一个支持自己的班子。很重要的一点，就是延续了宋、齐两朝的寒人掌机要。但只有寒人还不够，萧衍觉得世族也很重要，为了得到世族的支持，他下令："凡诸郡国旧族邦内无在朝位者，选官搜括，使郡有一人。"还专门设置州望、郡宗这类职位，专门搜寻举荐一些家道中落的旧族，让他们能参政，这些人重回政坛自然也会支持萧衍。

清 姚文瀚 历代帝王像·梁武帝

不过南朝这几百年来豪门和寒门的鄙视链已经根深蒂固，还是有不少人抱怨萧衍，说他爱小人而远士大夫。对于这种情形，萧衍也只能睁一只眼闭一只眼了。

抛开这些不能解决的南朝积弊，萧衍从个人品格来说的确算得上南朝不多见的楷模皇帝。他吸取南朝齐灭亡教训，对政务特别勤奋，哪怕在冬天寒气侵骨之时，他还是能做到四更就起床批改公文，从壮年到老年几十年如此，经常把手都冻得皲裂了。

萧衍虽然出身世族门阀，却节俭到了匪夷所思的地步。平时身穿布衣，帐子用的都是便宜粗料，一个帽子三年舍不得换，一床被子一用就是两年，极少喝酒、不听音乐，吃饭也是吃常见的蔬菜和豆类，且每天只吃一顿饭，太忙的时候，就喝点儿粥充饥。

萧衍以武为号，却是史上有名的文人皇帝，经常读书到深夜，从小到老手不释卷,是当时有名的学问家。朝廷修撰《五礼》,遇到不懂的地方,官员甚至会来跟他请教。梁武帝自己爱读书,对学术自然也尊重,在任期间设立五经馆、五经博士,对文化的传播大有意义。《南史》中称赞他统治的时代:"自江左以来,年逾二百,文物之盛,独美于兹。"

他的诗作也写得极好,留下了很多像"河中之水向东流,洛阳女儿名莫愁""白露月下团,秋风枝上鲜。瑶台含碧雾,罗幕生紫烟"一样清丽的句子,不像个掌握天下快五十年的皇帝,倒像个下江南的公子。

萧衍很重视选拔任用官吏。他要求地方长官一定要清廉,经常亲自召见他们,训导他们遵守为国为民之道,清正廉明。为推行自己的思想,萧衍还下诏书到各地,如果有小县的县长政绩突出,可以升迁到大县里做县令,如果大县的县令有政绩,就可以提拔到郡里做太守。

为了广泛纳谏,听取众人的意见,最大限度地用好人才,萧衍还下令在门前放上两个盒子——一个叫肺石函,一个叫谤木函。功臣和有才之人,没有因功受到赏赐和提拔,或者良才没被任用,可以往肺石函里投信反映情况。一般百姓,想要给朝廷提什么批评或建议,可以往谤木函里投信反映情况。此举让他笼络了很多人才,深得老百姓称赞。

由于梁武帝不错的个人品德和适宜的政令,南朝梁社会稳定,经济发展,出现蒸蒸日上的局面。

5 宠小家,害国家

可能凡是篡位上台的皇帝都有忌惮亲近之人谋反的毛病,萧衍也是,经常对兄弟亲族疑神疑鬼,担心他们反叛。可一旦发觉自己的疑心是莫须有,萧衍对亲族的宽容骄纵又匪夷所思,全然不讲原则了。

比如萧衍的侄儿萧正德,他纠集一群凶恶少年在黄昏时公开杀人抢劫,弄得百姓震恐,可并非昏君的梁武帝却不加处分。

再如萧衍的六弟临川王萧宏,萧衍对他的纵容令人侧目。这个临川王爷最喜欢肆意聚敛财物，为此专门修造了上百间库房。这个事儿传到梁武帝耳里，他终于紧张了，原因是他误以为这上百个仓库里都是用来谋反的兵器。思来想去，萧衍决定亲自去查查。他带了亲信到萧宏家里，一番吃喝后，梁武帝似乎醉了，借着酒劲儿就对萧宏说："我要参观参观你的后房！"萧宏吓坏了，以为哥哥是来抓他贪污。可梁武帝半醉半装直接就往后院闯，根本拦不住，硬是把一间间库房都给闯了一遍。这些库房里面，光是一千万钱的仓库就有三十多间，剩下装绫罗绸缎之类财物的不可胜数。

萧宏满身都是冷汗，可梁武帝却笑了，对萧宏说："阿六！你可真会整生活！"说完就回到老地方喝酒，深夜才回宫。就是这个善于整生活的阿六，还犯过窝藏杀人凶手的事，他小妾的弟弟吴法寿，更是与梁武帝女儿永兴公主私通，图谋过谋杀梁武帝。虽然有这么一大堆丑事儿，但就是因为"阿六"没想造反，梁武帝都不肯严厉追究。

萧宏如此，梁武帝的满朝皇族、官僚、僧尼又何尝不是如此。

在梁武帝可怜兮兮的几年一换衣服时，王公贵族、官僚都过着奢靡的生活，动不动姬妾百房、仆从数千。那些当朝官吏中的贵族子弟，很多不学无术，以至于民间有谚语讽刺他们："上车不落则著作。"意思是这些士大夫一天天像模像样地上了车去办公，到了办公地只是派人报告就算是

成语典故

南朝四百八十寺

梁武帝萧衍迷恋佛教，佛寺特别兴旺。后来，唐朝著名诗人杜牧提及此事，写了《江南春》："千里莺啼绿映红，水村山郭酒旗风。南朝四百八十寺，多少楼台烟雨中。"

"打了卡",自己是连车都不肯下的。他们忙着的是把衣服用名贵的香料熏得香喷喷,像女子一样在脸上搽脂抹粉,穿着高鞋底的新鞋子忙交游宴会。

这么大一个群体不耕不种,靠什么养活?自然是残酷地剥削百姓。梁武帝年间,全国编户五百万口,每年有五千多人会被判两年以上徒刑,他们真的都是罪犯吗?答案显而易见。

萧衍晚年看破红尘,转向重视佛教,甚至几次入寺庙出家做和尚。他身为天子自然不可能出家,所以每闹这么一出,朝廷都得花费巨大的一笔钱将他"赎回"。

在这种情态下,读者应该就不难理解陈庆之的北伐何以尴尬收场。

在梁武帝时期,防御北朝的手段不是秣马厉兵利用北朝内乱,而是动用二十多万民夫,耗时两年多修建浮山堰。

这个工程长九里,下面宽一百四十丈,上面宽四十五丈,高二十丈,真好似浮在水上的高山。然而不久以后,淮河暴涨,轰隆一声巨响,浮山堰崩塌了,声音远传数百里,淮河沿岸十余万居民尽数被洪流冲入大海……

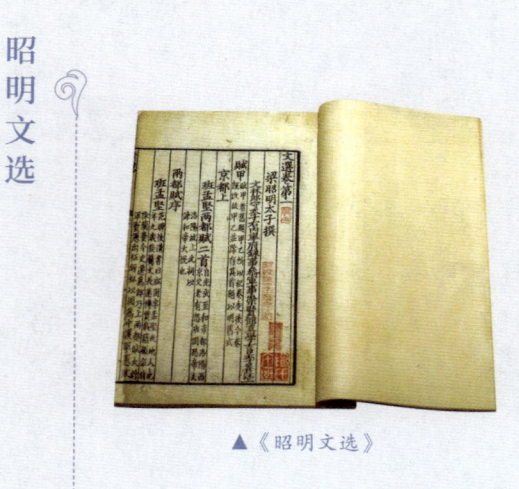

知识充电

昭明文选

▲《昭明文选》

《昭明文选》又称《文选》,由南朝梁皇帝萧衍的长子萧统组织文人编写。《昭明文选》收录自周朝至南朝梁以前七八百年间一百三十多位作者七百多篇诗文,是现存最早的文学总集。

8 八千人作乱，二十万围观

萧衍很长寿，他暮年的时候，赶上了高欢病死。高欢死前，东魏大将侯景权势很大，而且雄踞河南多年。

侯景是被鲜卑族同化的羯人，出身于六镇中的怀朔镇，和高欢关系很好。侯景和高欢一样，在六镇起义失败后投降过尔朱荣。等到高欢灭了尔朱氏，凭着关系，侯景自然就投奔了高欢。高欢任命侯景为河南道大行台，统兵十万，专门治理黄河以南地区长达十四年之久。高欢在时，侯景没出过问题，可高欢死后，他的长子高澄继位，侯景和东魏中央之间的信任就消失了。高澄想把侯景调回来，趁机夺他的兵权，侯景自然不会听一个小辈折腾，就抢先起兵，于547年以统辖的河南十三州投降西魏。

西魏当权者宇文泰对侯景有戒心，虽然表示同意，但一面派人陆续接收侯景的河南十三州，一面索求侯景的军权，并要求他进入长安。侯景自然无法接受。结果，这次投降，侯景不仅没给自己解围，还落得被东西夹击。无奈之下，他又向南朝梁请降，希望梁武帝出兵相救。

可是南朝在萧氏治下，已经很多年没打过大仗了，国内的百姓又日夜忍受着萧梁贵族和官僚的残酷剥削，平心而论，谁肯为了救一个异族将军去拼命？可萧衍不顾群臣反对，接纳侯景，不仅没削夺他的兵权，还封他河南王，授职大将军。

为此，萧梁征兵时，老百姓无比抗拒，以至于要带上枷锁，不然就会跑得溜光。这样的军队，对付北朝如何有胜算？在任命将领上，萧衍又犯了护短的错误，任用侄儿萧渊明为主帅，带领五万人马进攻彭城。

萧渊明这个人胆子小，打仗也没有什么经验，他军队里的军官打仗时也奉行鱼肉乡里那一套，所到之处撒欢儿地劫掠百姓，毫无军纪。不出意料，萧渊明在与东魏大将慕容绍宗的寒山堰之战一战崩盘，他本人被俘虏，南朝主力军几乎全军覆没。因为萧渊明的迅速失败，原本打了一些胜仗的侯景也形势危急，在涡阳和慕容绍宗的东魏军对峙数个月后就因为粮食耗尽而溃败了。

最终南朝折损五万人马，没有得到一寸土地，只换来侯景本人和残兵八百。听到五万大军覆没，老皇帝萧衍惊得几乎掉下床来。但对于没有太多价值的侯景，他还是任命其为南豫州刺史，赏赐了很多财物兵器。

如果梁武帝萧衍能维持对侯景的态度，就当是"千金买骨"用以招募北朝势力，倒也还能接受。然而当东魏寄来被俘的萧渊明的亲笔信时，萧衍护短的老毛病又来了。明眼人都知道这是东魏离间侯景和南朝的计谋，可梁武帝萧衍还是做出了放弃侯景的决定，给东魏回信："贞阳旦至，侯景夕返。"就是说如果能将萧渊明（贞阳侯）早上给我们送来，侯景当晚就会被遣返。

这种答案侯景如何能接受？他屡次表示反对，可梁武帝萧衍真不知是老糊涂了还是良心有愧，虽然不改变主意，但也不将侯景抓起来。

侯景只好决定先对萧衍动手，他强迫南豫州的百姓入伍，于太清二年（548）八月在寿阳叛变，不久带兵来到长江北岸。

南朝 鎏金铜佛像

南齐太子萧长懋和竟陵王萧子良都好佛。萧长懋喜欢奢侈华丽，他宫里的殿堂雕饰得精巧绮丽，修建的玄圃园和台城北堑等，内中楼观塔宇，奇石处处，极尽山水之妙。鎏金铜佛像是当时萧长懋最喜欢的物件之一。

这个时候梁武帝还没有太过慌乱，因为侯景不过是一介北人，兵马又少，长江天堑是万难渡过的。于是他下令六儿子萧纶北伐侯景，任命侄子萧正德总管京师军事，负责保卫建康。

可梁武帝万没想到，这个侄子萧正德对皇位继承人是梁武帝长子萧统非常不满。因为萧统出生前，萧正德是被梁武帝当儿子养的，直到萧统出生，萧正德才被打发给父亲萧宏。所以萧正德根本就不想守什么城池，而是轻易地和侯景狼狈为奸，以当皇帝为条件出卖了自己的国家。

于是侯景区区百余匹马，八千多强征的士兵竟然两天内就来到秦淮河南岸，连他们过江的大船都是萧正德给的。

侯景渡过大江和萧正德合兵一处，这些原本负责保卫台城的卫士，于是倒戈和叛军一起围攻台城。他们引玄武湖的水淹城，城内一片泽国。围城不到五个月，险要的建康就沦陷了。城破时，城内原本的十余万男女，两万多士兵死得七七八八，横尸满路、烂汁满沟。杜牧诗句中"南朝四百八十寺"的建康，此时就几乎毁灭了。

讽刺的是，台城被围时，各地的勤王人马（包括各州刺史，梁武帝恩宠溺爱的萧家亲族），全都冷眼围观，哪怕他们有二三十万人之多。

台城破后，侯景抓住行将就木的梁武帝，逼迫他命令援军听从指挥，这些乌合之众就乖乖地或是投降，或是回到驻地了。

知识充电

南青北白

在魏晋南北朝时期，南方和北方的陶瓷出现了明显的体系分立。南朝多青瓷，瓷釉中含矽较多，所以呈现青白之色，造型以秀气轻薄为主，釉面则光洁细腻。北朝的瓷器则较为粗犷，以白瓷为主，因为北方民族的影响，造型非常新颖有创意，但胎体厚重，釉面粗糙。这一时期的瓷器上有很多花草、动物、人物、建筑作为装饰，以金属呈色于釉面的技巧也开始出现。

时间 502—554

侯景败亡与萧梁末日

侯景占据台城之前，曾经立萧正德为帝，但进入建康就废了萧正德。引狼入室的萧正德就当了一百多天傀儡皇帝，却赔上了萧家几十年的基业。梁武帝则被侯景软禁，凄凉地病饿而死。梁武帝萧衍一死，南朝梁的好时候就到头了，此后直到南梁灭亡，萧家也没能恢复出长久、安定的政府。

侯景在建康独揽大权，立梁武帝的三儿子萧纲为傀儡皇帝，就是南梁简文帝。萧纲在位的两年里，侯景的野心日益膨胀，竟然自封"宇宙大将军"。551年，宇宙大将军侯景废了简文帝，立梁武帝太子萧统的儿子萧栋为帝。当然这只是走个流程，还不到三个月，萧栋就乖乖"禅让"给侯景，侯景于是当了个伪皇帝，国号为汉。

侯景取代了腐朽的萧梁政府，给南朝人民带来的是愈演愈烈的灾祸。自攻占建康以来，侯景的人马逐步攻下了三吴全部（吴郡、吴兴、会稽），这里原本非常富庶，是南梁的粮仓。但是因为侯景军队的破坏，严重的饥荒爆发了，百姓无粮可吃，一路的水草、草根都采食殆尽，方圆千里白骨成堆，人烟罕见……

在这种惨状下，人民都想要起来推翻侯景，可有兵有粮的南朝地方高官却视而不见。

侯景是北方的鲜卑人，从始至终就不信任南方汉人。为了取得支持，侯景把南朝俘虏的北朝鲜卑奴隶全都释放，给以高官厚禄，并重赏流亡南朝的北魏皇室。为了震慑南方汉人，侯景采取恐怖的统治，连百姓的共同交谈都给禁止了。他还在城里修建大舂碓，反抗的百姓就被用这个东西虐杀、磨碎。侯景不仅意识不到这样做的不妥，还告诉手下的将军："要是攻破城邑，就杀干净，让全天下知道我的威名！"于是侯景的部下都以杀人为乐，南朝百姓宁死也不归附他。

由于侯景的破坏，南朝政府立身的扬州被破坏，唯一有力量拯救局面的就只有荆楚地区的势力了。这时，占据荆楚的是梁武帝的七儿子，湘东王萧绎。这个萧绎掌握着南朝上游除了四川以外的几乎全部地区，却在台城惨剧发生时按兵不动，只是迫于舆论派儿子带了万人救援。

等到父亲和三哥都死在侯景手中，萧绎还是不紧不慢，不急着对付侯景，而是去对付自己唯一的竞争者六哥萧纶，也就是侯景造反时被委任北上讨伐的人。

萧绎为了扫除皇位竞争者，派大将王僧辩优先进攻萧纶所在的郢州，萧纶抵挡不住只得逃到汉东。但他的运气太差了点儿，到了汉东就赶上西魏大将杨忠略攻击汉东。萧绎于是发扬"优良家风"，为了登位卖国和西魏缔结盟约，将大量土地割让给西魏，还承诺请求成为西魏的附庸。在西魏军的帮助下，萧纶被杀。

萧绎这回总算有精力对付侯景了吧？不行，因为他占据四川的兄弟萧纪又先他一步，起兵征讨侯景了。萧绎故技重施，再次出卖国家，派使者

帝鉴图说·舍身佛寺

梁武帝萧衍笃信因果报应，一生曾四次舍身同泰寺为奴，每舍身一次群臣都要用一亿万钱将他赎回，那笔开支即便对国库也是伤筋动骨。也许真是因果报应，在大量国家财产被挥霍于佛寺后，南朝竟在侯景一个外人的践踏下如此软弱。

向西魏求助，大意是："春秋时齐桓公不忍讨伐自己的兄弟子纠，所以让人代劳，我也得请您帮忙讨伐萧纪。"这种趁火打劫的事，西魏安能不乐意？很快萧纪首尾不能兼顾被萧绎所杀，富饶的梁州、益州，险要的襄阳全都归了西魏。

襄阳原本是南梁雍州刺史的地盘，雍州刺史叫萧詧（chá），是萧绎哥哥萧统的儿子，萧绎的侄儿。襄阳归附西魏说来话长，简单说就是因为萧绎曾经攻杀过萧詧的哥哥萧誉（原因是侯景围攻台城期间萧誉不听萧绎指挥），所以萧詧投降。西魏不仅接受，还封萧詧为梁主，派重兵帮他守襄阳，目的就是为日后侵袭梁朝留好借口。

扫除了所有亲族竞争者后，萧绎总算想起了沦陷区的百姓和国都，派大将王僧辩东下了。侯景这些年如此折腾人民，其根基自然非常虚弱，几乎顺理成章地，王僧辩攻到建康后，侯景出逃，不久就被刺杀。令闻者泪下的是，建康百姓苦苦等候王师，可攻入建康的荆州兵和侯景完全是一个德行，对百姓疯狂抢劫，连内衣裤都不给留下，不知内情的人听到号叫之声还以为是侯景反攻了。

荆州兵抢劫的事，萧绎明面上是不可能支持的。为了向萧绎交差，荆州兵便在建康放大火毁灭抢劫证据。秦淮河南岸本是南朝最富庶的地区，此时却被破坏得极目远眺，寥无人烟……

萧绎可不愿意在残破的建康当皇帝，于是于太清六年（即552年，此时梁武帝已死，萧绎仍用梁武帝的年号）十一月在江陵继位，也就是梁元帝。读过朱自清《荷塘月色》的读者一定会为其中"于是妖童媛女，荡舟心许；鹢（yì）首徐回，兼传羽杯；櫂（qú）将移而藻挂，船欲动而萍开。尔其纤腰束素，迁延顾步；夏始春余，叶嫩花初，恐沾裳而浅笑，畏倾船而敛裾"的引文所惊艳，可谁能想到，这些清丽文字的作者，竟是这般人物！

而且梁元帝的逍遥也不会有多久了，他之前出卖国家丢了梁州、益州、襄阳，失去了这些要地，江陵城可谓危如累卵。李白有诗："朝辞白帝彩云间，千里江陵一日还。"从巴蜀上游出发，江陵简直是朝发夕至。而梁元帝又不甘心支付借兵西魏的代价，不仅违背了称臣的诺言，又表示西魏应将所占的梁州、益州、襄阳等地归还给梁朝。所以还没安稳两年，南梁承圣三年（554）九月，西魏宇文泰就发兵五万南侵江陵。西魏军十月到了襄阳，十一月底就破了江陵城，处死了梁元帝。城中十余万口百姓被掳掠关中，老弱都被就地杀害。只剩下一座空荡荡的江陵城被交给萧詧，让他当个傀儡皇帝。萧詧不久就忧愤而死。

江陵城破，萧姓势力几乎死绝，掌握兵权的王僧辩和陈霸先一度拥立梁元帝之子萧方智为帝，也就是南梁敬帝，但不久陈霸先就废了萧方智自立为帝。陈霸先就是南朝最后一个朝代陈的建立者。

南梁一共四帝，五十五年，其实除去梁武帝萧衍的四十八年，几乎没剩下一点儿好时候。

北齐 彩绘陶牛车

时间 546—557

25 鸠占鹊巢三重奏

> 帝少有大度，志识沉敏，外柔内刚，果敢能断。雅好吏事，测始知终，理剧处繁，终日不倦。……每临行阵，亲当矢石，锋刃交接，唯恐前敌之不多，屡犯艰危，常致克捷。……既征伐四克，威振戎夏……
>
> ——《北齐书·帝纪第四·文宣》

【人物】宇文泰、高澄、高洋、陈霸先、王僧辩、陈蒨、元钦、宇文护

【事件】高澄夺江北、高洋建北齐、陈霸先建南陈、宇文觉称帝、宇文护专权

南北朝后期，严格来说已不仅是南北对峙。由于南朝梁的侯景之乱，整个中国的形势都被重新划分了，南方的势力重新洗牌，北方的东魏则改朝换代，陈、齐、魏三家鼎立的局面正在迅速形成。

鸠占鹊巢，北齐建立

自从进入东晋南北朝，北方金戈铁马，江南则偏安一隅、内斗不休，所以本书很多篇幅采取南方一章、北方一章的写法。但是自侯景之乱发生，这种写法不再合适了，此时的中华大地三国相争，南北冲突日益频繁，统一的苗头已然出现。

先说北朝，546年，东魏在玉壁之战失败，高欢也病倒，不久就去世

了。高欢死后，长子高澄承袭职爵，继续执掌东魏大权。

高澄素来和侯景不和，他削夺侯景兵权的举动引发了侯景出逃事件。在这个事件中，西魏、南梁都有参与，最终的结果如前所述，西魏夺取了侯景治下的东荆州等四州之地，南朝梁派萧渊明接济侯景，结果落得寒山堰大败。

548年，由于被南梁出卖，侯景在南梁爆发叛乱，东魏、西魏都趁机大收好处，其中东魏取得了原来侯景的大部分土地，还趁机夺得了南梁江北多达二十三州的土地，而西魏则在南梁元帝的卖国协议下夺取了梁州、益州、襄阳等重地，此时南梁俨然成了一块被东魏和西魏瓜分的肥肉。

那么东魏和西魏彼此的世仇就这样消解了吗？倒也没有，548年，东魏再次组织了一次十万人马西征的行动，但十万人在长社（治今河南长葛市东）打了一年，才攻破了城池，大将慕容绍宗竟然战死城下。西征也就不了了之了。从此以后，东西两魏都意识到与其鹬蚌相争，不如暂时休战一同瓜分南梁的土地。

侯景叛魏之时，曾经称呼高澄为"鲜卑小儿"，因为哪怕到549年去世，高澄也不过二十八九岁。以他执政短短三年内的成绩来看，高澄是一

知识充电

珍贵的"混血儿"——骡

骡子是由马和驴杂交而得的家畜，高大强壮，胜过马匹，是中国北方常见的家畜。可能是由于骡子本身没有繁殖能力，虽然早在东周时期就有骡子传入，但直到汉代初年，骡子仍然是中原人眼里的珍奇。直到后来北方民族和中原的交流增多，骡子的繁育技术才走入中原的寻常百姓家。《齐民要术》里很详细地说明了繁育骡子时用于杂交的驴与马的选择技巧，以及骡子饲养中母骡不可以和其他牲畜混群的经验。

个不错的君主，但是他的死亡非常蹊跷。东魏武定七年（549）八月，高澄已经完成了对东魏朝廷的实质篡夺，到邺城与心腹密议受禅之事。为防机密泄露，高澄将一大半侍卫都调出去了。此时一个行动鬼祟的厨师兰京出现了，给高澄送来一些食物。高澄觉得很可疑，就和在座的人表态说要杀了兰京。不承想这个话被兰京听到了，他再次送来食物，这一次盘子底下还藏了一把尖刀。这刺杀也不知是否背后有人指使，最终结果是，高澄的几个心腹被刺客重伤，高澄被砍伤致死。刺客只有几个人，所以很快被闻讯赶来的高澄弟弟高洋杀死，东魏的大权于是由高洋执掌。

高洋当时继承了哥哥高澄的爵位，是为齐王，掌权不到一年，次年五月高洋就篡取了东魏的皇权，改魏为齐，改元天保，史称北齐。高洋就是北齐文宣帝。

高洋刚刚继位时，西魏宇文泰曾经亲率各路人马渡过黄河打算趁乱讨伐北齐。高洋听说后，在晋阳城东集合六州鲜卑举行了盛大的军演，各路大军"军容严盛"。宇文泰得知后，知道北齐无懈可击，只能长叹："高欢不死矣。"不久就率军渡过黄河回到关中了。

高洋是北齐很有作为的皇帝，在他治下，北齐的国力达到极盛，力压西魏和南朝一头。

南陈版鸠占鹊巢

再说南朝。如前所述，西魏借梁元帝的卖国求援夺取了南朝的梁州、益州、襄阳，后来南下江陵，消灭了南梁皇室。

江陵在当时是南朝荆州地区（或者长江中游地区）的核心所在，梁元帝的皇位正是以荆州的兵马为基础建立的。所以江陵沦陷实际意味着荆州的再次衰弱。此时的南朝，反而是下游已残破的扬州还剩下一点儿力量，组成这股力量的一个是负责东去平定侯景之乱的大将王僧辩，一个是来自广东地区的陈霸先。

陈霸先的祖先是颍川人,是永嘉年间(307—313)南渡到三吴地区中的吴兴的,但他家不算世家大族,而是妥妥的寒族。陈霸先年轻时就是建康城油库里的小吏,升迁到萧梁宗室新喻侯萧映手下做官,后来萧映当了广州刺史,陈霸先就跟到了广州。萧梁时期,广州农民曾经爆发过起义,陈霸先就是在镇压起义的过程中升迁到了一个郡的太守。侯景乱梁时,时任广州刺史的元景仲(看姓氏就知道这个人是北魏宗室)响应侯景,被陈霸先起兵诛杀,凭着这个功劳,陈霸先成了广州的实权人物。

陈霸先是个有作为的人,梁元帝起兵平乱时他也派兵北上,以平定侯景的名义在广东、江西大量征兵。侯景的暴行此时人神共愤,陈霸先因此很快收集了三万多士兵,获得了很多粮草。因为陈霸先支援的三十万石米,荆州兵才解决了缺粮的大问题,两路人马会师这才摧枯拉朽地击败了侯景。可以说,平定侯景之乱陈霸先居功至伟。因此,梁元帝任命他为扬州刺史,陈霸先于是和太尉王僧辩一起管理了南朝下游的广阔土地。

北齐 高洋墓出土人物俑

高洋在位初期,励精图治,厉行改革,劝农兴学,编制齐律,北齐国力蒸蒸日上,被突厥可汗称为"英雄天子"。执政后期,他以功业自矜,纵欲酗酒,残暴滥杀,大兴土木,赏罚无度,最终喝酒过度暴死。此图为高洋墓出土的人物俑,反映了当时的生活风貌。

时间 546—557

唐 阎立本 历代帝王像·陈朝前四帝

陈朝四帝分别为陈宣帝、陈文帝、陈废帝和陈后主,在阎立本的这幅杰作中,四人衣冠造型都有明显特色。

554年,异变突至,西魏军队短短一个月就摧毁了江陵城,拥立了萧詧为皇帝。

王僧辩与陈霸先自然都不承认,两人都觉得应该另外拥立梁朝宗室为帝,于是一起立了梁元帝的第九个儿子萧方智为帝。面对南朝的内乱,北齐自然不会放过,立即派大军兵临长江,南梁的郢州刺史路法和闻风而降,要地武昌落入北齐手中。接下来,王僧辩接到了北齐的外交威胁,北齐的话冠冕堂皇,打着为南梁考虑的旗号,说萧方智当时才十三岁,南朝正值多事之秋,应该立一位年长的君王。人选北齐都给选好了,就是寒山堰之战大败被俘的萧渊明。只要萧渊明当皇帝,北齐立即和南梁井水不犯河水。

萧渊明被北齐俘虏多年,这个人当皇帝难免要向着北齐,甚至可能早已和北齐有了某些私下协定。王僧辩心知肚明,但由于出身原因,他的立场很暧昧。王僧辩的父亲是北魏的降将,姓乌丸,所以王僧辩本质上是个鲜卑人,对北朝是有好感的。他为了个人利益最终允许北齐派一千人送萧渊明继位,遥控南梁政权。南朝百姓看在眼里,人人视为奇耻大辱,陈霸先于是再次站在了民心所向,举兵偷袭王僧辩所在的石头城,杀了王僧辩,废了萧渊明,再次拥立萧方智为皇帝,此时南梁的朝政大权自然落在陈霸先手中了。

但是王僧辩还有余部未被消灭，北齐也不会坐视自家拥立的皇帝被废，两家于是各自出兵来攻。这些势力来势汹汹，但陈霸先本身才干不凡，更是江南民心所向。所以他的军队作战异常坚决，完全不是王僧辩的非正义之师所能抵挡的。更可贵的是江南百姓的资助，在南朝下游经受如此多磨难、民生如此艰难之时，江南人民听说陈霸先的军队缺粮，还是家家夜里用荷叶包饭，夹上鸭肉慰劳军队。在军民的齐心努力下，王僧辩的势力被肃清，北齐的军队也落得大败，军资器械被缴获的不计其数。

立下如此大功，陈霸先的资历和萧道成、萧衍也不相上下了，按照南朝的风气，南梁太平二年（557）十月，陈霸先终究自己登上了皇位，建立了南朝陈，陈霸先就是陈武帝。

西魏 彩绘人面镇墓兽

但是此时的南陈势力范围已经远远小于南朝的任何一个朝代了，陈霸先政权的号令"不出建康千里之外"，长江中游还有以湘州刺史王琳为首的势力支持萧梁反对陈朝。

陈霸先只好笼络江东的世族门阀稳固政权，处理政务时则崇尚宽简，俭朴地维持个人生活，远离声色犬马。这些举措给当时的人民带来天下兴旺的希望。但是即位不到两年，陈霸先就病死了。这个时候，陈霸先的儿子陈昌被西魏俘虏（江陵陷落时），于是无子可传位的陈霸先就把皇位传给了侄儿临川王陈蒨（qiàn）。陈蒨也就是陈文帝。他继承陈霸先的功业，逐步平定内患、恢复失地，建立了陈朝的基础。

北周版双重鸠占鹊巢

说回西魏,在三足鼎立的局势中,西魏虽然未必是最强一方,但内政稳定时间却是最长的。当南朝萧衍、东魏高欢接连去世,国内动荡之时,西魏始终在宇文泰的统治之下,一面稳步发展,一面抓住时机,实力持续增强。

西魏唯一算得上动荡的地方,就是西魏的皇帝不甘心当傀儡,哪怕宇文泰采用了种种拉拢手段。西魏大统十七年(551)三月,西魏皇帝元宝炬死去,元钦继位。

元钦是元宝炬的长子,七岁时便由宇文泰教养,还娶宇文泰的女儿为正妃,按说对宇文泰应该比较亲近。但史实是,元钦不愿做傀儡皇帝,对宇文泰极度不满,不仅元钦如此,西魏的宗室也有一部分人对宇文泰不满。

西魏废帝二年(553)十一月,西魏宗室元烈密谋诛杀宇文泰,因消息泄露失败被杀。皇帝元钦很同情元烈,觉得他是忠臣,对宇文泰的所作所为愤愤不平。才过了两个月,西魏废帝三年(554)正月,元钦就按捺不住,密谋亲自除掉宇文泰,夺回朝政大权。但宇文泰少年掌权,至此已然二十多年,根本不是元钦这个继位三年的傀儡皇帝能对付的。结果元钦不仅没能废了宇文泰,反而被宇文泰废黜,幽禁在雍州。宇文泰于是改立元廓为皇帝,下令恢复元姓为拓跋姓。

此时,西魏皇帝只剩下空名,宇文氏取而代之只是时间问题,更何况南朝和北齐早已"成功演习"了两次鸠占鹊巢。

不过,宇文泰终究没等到改朝换代那一天。556年,宇文泰在北巡的归途中染病。宇文泰此时五十岁出头,几个儿子都比较年幼,不能独立掌权。宇文泰只好叫来哥哥宇文颢的三儿子宇文护托付后事。宇文护赶到时,宇文泰已然病危。他对宇文护说:"我的儿子们都年轻,如今外敌强悍,内部对手也很多,今后的国家大事,都由你决定。你一定要努力完成我的志向。"

宇文泰死后,和他一起打天下的大将赵贵、独孤信不服宇文护,于是暗中谋划着袭击宇文护的行动。但宇文护自十七八岁就跟随宇文泰，到宇文泰去世前，已经四十多岁，为政非常成熟了。赵贵和独孤信还没能行动，就被宇文护先发制人地消灭了。

宇文护掌权后，继承了宇文泰的功业，扶立了宇文泰的嫡子宇文觉，并且将宇文家的大业推到了最后一步。他借口天命当有归属，派人威逼皇帝拓跋廓"禅位"给宇文觉。宇文觉于是于西魏恭帝四年（557）正月称周天王，改西魏为周，也就是北周，西魏灭亡。宇文觉就是北周孝闵帝。宇文护则出任大司马，封晋国公，继续辅政。

至此，东魏、南梁、西魏三家陆续完成了鸠占鹊巢、改朝换代的大业，尤其是西魏，可以视为一种双重鸠占鹊巢，一方面宇文觉替代西魏拓跋氏当了皇帝，一方面朝廷大权却从宇文泰的后人手里转到了宇文护的手里。南北朝乱世的统一逐步开始了。

西魏　陶文官俑

石雕人俑束发成髻，着宽袖上衣，下着窄裤，面带微笑，左手紧握，右手下垂。

时间　541—566

26　三个朝廷、三种强盛

> 世祖起自艰难，知百姓疾苦。国家资用，务从俭约。常所调敛，事不获已者，必咨嗟改色，若在诸身。主者奏决，妙识真伪，下不容奸，人知自励矣。
>
> ——《陈书·本纪第三·世祖》

【人物】宇文泰、高洋、高演、高湛、陈霸先、陈蒨

【事件】西魏行均田、创立府兵制、高洋兴北齐、高湛败家产、陈文帝平外患

历朝历代的开国之世大抵较为强盛，而南北朝末期的550年到557年，短短七年崛起了三个新生朝廷，他们的统治者励精图治、改革弊政，呈现了一场精彩的龙争虎斗。

统一王朝的制度发明

虽然继承西魏的北周是最晚建国的，但是西魏早在宇文泰时期就进行了不少改革，起步可以说是三个朝代中较早的，这些改革被北周所发扬，奠定了北周强大的根本。

西魏、北周的强盛，和宇文泰管理下比较清明的政治关系密切，早在541年，宇文泰就提出改革基本原则：先治心，敦教化，尽地利，擢贤良，恤狱讼，均赋役。

西魏虽然是鲜卑族的政权，但是为了争取多方支持，他们崇尚中原文化，要求各级官吏学儒家学说修身，躬行仁义、孝悌、忠信、礼让、廉平、俭约等，同时又用儒家伦理纲常观念束缚百姓，向百姓灌输孝悌、仁顺、礼义，稳定统治秩序。但宇文泰又不全盘照抄南朝的世族门阀政治，也奉行唯贤是举——用人不只看资历，只要德才兼备，哪怕出身微贱，也可以出任卿相。

西魏的吏治是比较清明的。宇文泰比较注意听取下属的意见，要求"法不阿贵"，官吏犯法一视同仁，又要求断案者慎罚，严禁屈打成招，以求尽量减少冤假错案。

吏治、文教和法治之外，西魏和北周能以弱胜强，在强大的东魏、北齐威胁下立足，很重要的原因就是均田和府兵两大制度。

所谓均田，在这个时候已经不是新鲜词了。但是在当时，均田制度普遍在推行时遇到了阻碍。因为均田制度简单说就是国家按人头分给百姓土地，按人头制定税收，它是以国家掌握大量可分配土地为前提的。可是当时的北方由于土地兼并和人口增长，国家越来越拿不出足额的土地进行均田分配。以西魏时期传世的一份记账残卷分析，其三十三户中只有六户得到了足额分配的土地，而且均田的土地面积比均田制产生时的一夫一妻百亩缩水了很多。可依据当初分田量制定的田租、户调却大体没变，百姓的生活自然比较辛苦了。就连制定田租户调的苏绰自己都感叹："我今天制定的税额，就像把弓拉开，不是正常时代的法度，后世的君子，谁能帮百姓把绷紧的弓松下来呢？"

尽管西魏、北周的均田步履维艰，但相比土地兼并更严重的北齐和南陈，这里的情形反而是三国中比较好的了。毕竟关陇地区荒凉日久，土地还相对宽裕，北周王朝的统治者又多次削减百姓每年服役的时间，所以百姓过得相对还好，国家的收入也就比较稳定。

再说府兵制度，宇文泰整合关中军团，迎接北魏末帝孝武帝元脩时，整个政权的兵马是非常少的。大体由三部分组成，一部分是宇文泰继承贺拔岳地位后掌握的武川镇军团数千人，一部分是宇文泰吞并关中另一个军团领袖侯莫陈悦的人马万余人，最后一部分是随着孝武帝元脩入关的北魏禁军，也不过万人。西魏最初的兵马就这大约三万人。那么，仅凭三万人，西魏如何能挺过高欢数次十万大军的西征，甚至在邙山兵败大量减员后东山再起呢？答案就是府兵制度。在西魏时期，府兵的领导者叫八柱国，每个柱国大将军下设两个大将军，每个大将军下又有两个开府，一个开府领兵大约两千人，所以称为府兵。

府兵的八柱国是模仿了鲜卑人过去的八部设立的，并不能说形式有多先进。府兵的进步在于它终止了北魏六镇兵户地位世代下跌的趋势，大大提高了军人的地位。连当朝的大家族子弟也纷纷入伍，府兵地位自然有所保证。而且府兵的待遇远好于六镇兵户，一旦入伍，就不在县籍，不承担赋役，而有专门的军籍。而且不仅鲜卑人有权入伍，普通的均田百姓也有权入伍。在充当府兵期间，入伍者会受到专业的军事训练，素质远远高于临时征发的农民。

由于府兵优厚的待遇，大量觉得税赋沉重的百姓积极入伍，西魏和北周的兵源也就从鲜卑族扩大到了汉族在内的多民族。这就是西魏在战争失败后迅速站起来的根本原因。

> **知识充电**
>
> **西魏八柱国**
>
> 八大柱国制度建立之初，由宇文泰出任柱国大将军，总管西魏军；元欣出任柱国大将军，挂虚名，不掌管军队；赵贵、李虎、李弼、于谨、独孤信、侯莫陈崇出任柱国大将军，实际统率六军，受宇文泰直接管辖。六个柱国大将军各管辖两个大将军，十二个大将军各管辖两个开府；二十四个开府各管辖两个仪同，共四十八个仪同。

独孤信多面体煤精组印

独孤信是西魏八柱国之一，这个由十八个正方形面和八个三角形面构成的多面体，正是独孤信的印信。印信由煤精制成，煤精属于煤的一种，但比普通煤细密、坚韧、轻巧，能够进行雕刻。印信有十四面刻有不同内容的印文，在不同场合使用起来非常方便。

均田和府兵制度一直由西魏沿用到北周、隋朝、唐朝，成为大一统帝国的坚实基础。

也是在宇文泰在位期间，历史上有名的关陇集团出现了，他们的核心就是府兵统帅八柱国、十二大将军，重要组成部分是关陇地区的汉族豪门。为了形成这个统治集团，宇文泰给加入自己军队的汉族大族赐予鲜卑姓氏，抹除民族差距，又重新调整汉人最看重的郡望，不再提关东的郡望门第，而是以现状重新排列高低。最终鲜卑人上层的元、长孙、宇文、独孤等族和关陇、河东的汉族豪门韦、杨、苏、侯、李、裴、柳、薛等彻底融为一体。后世隋唐的帝王将相，大多出自这些姓氏。

比如柱国大将军李虎就是唐高祖李渊的祖父；柱国大将军独孤信，有两个女儿分别嫁了北周明帝、隋文帝杨坚，有一个女儿是李渊的生母；十二大将军中的杨忠，就是建立隋朝的隋文帝生父。

5 统九州之五的强大王朝

北周、北齐、南陈初立之时，南陈最弱，政令不能出建康千里，北周次之，但势力比西魏时大有提高，最强盛的是占据中原地区的北齐。虽然高欢对西魏屡次作战失利，但他的两个儿子高澄、高洋都少年有为。高澄时代，东魏吞并侯景，侵吞南朝二十三州。到了高洋时代，北齐采取"和西、攻南北"的战略，和西魏握手休战，先集中兵力向北方和南方扩张。

时间　541—566

奇闻逸事

货币收藏者的乐园

钱币是以国家的信用为基础发行的，不同的国家往往采用不同的货币。所以在魏晋南北朝期间，与层出不穷的国家、朝代对应的是五花八门的货币。东晋十六国中的前凉、后赵、成汉、大夏都有独立的货币。到了南北朝时期，南朝北朝的每一个朝代都有自己的钱币。这些丰富的货币为日后中国货币的样式摸索了很多新路，比如成汉的汉兴钱开创了以年号铸钱的先河，而大夏的大夏真兴钱则开了将朝代和年号结合的做法。不过如此规格繁杂、变动频繁的货币，对百姓却是极大的伤害，以致很多人都采用以物易物的办法来规避损失。

向南方，北齐军趁侯景之乱夺取了二十三州后，后又两度兵临建康城下，虽被击退，但疆土已扩展到淮南，长江已经取代淮河成为南北新边界。

向北方，高洋在天保三年（552）袭击北方民族库莫奚，缴获各类牲畜十多万头；在天保四年（553）出兵袭击契丹，俘虏十多万人口，牲畜数百万头；在天保五年（554），出兵进攻北魏的死敌柔然，俘虏三万多人，牛羊数十万头；还修缮了从幽州到恒州的九百余里长城，巩固了北方边塞。

单从领土而言，在高洋时期，北齐"王四渎之三，统九州之五"，占有中原最富庶的河北、山东、山西、河南、苏北、皖北等广阔平原，而且还可以利用山东地区的鱼盐富国强兵。当时的北齐之强令北周非常畏惧，每到冬天北周都得派士兵守住黄河，将河冰敲碎，防止北齐渡河侵犯。

高洋继位之初是比较谨慎的，政治清明，人尽其才，违法乱纪的人往往会被严惩。再加上他善于决断，勇于军事，因此北齐开疆拓土，农业、盐铁业、瓷器制造业都比较发达，在鼎足而立的三国中最为富强。

高洋也重视法律，重用封述、崔暹、李洋、魏收等人，让他们全面总结汉魏以来历代王朝立法经验，简化法典结构、提炼篇名，锐意创新，创作了《北齐律》。所以，北齐的法度也比较完善。

　　但几年后，政治比较稳定了，高洋的生活就奢侈起来，整天不理朝政，沉湎在酒色之中。所幸的是，他重用汉族大臣杨愔为丞相，且国家基础雄厚，所以北齐还是很强大。可能是这种生活掏空了高洋的身体，559年，才三十一岁的高洋就病死了，此时距离他建立北齐才不过九年，他的继承者齐废帝高殷只有十五岁。

　　一年不到，齐废帝就被高洋的六弟高演废掉了，高演就是北齐孝昭帝。他性格深沉聪敏，善于理解事情的细节，政治经验丰富。夺取帝位后，他特别留心政事，积极寻求并任用贤能的人，关心民生，轻徭薄赋，还分派使者观察四方风俗，询问民间疾苦，给北齐带来了继续繁荣的希望。不过，他当皇帝才一年就病死了。临死前，为保住儿子高百年的性命，他传位给九弟高湛。这一决定将北齐送上了不归路。

　　在北齐前几位皇帝在位期间，西魏推行的均田制，北齐也是很重视的。但北齐毕竟处于农业发达的中原地区，因此地主占田多，农民分得的田少，且破产非常迅速。北齐在河清三年（564）曾经规定，一夫受露田八十亩，一妇受露田四十亩。这原本是好事，但法律还规定大家族的奴婢也像良人一样可以分地，所以有钱有势的大家族凭借众多的奴婢可以分到大量土地，这些人本来就不缺地，却占据了如此多土地，普通百姓的均田自然很难实现了。再加上世家豪族的巧取豪夺，以及北齐南征北战，大修楼阁宫殿。百姓自二十岁起到六十

成汉 汉兴钱

汉兴钱是历史上最早的年号钱，为成汉皇帝李寿所铸造。汉兴钱分两种，钱文上下排的称为"竖汉兴"，左右排的称为"横汉兴"。

岁为止都要承担繁重的劳役，生活就更苦了。于是，强大的北齐坐拥天下最富饶的农业区，可它的百姓却劳累饥饿不堪，起义接连不断。从东魏到北齐大起义此起彼伏，再加上胡汉的矛盾没有很好调和，这个大帝国逐渐外强中干，在昏庸的君主上位后，很快急转直下了。

尤其是在高演上位时，胡汉矛盾再次激化，大量汉人高官，包括高洋倚重的杨愔都被害死，这种争斗甚至蔓延到后宫。当时高演也好，高演死后继位的高湛也好，都是娄氏的儿子，娄氏是鲜卑人，而高洋之子、废帝高殷的母亲却是汉族赵郡李氏的女儿。齐废帝在位期间，娄氏很不满齐废帝和太后李氏的管制，曾经直白地说："怎么能让我们母子受这个汉人老太太摆弄？"

由于高层不和，比起北周胡汉融合形成的关陇集团，北齐的胡汉冲突此起彼伏，这也是强大的北齐败亡的重要原因。

笼络豪强，修补河山

说回南朝陈。陈霸先在南朝民心的支持下，以少量兵马打退了北齐的进攻，也为南陈的生存打下了基础。但是他在位两年就去世了，继位的是他的侄儿陈文帝。

陈文帝继位时，江东这个小朝廷的号令只能在建康千里之内推行，控制湘州、郢州的是支持萧梁的湘州刺史王琳。一大批支持萧梁的残余势力都推举王琳为盟主。为了对抗陈朝，王琳一面趁乱开拓领地，一面拥立梁元帝的孙子萧庄为皇帝。萧庄说是皇帝，其实只是个七岁小孩，根本不能主事，王琳说是为了南朝梁奋斗，实际干的却是勾结灭国仇人北周、北齐的勾当。

北齐接受了王琳的拉拢，派兵万余人配合王琳攻打建康，遭到陈文帝和江南百姓的坚决抵抗。最终，王琳和北齐联军战败，王琳本人虽然还想继续骚扰南陈，但麾下的士兵都不愿意为他打仗，四散而去了。他的根据地湘州也被北周趁机夺取了，王琳只好带着妻妾逃到北齐去了。江州和郢州于是被南陈收复。借着胜势，陈文帝进军巴丘（今岳阳市），截断长江水路，采用封锁政策对付北周，让他们粮草不足，最终逼退了北周军队。

陈霸先叔侄的这几战可以说是南陈的立国之战。赶走了北周、北齐后，南方原本不服朝廷的广州、桂州逐渐归附。这时候的南陈才修修补补，勉强恢复了南朝的气象。不过比起其他朝代，西方的蜀地、北方的淮河流域却基本失去了。

南朝 青釉博山炉

而且经历了侯景之乱，南朝损失的不仅是土地，更是维持王朝的世家大族。侯景投降南朝后，曾经向梁武帝申请，说自己想娶江南高门王氏和谢氏的女儿。梁武帝听后立即拒绝，大意是王谢门第太高，不适合你，还是在朱张两姓以下的门第去找吧。侯景勃然大怒，暗地恨上了江南傲慢的豪门，说："早晚将这些吴地的儿女变成奴婢！"

等到侯景作乱成功，无论是为了巩固统治还是为了泄愤，他都没有理由善待江南大族。于是，侯景之乱中世家大族饱受摧残。后来长江中游又发生了西魏灭梁事件，十余万人口被掳走，江南原本的大族遭到了沉重打击。反而是原本处于相对偏远地区的、没有被战乱波及的家族兴起了。这些大族学着衣冠南渡时北方大族的做法，以家族为单位修建堡垒自卫。周边百姓为求活路，也往往依附他们，最终结果就是这些大族在本乡本地，简直成了独立的小国。南陈建立不久，不得不拉拢这些大族，封官追认他们在地方的地位，并且频繁和其中的强大者联姻。

于是，和东晋南渡一样，新建的陈王朝就这样和新兴的大族彼此扶持，勉强修补好了南朝的江山。

时间 557—578

27 铲除权臣，统一北方

> 帝沉毅有智谋。初以晋公护专权，常自晦迹，人莫测其深浅。及诛护之后，始亲万机。克己励精，听览不怠。用法严整，多所罪杀。号令恳恻，唯属意于政。群下畏服，莫不肃然。
> ——《周书·帝纪第六·武帝下》

【人物】宇文护、宇文觉、宇文毓、宇文邕、高长恭、高湛、高纬

【事件】宇文护三次弑君、宇文邕劝酒政变、高长恭冤死、周武帝灭佛、北周灭齐

两位君主被弑，宇文泰之子宇文邕苦心设计，终于铲除权臣，子承父业。他禁佛寺、开兵源，利用北齐君主昏庸、滥杀忠臣之机，联合南陈，两战灭亡北齐。北方统一南方的趋势，正是在宇文邕时代明朗。

善于弑君，不善作战

受宇文泰遗命，宇文护辅佐宇文觉掌控西魏朝政。宇文泰可能不会想到，自己托孤的这个侄儿在位十几年，虽然稳定了北周的政局，但是打仗几乎没赢，杀皇帝倒是一把好手。不仅杀死了西魏皇帝拓跋廓，还接连杀死了宇文泰的两个儿子。

宇文护何以如此专权跋扈呢？最主要的原因是宇文护掌握了八柱国麾下的十二军。这十二军就是我们前文所说的府兵，在宇文泰时代就是从属

于相府而非皇室，宇文泰死后，宇文护掌握左右十二军。任何军队调动，没有他的手令就不能执行。他的府邸，被禁军重重保护。在那个军力决定政权的时代，年轻的皇帝自然没有任何权威，朝中无论大事小事，都是宇文护先行决断再上报皇帝。北齐人见了，很恰当地总结了宇文护的所作所为——"外托为相，其实王也"。

不过宇文护权倾朝野自然也有政敌，比如李植、孙恒等人，他们在宇文泰时期就是重臣，宇文护执政后，他们担心遭到排挤，就秘密召集人手向皇帝宇文觉提议除掉宇文护。

这些消息想瞒过掌握军权的宇文护不容易，计划还没施行，宇文护就得到消息，将李植和孙恒等人外调，同时加紧把控朝政。最后宇文护先下手为强，抓住谋划政变的乙弗凤等人，召集所有公卿，在朝堂上向皇帝宇文觉哭诉。

乍一看，宇文护完全是个受了委屈的顾命大臣，但解决危机后宇文护下手非常果断，很快废了皇帝宇文觉，一段时间后又杀了他。宇文护倒是没有篡位，而是于557年，拥立了宇文泰的另一个儿子宇文毓为皇帝，也就是北周明帝。北周孝闵帝宇文觉实际在位时间不过一年而已。

北周明帝继位后，宇文护还是独揽大权。559年，可能是为了试探宇文毓的心意，宇文护上表请求交还朝政大权。宇文毓是个挺聪慧的人，但不知道出于什么考虑答应了宇文护口不由心的请求，开始亲自处理日常政务，只有遇到军

西魏 弥勒佛石像

国大事，才请宇文护决断。从这里就能看出宇文护的真心了，看到宇文毓处理政事井井有条，宇文护一点儿也不开心。

560年，宇文护找到管皇帝膳食的膳部下大夫李安，李安原本就是宇文护提拔的，所以很听宇文护的话，按宇文护的意思给皇帝送去投了毒的食物。宇文毓没有防备，被食物毒死了。宇文护于是又拥立宇文泰的儿子宇文邕为皇帝，也就是北周武帝。

宇文邕见宇文护连杀三个皇帝，只能小心翼翼地迎合他的心意，任命他为都督中外诸军事。宇文护是个孝子，他的母亲阎姬早年被北齐俘虏，母子分离数十年，后来北齐将阎姬送回。宇文邕抓住这个机会，特意下诏大赦天下。赏赐给阎姬的物件无一不是千挑万选，逢年过节，宇文邕都亲率皇族成员前往宇文护家，向阎姬行家人之礼。宇文邕的这些举动让宇文护放松了警惕，以为这个皇帝和自己一条心，全然忘了宇文邕自幼聪明，是宇文泰认定能达成他遗志的儿子。

但即便如此，宇文邕想扳倒宇文护还是非常不容易的，面前的第一座大山就是宇文护在府兵中的绝对权威。这时，宇文护不善于用兵的缺点成了他失败的伏笔。北周武帝保定三年（563），宇文护命柱国大将军杨坚联合突厥攻打北齐，但未战而返。次年，宇文护又征调了二十万大军，围攻洛阳，不但无功而返，还导致一万多深入敌境的兵马全军覆没。这时候，北齐的统治者已经是武成帝高湛了，国内政治可谓乌烟瘴气。但即便如此还不能得胜，不免让北周舆论哗然，宇文护在军队中的威望大大下跌。

劝酒引发的政变

宇文护代替天子出征惨败而归，声威大跌。宇文邕却好像没有看见，全然不追究其责任，还依旧给予他优厚待遇，任其专权。

567年，宇文护的母亲去世，这可愁坏了这个权臣兼孝子：按照制度，宇文护要停职守孝三年。他是个孝子，不执行这个规定，担心被人指

责"伪孝";执行的话,又担心政敌趁机发难,招来祸患。北周武帝宇文邕非常有眼力,不仅没有借机发难,反而直接为宇文护

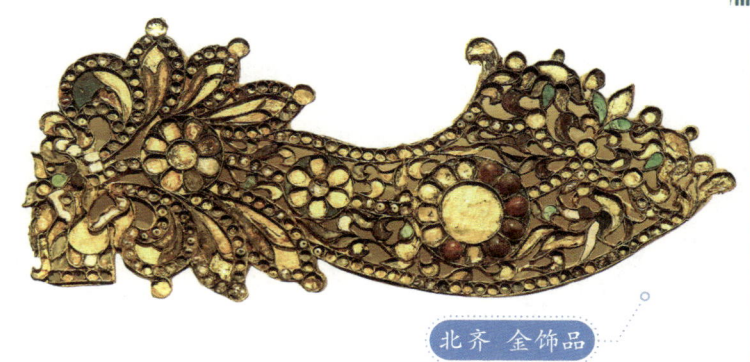

北齐 金饰品

解忧,一边给宇文护表现自己守孝三年决心的机会,一面下旨强令他出来处理政事。这样,宇文护就不用停职守孝,名正言顺地掌控朝政。

宇文护还有一个毛病,就是倚仗有功,任人唯亲。他所委任的人没几个称职,他的儿子个个贪婪,仗着他的声威权势,放纵部下、败坏政事,残害百姓、欺上蒙下,毫无顾忌。人心于是逐渐远离了宇文护。

北周武帝宇文邕看在眼里,采取外松内紧的方式,一边对宇文护继续放任优厚,一边秘密与弟弟宇文直策划除掉他。

北周天和七年(572)三月,宇文护从同州回到长安。宇文邕在文安殿亲自接见他后,带他去含仁殿见皇太后,请他劝皇太后不要违背法规喝酒,看起来完全是一个恭顺的乖弟弟。

然而,这次劝酒是有门道的,因为此前宇文邕在宫中见到宇文护,常行家人之礼,和皇太后关系也很融洽。所以宇文邕可以料定,宇文护拜见皇太后时,皇太后必定赐宇文护坐下,而让自己站在一边侍候。这时只有这几人在场,是政变的大好时机。

一路上宇文邕表现得滴水不漏,快到了殿前还对宇文护说:"太后年纪大了,还爱喝酒。不是亲近的人,她还不准拜见。她有时高兴,有时愤怒,脾气有点儿反常。我劝告过她多次,但她根本听不进去。今天,哥哥拜见她,希望能趁机再劝劝她。"

说罢,宇文邕还从怀中拿出《酒诰》交给宇文护,说:"哥哥拿这个来规劝太后吧!"《酒诰》是《尚书》中的一篇禁酒文章,当时北周禁止喝

时间 557—578

> **知识充电**
>
> **《酒诰》** 《酒诰》是历史上最早的禁酒令,是周朝统治者在推翻商朝统治后发布的。北周制度模仿周朝,也禁止喝酒,对《酒诰》非常重视。

酒,皇太后喝酒,是带头违法。皇帝劝不了皇太后禁酒,让辅政的护国公出面劝,也没什么可疑的。

宇文护不疑有他,进入含仁殿后,行过礼,就按照宇文邕所说的,向皇太后宣读《酒诰》,劝她禁酒。还未读完,原本规规矩矩站在后面的宇文邕猛然上前,用玉笏从后面将宇文护打倒,然后急令太监何泉拿刀去砍宇文护。何泉害怕,砍下去却没伤着宇文护。这时预先躲在含仁殿内的宇文直也冲出来,将宇文护杀死。

随后,宇文邕召见长孙览等人,宣告宇文护对皇太后不敬,已经处死,下令捕杀宇文护的儿子及亲信。

由于此前漫长的忍辱负重,宇文护这个权臣的死没有演化为动荡国本的大乱,国家权力终于回到了宇文泰的儿子手里。宇文邕继位时还是十几岁的少年,灭杀宇文护时已经是而立之年了,政由己出以后他没有辜负父亲的赞赏,完成了宇文泰未已的事业,统一了整个北方。

5 兰陵星芒陨,北齐昏茫茫

北周在十几年的权臣当政后终于迎来了有为之主宇文邕,而北齐却明主死绝,内部胡汉相争、手足相残,政权落在了北齐武成帝高湛和北齐后主高纬这父子俩手中。561年,高湛继位。高湛的性格优柔荒淫,昏庸无能,沉湎于美色之中,不思国事。

他特别听信奸臣和士开的享乐理论："古代的帝王，如今都已经化为灰土。尧舜和桀纣，有什么不一样的吗？您应该趁年轻力壮时纵情享受，快活过一天，胜过郁闷活万年。国事，您可以吩咐大臣去办理就行，没必要亲自操劳。"由于高湛没有发挥主心骨的作用，整个北齐的统治阶级都快速腐败了下去。

如此紧迫的情势下，高湛还是每三四天上一次朝，每次只批红几本表文，待一会儿就下朝玩乐。时间久了，高湛甚至觉得每天享乐就足够了，当皇帝还得面对朝廷乱局，于是于565年传位给太子高纬，自任太上皇。

高纬在位后，客观上还是做了几件好事，比如看都没仔细看就批准了奏请杀和士开的表文。和士开死了，高纬有些后悔，但洛阳全城欢腾。可这并没有根除北齐的痼疾，高纬的昏庸不输其父，而且他不像父亲那样怕麻烦，对看不惯的忠良大臣和宗室丝毫不手软。

帝鉴图说·华林纵逸

北齐后主高纬是出名的会玩儿。他专门在华林园造了一座贫穷村庄用来玩耍。在村子里，他要么穿着破衣装扮成乞丐，要么在村里开办集市，要么让卫士表演攻城，要么手持琵琶弹唱《无愁之曲》。

时间　557—578

高纬在位初期，北周是宇文护专权，政治也有些腐败，这段时间里，北齐和北周有过一段时间的交好，从568年开始，两国互相遣送使者。但和平没有维系太久，572年，北周武帝宇文邕夺回权力，他看到北齐统治者昏庸残暴，政令出自多方势力，卖官鬻爵的昏聩情景屡见不鲜，就有了消灭北齐的想法，于是表面还是和北齐交好，实际却秣马厉兵准备着一场大战。

北周对北齐的吞并行动，其实在宇文护时代就开始了，在563年和564年，北周也采取过趁乱进攻北齐的大规模军事行动，但却都以失败告终。原因一是北齐强大的基础还在，二是北齐还有着斛律光、高长恭等肱股之臣。在满朝昏聩的暗夜里，他们像是夜里的星，孤单地照耀着北齐。

高长恭是北齐文襄帝（高澄）的儿子，北齐武成帝高湛的侄儿，北齐后主高纬的堂兄弟。因为封于兰陵，所以称兰陵王。兰陵王是史书公认的美男子，容貌柔美如女子，却有心雄万夫的气魄，是个勇武的王爷。因为容貌过于秀美，兰陵王临阵时需要头戴坚盔，以凶恶的面具遮脸，以增添威严。

兰陵王为人宽容和气，常常原谅别人的过失，有了好吃的食物喜欢拿出来与众人分享，军队里都很爱戴他。兰陵王作战十分出色，是北齐末期的杰出将领。河清二年（563），北周和突厥合兵进攻北齐，兰陵王任并州刺史，击退了袭扰晋阳的突厥人。

河清三年（564），北周权臣宇文护发动二十万大军攻打洛阳，高长恭和大将军斛律光是前去解围的援军。当时虽然北齐援军取得了一些胜利，但是洛阳城被重重包围，守军不能和援兵会合，援军也畏惧北周人多不敢突围入城。兰陵王于是不顾生死，亲率五百骑兵冲入北周军队，突破重重包围来到金墉城下。当时，守城的将士只看到一个身披战甲、头戴面具的将军在城下呼喊，根本不敢确认是敌是友。兰陵王只好摘下面具，露出绝美的面容，城中守军大为振奋，立刻放箭掩护兰陵王入城。由于金墉城内守军和城外援军的勇敢作战，北周军队大为惊慌，弃掉营地紧急撤退。从

北齐 杨子华 北齐校书图

《北齐校书图》相传为北齐画家杨子华绘制画作，此为宋代临摹本。画面中有三组人物，居中的是坐在榻上的四位士大夫，或展卷沉思，或执笔书写，或欲离席，或做挽留状，神情生动，细节描写也很精微，旁边站立的女侍也表现得各具情致。

洛阳城外的邙山到谷水三十里路遍地是北周士兵丢弃的武器辎重。北齐战士见了，都纷纷唱歌赞美兰陵王，据传后世有名的《兰陵王破阵曲》就出自这里。因为这次战功，大将军斛律光被封为太尉，高长恭被封为尚书令。

武平二年（571），北周再次和北齐产生争斗，高长恭和斛律光再次击败了敌人。因为屡屡立功，高长恭被任命为大司马。

然而，如此一个难得的将才，却因身为宗室，引起了皇帝的猜忌。邙山大捷之后，北齐后主高纬曾经关心地对兰陵王说："你冲入敌阵太深，如果没有打赢就悔之无及了。"兰陵王以为是兄弟的关怀，笑着说："这是家里的事，我觉得亲切，没有顾虑那么多。"说者无心，听者有意，心胸狭隘的高纬听到高长恭把国家大事说成家事，内心不仅没有感激，反而忌惮起了这个堂兄弟。

高长恭是个聪明人，知道后心里很难过，开始故意收受贿赂，聚敛财物，还试着托病在家隐退，但都不能遂愿。猜到自己结局的兰陵王十分难过，有了病也不肯医治，就盼着病重离任。然而，武平四年（573），北齐后主高纬还是给立下汗马功劳的高长恭送去了毒酒，高长恭接到毒酒，对妃子郑氏说:"我忠心侍奉君王,哪里辜负了上天,却要饮鸩而死!"

郑氏难过地说:"为何不求见君王?"高长恭叹了口气,说:"事到如今,天颜哪里见得到呢?"说罢饮酒自尽。临死前,高长恭把家里数额达千金的债券都销毁了,借给别人的钱就此一笔勾销。

高长恭死后,北齐后主的心情我们无由得知,但怀念高长恭的人们却把兰陵王在金墉城下勇冠三军的事情代代流传。他们模仿高长恭破阵时戴面具杀敌的动作,创作了《大面》这段舞蹈。

不止高长恭,同样对北齐立有大功的斛律光也因为君主的猜忌而死,害死他的理由,不过是北周人传来的一句谣言——"百升飞上天,明月照长安"。(百升为斛,上天是大不敬,明月是斛律光的字,照长安暗指斛律光会投向北周都城)

诛杀斛律光、高长恭,北齐自毁长城。短短两三年后,北周武帝宇文邕就集结十八万大军而来了,这一次,再也没有雄壮的《兰陵王破阵曲》奏响在北齐的土地上。

5 宇文雄主,天不假年

北齐武成帝父子戕害忠臣,把国政搞得昏天暗地。而北周武帝宇文邕却秣马厉兵,做了很多伐齐的准备。他第一个下手的就是北魏时期屡屡起义的僧尼。当时,仅中国北方的僧寺就多达五六万所,比北魏末年大约翻了一番,北方僧尼的人数则达三百万以上,几乎相当于政府编户的十分之一。这些人不向朝廷交税,其中的大和尚还利用普通僧众创造的巨额财富吞并田产、发放高利贷。北周武帝想要灭北齐是以弱胜强,必须得整合国内的一切力量,所以建德三年(574),他下了史上有名的废佛令。

这是一道雷厉风行、非常严酷的政令,一纸令下几乎把北周境内所有寺庙的土地、资产统统充公作为军费,近百万僧户被重新编入朝廷的户籍,给国家交税。凭空多了一百多万税源,北周的中央力量自然大大增强了。

同时，北周武帝还吸收了大量均田的汉族农民为府兵，既扩展了兵源，又通过府兵这个熔炉，促进了胡汉的民族融合。不仅如此，北周武帝还迎娶了北方新霸主突厥可汗的女儿为皇后，和南方的陈朝交好，制定了联合突厥、陈朝共同瓜分北齐的战略。（突厥人原本是柔然的奴仆，在南北朝末崛起，取代了柔然的地位）

此消彼长下，北周和北齐的攻守易形了。北周建德四年（575），十八万北周大军攻向北齐。北周武帝亲自攻下了河阴，齐王宇文宪攻下了洛口东西二城。不过此时的北齐还是有一战之力，坚城洛阳没有被破，北齐的援军很快从晋阳赶来，而北周武帝又生了病，于是这次伐齐就此为止。

第二年（576）十月，北周武帝整合兵马十四万五千再度伐齐，这一次他吸取了上次优先攻打洛阳地区的教训，听从谋臣的建议，放弃既难攻打又不易守住的洛阳，转而攻打地形平坦的山西盆地，进而威胁北齐的起

北齐二首·其二

李商隐

巧笑知堪敌万几，
倾城最在著戎衣。
晋阳已陷休回顾，
更请君王猎一围。

家地晋阳。

这一次进展非常顺利，北齐晋州刺史直接打开平阳城门带了八千多人投降了。平阳失守相当于打开了北周进攻的大门，沿着汾水河谷，北齐沿途城池纷纷沦陷。可笑的是，平阳被攻打时，北齐后主还忙着和冯淑妃打猎玩乐呢。从早到晚，晋州告急的消息三次由驿马传来，北齐的右丞相看着焦急的信使，不紧不慢地说："皇帝正玩呢，何必着急上奏？"后来，北齐后主知道了消息，打算提前结束打猎回晋阳主持局面，可"贤惠"的冯淑妃却没玩够，还求着北齐后主说："陛下，咱们再杀一围吧！"唐代诗人李商隐的"晋阳已陷休回顾，更请君王猎一围"就是讽刺此事。

等到北齐后主集结大军赶来，北周已经在平阳设好了坚固的防线。北周武帝见北齐军人数众多，便率主力向西撤退，回避北齐军兵锋，另派梁士彦率一万精兵坚守平阳，利用坚城消磨北齐军队的锐气。北齐十万大军围攻平阳一个多月也没能打下来，这时北周也集结了约八万人，来到平阳布阵，显然这一战就是这场战役的决战了。

为了对付北周，北齐军队原本花大力气修筑了壕沟，可是冲动的北齐后主竟然因为一批宠臣的怂恿，认定躲在壕沟后面是丢了天子威风，下令填平壕沟南下。两军于是平地接战。作战中，北齐的东翼军队稍微退却了一些，观战的冯淑妃等人就以为仗要输了，纷纷怂恿北齐后主后撤。高纬听信了，他身为最高主帅却忽然撤退，北齐的军心一下子就崩溃了，兵器军资丢得

> **北周　彩绘贴金石菩萨像**
>
> 该雕塑雕像为白石，台座为青石，菩萨头戴化佛宝冠，面相方圆，双目微睁，身佩璎珞、宝珠，手执柳枝、净瓶，着长裙，足下为双狮莲花台。

云冈石窟 第二十窟石像

在北周武帝建德年间，在经过多次辩论后，宇文邕顶住来自各方的压力，下令在全境内展开灭佛运动。在这次运动中，佛像被毁，寺庙被没收，僧尼被勒令还俗。

满地都是，还损失了一万多人。这一战北齐的主力已经崩溃了，晋阳和邺城也难以守住了。北齐后主只好一路奔逃，从晋阳逃到邺城，再逃到济州、青州。

北周大军紧随其后，摧枯拉朽般地夺下了晋阳、邺城，最后抓获了北齐后主高纬。

577年二月，北周军攻下信都，俘获北齐任城王高湝，这是北齐最后一支强大的军队了，此后，退保马邑的北齐范阳王高绍义也被击败，北齐此时就彻底灭亡了。

北周武帝在灭齐时联合了南朝陈的力量，趁着北齐被北周进攻，南陈大将吴明彻夺取了北齐的淮南之地。然而南陈国小贫弱，这次联合简直是与虎谋皮。果然，北齐灭亡不久，雄才大略的北周武帝就派大军南下，夺了陈朝还没焐热的淮南之地。北周的土地一时之间南及长江，东吞中原，成了比北魏还巨大的庞然大国。

可惜天不假年，灭齐一年后（578），宇文邕本来还想亲率大军北伐突厥，可是行军途中他就病死了。北周于是传到宇文邕的儿子宇文赟（yūn）手里，宇文赟就是北周宣帝。宇文邕虽死，但北方统一南方的功业，其实只差临门一脚了，可惜的是，宇文赟实在没继承父亲的多少英明勇武，这临门一脚竟然被一个外戚完成了，偌大的国家也成了外姓的嫁衣。

时间 566—589

28 北伐不成，躺平填词

> 后主生深宫之中，长妇人之手，既属邦国殄瘁，不知稼穑艰难。初惧貽危，屡有哀矜之诏，后稍安集，复扇淫侈之风。……古人有言，亡国之主，多有才艺，考之梁、陈及隋，信非虚论。
>
> ——《陈书·本纪第六·后主》

【人物】陈蒨、陈顼、陈叔宝、宇文赟、杨坚

【事件】陈顼篡夺帝位、太建北伐、陈叔宝丧国

陈朝以武立国，叔侄两代重整河山殊为不易。此后虽有恢复之志，却无雄才之主，何况户口、疆域早已远远落后北朝。陈叔宝固然是南朝灭亡的罪人，其实也是积重难返的倒霉人。

太建北伐，与虎谋皮

在北周和北齐的强弱形势急剧转变时，基本奠定了南陈版图的陈文帝走到了生命尽头。

南陈天康元年（566）五月，陈文帝陈蒨病死，遗诏太子陈伯宗继位。陈伯宗就是陈废帝，他时年不过十二三岁，没有独立掌权的可能，所以陈文帝遗命弟弟陈顼（xū）出任司徒、骠骑大将军，总领尚书职、都督中外诸军事，与刘师知、到仲举一起辅政。

在南北朝时期，这种叔伯辅政架空侄儿的案例太多了。尽管辅政大臣刘师知发觉陈顼地位和权势太大，十分忌惮，谋划将他调出京城。但陈顼识破计谋，将计就计，反而除掉了刘师知。

刘师知被除掉没多久，就有人告发另一位辅政大臣到仲举谋反。到仲举等人被赐死。陈顼于是独掌朝政。

南陈光大三年（568）十一月，陈顼逼迫太皇太后下诏废黜陈伯宗为临海王，立自己为皇帝，改元太建，改尊太皇太后为皇太后。

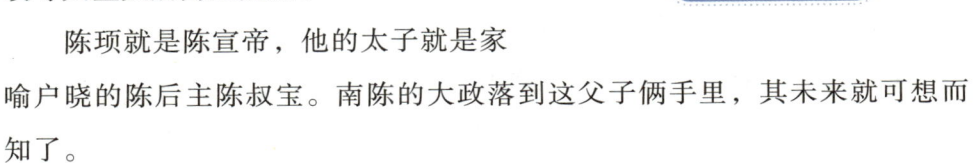

陈武帝陈霸先像

陈顼就是陈宣帝，他的太子就是家喻户晓的陈后主陈叔宝。南陈的大政落到这父子俩手里，其未来就可想而知了。

客观地说，陈顼是个有点作为的君主。他继位后，北周遣使到南朝陈，协商共伐北齐、中分天下，陈顼有些心动。南陈太建五年（573）三月，他召集群臣商议是否讨伐北齐。众大臣对此意见不一，只有大将吴明彻坚决支持，很合陈顼的心思。陈顼便任命吴明彻都督征讨诸军事，与裴忌率十万陈军讨伐北齐。因为北伐开始于太建年间，所以又称太建北伐。

从时间上看，显然南陈的北伐是早于宇文邕东征的，这体现了北周并没有和南陈中分天下的打算，而是想借南陈的军力牵制北齐，或许也有利用南陈试探北齐虚实的想法。

总而言之，此时的北齐因为政治腐败，战斗力已经大大衰弱了。同年四月，陈军将领鲁广达率军在大岘击破北齐军。程文季率陈军敢死队拔掉水障木栅，进围秦州。北齐派军援救历阳、秦州，也分别被南陈大败，被杀的北齐军不可胜计。

时间　566—589

陈　太货六铢

五月，南陈将领黄法氍（qú）率陈军攻克历阳，又进军合肥。合肥的北齐军望旗请降，秦州北齐军也投降了。此后两年间，南陈在独立作战的前提下完全收复了淮南失地。实现了战略目的后，南陈宣帝又犯了南朝北伐的老毛病——不想再北上冒险了，只想争取以淮河为界。结果反而是北方的宇文邕趁机出兵，在一年多时间里消灭了受到重创的北齐。

南陈太建九年（577）十月，陈顼听闻北周消灭北齐，这才想趁机争夺徐州、兖州，和北周以黄河为界，于是他令吴明彻率陈军北伐。陈军主要是依靠水路而来，这个弱点被北周军队利用，他们截断了陈军的后路，用障碍物阻塞水路。由于战船无法通行，北伐的吴明彻连同大军三万多将士被俘，军械全部丢失，只有猛将萧摩诃率领数千骑兵突围。没了主力军队，到了第二年冬季，南陈连收复的淮南也失去了。不过此时北周武帝宇文邕病死了，北周对南陈的军事行动于是告一段落。

宇文邕死后，继位的北周宣帝宇文赟荒淫残暴，北周大权旁落，南陈于是又苟安了数年。

南陈太建十二年（582）二月，陈宣帝陈顼死去。太子陈叔宝继位，此时北周已被权臣杨坚篡夺，改国号为隋了。隋朝在北方突厥和南方的陈朝两者之中，决定优先平定北方，南陈因此又苟安了数年之久。

可惜的是，继位的陈后主陈叔宝荒淫奢侈，完全没有抓住这难得的机会，陈朝未来将面对的，便只能是杨坚整合整个北方所得的雄兵了。

躺平填词的陈后主

陈叔宝是陈顼的长子，继位时应该有三十岁了。他自幼在深宫长大，完全脱离了父辈和祖辈熟悉的金戈铁马，对政治和百姓生活一窍不通。他的爱好只有文学和美酒，身边围着一群陪他玩乐的文人幕僚。

陈叔宝是个风雅的贵公子、杰出的词人，喜爱文艺，经常举办文学宴会，在他当太子的十几年里，身边汇聚了一大批文人骚客，他自己就是东宫文人的领袖。

陈叔宝的皇位来得其实很不容易，他的弟弟陈叔陵有篡位之心，在父亲陈顼刚刚去世的病榻前，陈叔陵就公然向侍臣要剑。没有得到宝剑，他就用挫药的刀趁着陈叔宝在灵柩前大哭时刺杀陈叔宝，这一刀砍到了陈叔宝的颈部。可能是挫药刀确实不适合砍杀，陈叔宝并没有死，在母后和乳母的救护下，他惊险逃脱。陈叔陵刺杀不成，结局自然可想而知了。而陈叔宝受伤很重，在承香殿内养了很久的病，其间，朝政全委托给太后处理。由于养病期间张贵妃一直陪在他身边，所以陈后主很宠爱这个妃子。张贵妃就是张丽华，是南北朝有名的美人。

风流多情的陈后主，除了张贵妃外还坐拥大量美人，自然看不起南陈开国以来的朴素风气。他嫌皇宫简陋，就在临光殿前新建临春阁、结绮阁、望仙阁。这些阁楼非常豪华，窗牖、墙壁、栏槛都是用檀木做的，有金玉珠翠作装饰。陈叔宝居住在临春阁，张贵妃居住在结绮阁，龚、孔二贵嫔居住在望仙阁。这些楼阁花费了大量国家财产，为了满足陈后主奢侈的生

玉树后庭花

陈叔宝

丽宇芳林对高阁，
新妆艳质本倾城。
映户凝娇乍不进，
出帷含态笑相迎。
妖姬脸似花含露，
玉树流光照后庭。

时间　566—589

活，陈朝官吏迅速腐化，残暴地剥削百姓。陈朝的户口数、疆域面积不如南朝的任何一个朝代，可是搜刮百姓的程度却冠绝南朝，稍微有点儿家资的百姓动辄被污蔑为盗贼，被抓进牢狱，必须缴纳所有财产才能保命。

而陈叔宝却天天与张贵妃等人厮混，全不管民生疾苦，朝政于是逐渐荒废。

等到北朝平定了突厥边患，大举入侵之时，沿边州郡守将都已经将隋军入侵的消息飞报到南朝的朝廷，陈叔宝却还没想着抵御。他一面依旧喝酒写诗词作乐，一面笑着对身边人说："北齐军三次侵犯，北周军两次进犯，不都惨败而归吗？大家觉得是为什么？"宠臣孔范深知陈叔宝心意，趁机应和说："长江是天堑，自古是隔断南北的天然边界，难道如今的隋军能飞过来吗？什么敌情？分明是守边的将领夸大其词想骗功劳呢！小臣总是觉得官儿太小了，要是敌人胆敢渡江，我就一定能立功当上太尉！"陈叔宝哈哈大笑，让手下的歌姬接着奏乐，接着舞蹈。

主君如此荒诞，南陈本身的户口又不过南朝全盛时期的一小半，如何能抵挡北朝的横贯长江的万千大军呢。更何况隋军军纪严明，秋毫无犯，连南朝的百姓也没有心情替这位词帝抗敌了。

随着前线战势的逐渐恶化，陈叔宝再不谙世事也明白国家将亡，可他却躺平了：六神无主，日夜啼泣，将朝政交给施文庆处理。陈军毫无斗志，屡战屡败，将领纷纷投降隋军。

最终，隋军攻入宫里，从一口枯井中捉住陈叔宝、张贵妃、孔贵嫔等人。隋军一面扫荡残敌，令陈叔宝写信招降陈朝未降将领，一面收图籍、封府库，顺利地接管了南陈的半壁江山。捉到陈叔宝后，北朝接受了他的投降，让他在洛阳当了个富家翁，一直到病死。可

北周　玻璃碗

他的爱妃张丽华及施文庆、沈客卿、阳慧朗、暨慧景等宠臣则在被捉后一一杀掉了。

风流一生的陈后主，没有治理好自己的国家，却和麾下的文人对中国诗歌的格律发展做出了巨大贡献。不过由于他荒唐的事迹，他的得意之作，音律意境均美的《玉树后庭花》，自此却成了亡国之音的代名词。

帝鉴图说·玉树新声

5 没谱的儿子和"靠谱"的丈人

说回北周。自从北周武帝宇文邕死后，太子宇文赟继位。宇文邕在世时，其实非常重视培养太子，每次外出视察，常常让他监理朝政，在为母居丧期间，还诏命他总理朝政五十天。每次朝见，宇文邕对太子的行为举止要求都和大臣一样严格。

当时北周法律禁止喝酒，而宇文赟特别喜欢喝酒。对于儿子的这个爱好，宇文邕非常严厉地进行纠正，多次用棍棒、鞭子痛打儿子，甚至愤怒地说："以前被废掉的太子多的是。我其余的儿子难道不能做太子吗？"

可能是重压产生了反效果，宇文赟害怕父皇的威严，父皇在世时自然每天言行举止都按照规定来表演，可是宇文邕一去世，他就彻底放飞自我了。

原本，按照皇帝继位的礼法，宇文赟需要为宇文邕守孝一个月左右。但宇文赟不在乎什么传统规定，他在宇文邕死后第二天登基，第十天将父

亲下葬，然后就脱掉孝服，举行大规模登基庆典。

登基后，宇文赟很快就开始沉湎酒色。他嗜酒如狂，早晨是醉的、傍晚是醉的，几乎天天在醉乡。他非常好色，下令搜刮天下美女充实后宫，一进后宫能厮混一二十天不出来，其间政事自然完全不听。他还下令全天下的妇女除了在宫里的，一律不许施用粉黛，并且把法条里规定的刑罚大大加重，名曰《邢经圣制》，动辄打人一二百杖，把人活活打死。为尽情享受，他大肆装饰宫殿，派亲信监视大臣的言行。皇叔宇文宪劝导他，他直接杀掉宇文宪，令宗室们都战战兢兢。

过了一段自由自在的日子，宇文赟发现朝野对他非常不满，就在北周大成元年（579）二月禅位给长子宇文阐，改年号大象，自称天元皇帝，住处称为"天台"，对臣下自称为"天"。宇文阐就是北周静帝。

嵌珍珠宝石金项链

接下来，宇文赟又在全国大选美女，充实后宫，过着灯红酒绿的生活。由于纵欲过度，嬉游无度，宇文赟的健康情况迅速恶化，580年的一天，在一次深夜喝酒后，宇文赟遭到雷电惊吓，竟死在了天德殿。

当时，在位的皇帝宇文阐其实只是一个八岁大的孩子，是断然不可能接管北周大权的。于是宇文赟病死那天，他的亲信刘昉、郑译伪造诏书，让杨皇后的父亲杨坚受"遗命"辅佐朝政。杨坚执政后迅速篡取北周的国家权力，短短一年，北周大定元年（581）二月，宇文阐就被迫宣布"禅让"皇位给杨坚。杨坚在临光殿继位，国号为隋，改元开皇，大赦天下。

中外对比

580—588，杨坚吞并南陈、后梁，统一天下。
570—632，穆罕默德创立伊斯兰教。

杨坚也就是隋文帝。

杨坚改朝换代，当然有很多北周宗室和贵族不服。为了对付他们，杨坚花了不少心力，具体我们将在下一册隋唐部分详细讲述，在南北朝阶段，我们主要讲解一下杨坚这个人。

杨坚出身于关中世族门阀弘农杨氏，是随国公杨忠的嫡子。杨忠是在武川镇长大的，所以杨家也是六镇关陇集团的一员。凭着这些资历，杨忠官至掌握西魏最高军权的十二位大将军之一。凭着外戚身份、家族势力，杨坚才有了控制北周朝政的资本。

杨坚这个人和陈叔宝可能是相反的类型。陈叔宝轻浮风流，喜欢华美的事物，杨坚则稳重务实，非常节俭朴素。陈叔宝醉心风月，无心国事，杨坚则胸怀大志，有统一南北的想法。这样一个务实靠谱的权臣，继承了宇文邕统一北方的基础，继续发扬府兵、均田，消灭掉仅仅占据一隅、拥有天下人口少数的南陈自然是情理之中了。

杨坚在灭陈后曾经这样评价陈叔宝："此败岂不由酒？将作诗功夫，何如思安时事？当贺若弼度京口，彼人密启告急，叔宝为饮酒，遂不省之。高颎（pín）至日，犹见启在床下，未开封。此亦是可笑，盖天亡也。"

大意就是陈叔宝喝酒作诗误事，被灭国纯粹是连老天都看不下去他的荒诞，如果把那些写诗的工夫拿来思考时事不是更好？

两相对比之下，隋、陈两朝的主君风貌简直跃然眼前了。

南朝 人骑兽形铜灯

北朝世系表

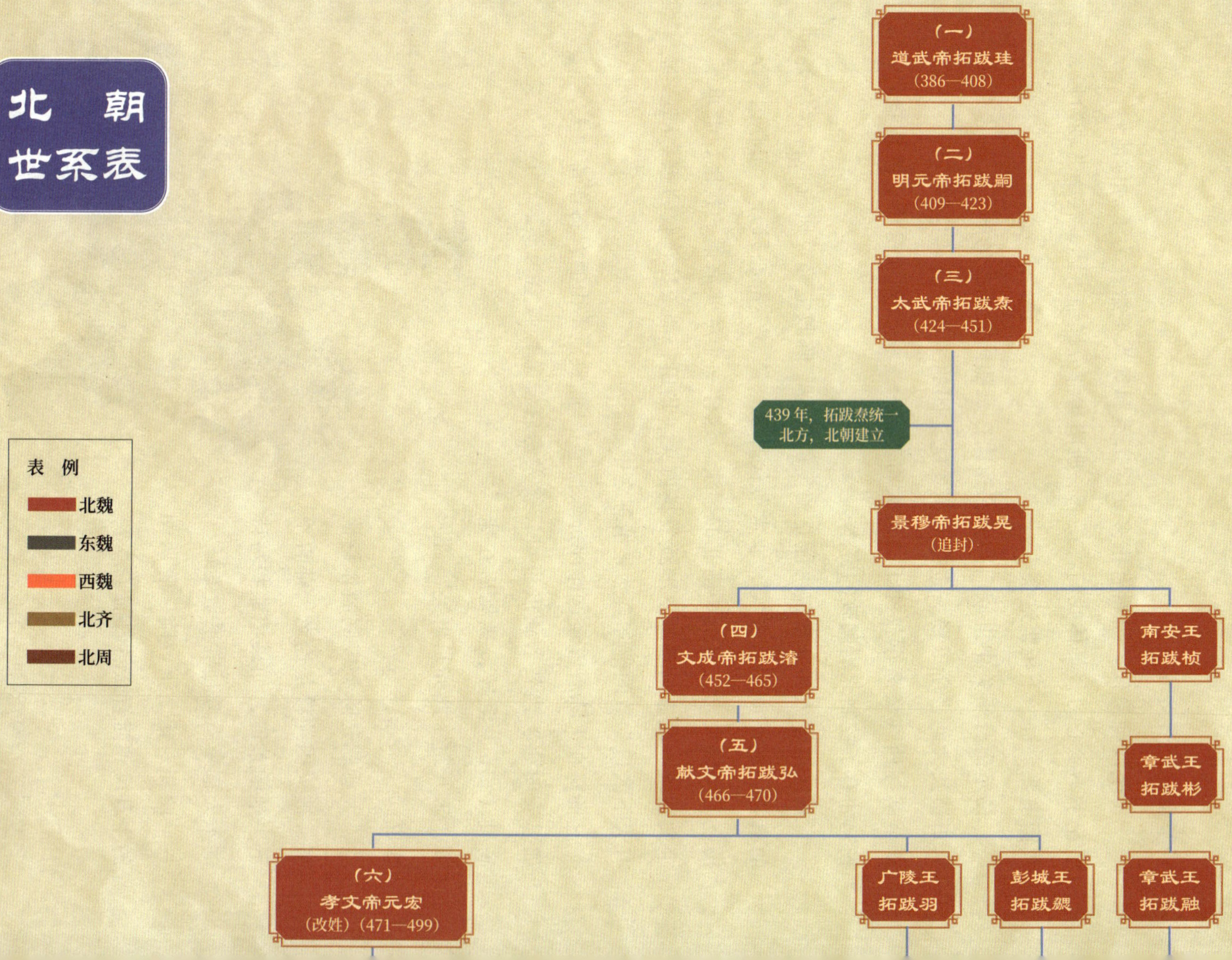

- (一) 道武帝拓跋珪 (386—408)
- (二) 明元帝拓跋嗣 (409—423)
- (三) 太武帝拓跋焘 (424—451)

439年，拓跋焘统一北方，北朝建立

- 景穆帝拓跋晃 (追封)
  - 南安王拓跋桢
  - 章武王拓跋彬
  - 章武王拓跋融
  - 彭城王拓跋勰
  - 广陵王拓跋羽
  - (四) 文成帝拓跋濬 (452—465)
    - (五) 献文帝拓跋弘 (466—470)
      - (六) 孝文帝元宏 (改姓) (471—499)

表例：北魏　东魏　西魏　北齐　北周

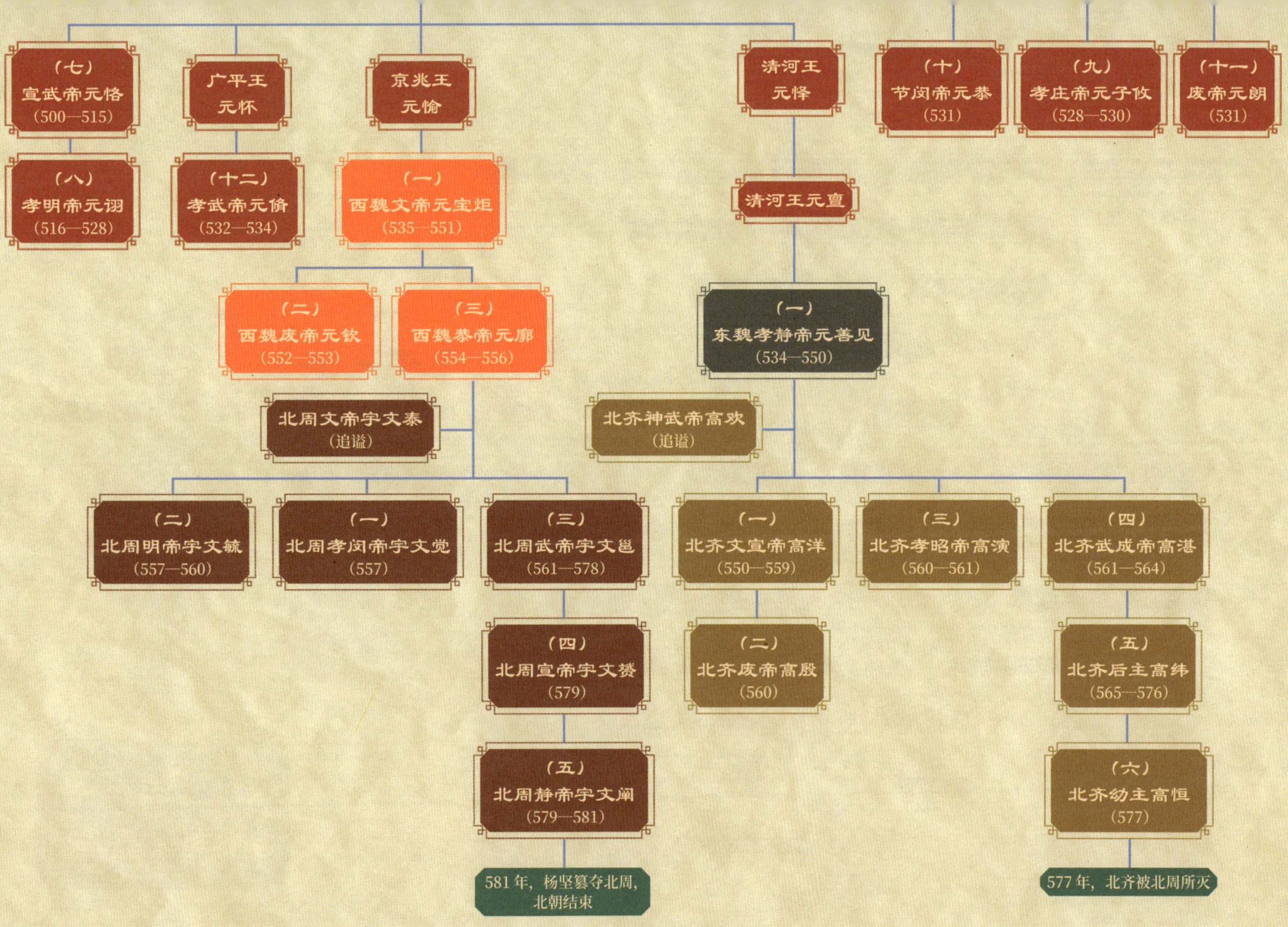

北朝世系图

北魏（续）

- （十一）废帝元朗（531）
- （九）孝庄帝元子攸（528—530）
- （十）节闵帝元恭（531）
- 清河王元怿
- 清河王元亶
- 京兆王元愉
- 广平王元怀
- （七）宣武帝元恪（500—515）
- （八）孝明帝元诩（516—528）

东魏

- （一）东魏孝静帝元善见（534—550）
- 北齐神武帝高欢（追谥）

北齐

- （一）北齐文宣帝高洋（550—559）
- （二）北齐废帝高殷（560）
- （三）北齐孝昭帝高演（560—561）
- （四）北齐武成帝高湛（561—564）
- （五）北齐后主高纬（565—576）
- （六）北齐幼主高恒（577）

577年，北齐被北周所灭

西魏

- （一）西魏文帝元宝炬（535—551）
- （十二）孝武帝元修（532—534）
- （二）西魏废帝元钦（552—553）
- （三）西魏恭帝元廓（554—556）
- 北周文帝宇文泰（追谥）

北周

- （一）北周孝闵帝宇文觉（557）
- （二）北周明帝宇文毓（557—560）
- （三）北周武帝宇文邕（561—578）
- （四）北周宣帝宇文赟（579）
- （五）北周静帝宇文阐（579—581）

581年，杨坚篡夺北周，北朝结束

魏晋—南朝世系表

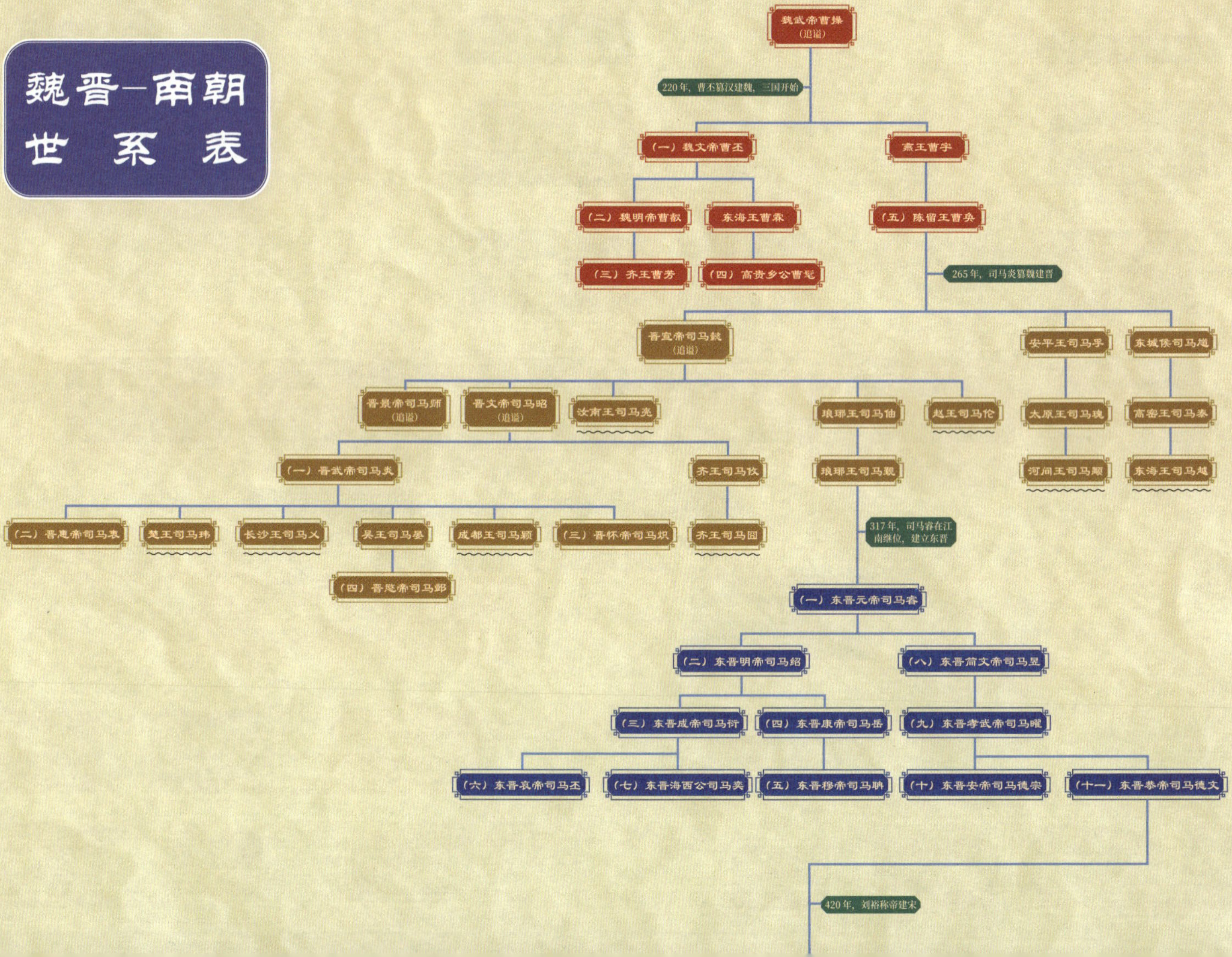

魏

- 魏武帝曹操（追谥）
  - 220年，曹丕取代汉魏，三国开始
  - （一）魏文帝曹丕
    - （二）魏明帝曹叡
    - （三）齐王曹芳
    - （东海王曹霖）
      - （四）高贵乡公曹髦
  - （五）陈留王曹奂
  - 宾王曹宇

265年，司马炎取代魏建晋

晋

- 晋宣帝司马懿（追谥）
  - 晋景帝司马师（追谥）
  - 晋文帝司马昭（追谥）
    - （一）晋武帝司马炎（追谥）
      - 毗陵王司马轨
      - 琅琊王司马觐
        - （一）东晋元帝司马睿
          - 317年，司马睿在江南继统，建立东晋
          - （二）东晋明帝司马绍
            - （三）东晋成帝司马衍
              - （五）东晋哀帝司马丕
              - （六）东晋海西公司马奕
            - （四）东晋康帝司马岳
              - （五）东晋穆帝司马聃
          - 东晋简文帝司马昱
            - （九）东晋孝武帝司马曜
              - （十）东晋安帝司马德宗
              - （十一）东晋恭帝司马德文
      - 毗陵王司马轨
      - （二）晋惠帝司马衷
      - 秦王司马柬
      - （四）晋愍帝司马邺
      - 长沙王司马乂
      - 成都王司马颖
      - 楚王司马玮
      - （三）晋怀帝司马炽
      - 吴王司马晏
      - 安平王司马孚
      - 太原王司马瑰
      - 河间王司马顒
      - 东莱王司马蕤
      - 梁王司马肜
      - 东海王司马越

420年，刘裕称帝建宋

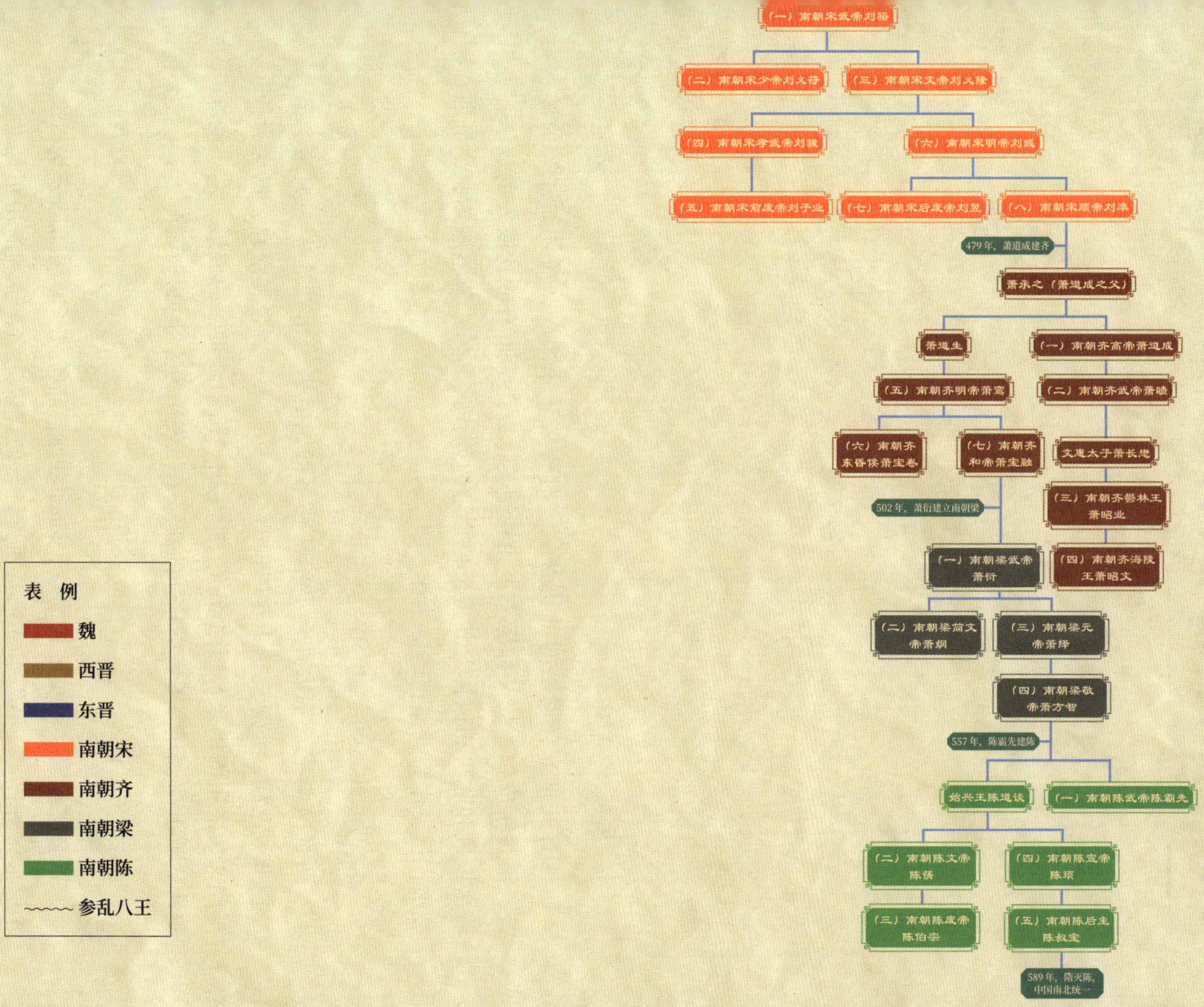

南朝世系图

南朝宋
- (一) 宋武帝 刘裕
- (二) 宋少帝 刘义符
- (三) 宋文帝 刘义隆
- (四) 宋孝武帝 刘子业
- (五) 宋前废帝 刘子业
- (六) 宋明帝 刘彧
- (七) 宋后废帝 刘昱
- (八) 宋顺帝 刘准

479年，萧道成篡宋

南朝齐
- 齐承之（齐成之父）
- 齐成生
- (一) 齐高帝 萧道成
- (二) 齐武帝 萧赜
- 文惠太子 萧长懋
- (三) 齐郁林王 萧昭业
- (四) 齐海陵王 萧昭文
- (五) 齐明帝 萧鸾
- (六) 齐东昏侯 萧宝卷
- (七) 齐和帝 萧宝融

502年，萧衍建立南朝梁

南朝梁
- (一) 梁武帝 萧衍
- (二) 梁简文帝 萧纲
- (三) 梁元帝 萧绎
- (四) 梁敬帝 萧方智

557年，陈霸先代梁

南朝陈
- (一) 陈武帝 陈霸先
- 始兴王 陈道谈
- (二) 陈文帝 陈蒨
- (三) 陈废帝 陈伯宗
- (四) 陈宣帝 陈顼
- (五) 陈后主 陈叔宝

589年，陈灭亡，中国南北统一

图例
- 魏
- 西晋
- 东晋
- 南朝宋
- 南朝齐
- 南朝梁
- 南朝陈
- 参乱八王

时间 265—589

附录 两晋南北朝文学史大事年表

两晋南北朝

两晋南北朝文学上起汉末建安，是一种酝酿着新变化的时代文学。比起前代的文学，两晋南北朝的作家开始把文学和学术分开，细致地对文学体裁分门别类，并且对文学审美有了富于个性的追求。当时的文学创作者往往依附于宫廷，具有随朝代而变化的鲜明风格，然而其间文学成就最高的陶渊明却不属于任何宫廷群体。在这一期间，五言古诗达到了高峰，而辞赋则有了骈俪小赋这种新的发展形式。没有这段时期的酝酿，就不能有唐代文学的全面兴盛。

潘岳（247—300）

西晋文学家，诗赋与陆机并称，时有"陆才如海，潘才如江"的美誉。潘岳字安仁，故又称潘安，相貌绝美，以至后世有貌比潘安的成语。潘岳诗风和陆机相似，尤其擅长悼亡诗的创作，其悼亡诗笔触细腻，低回哀婉，代表作为《悼亡诗》三首。

左思（约250—约305）

西晋文学家，字太冲，早年任秘书郎，后来退出仕途专心典籍。据《晋书》记载，左思耗费十年时间写成《三都赋》，名震京都，据说为抄写此文，洛阳的纸张都因之涨价，衍生出"洛阳纸贵"的成语。左思的咏史诗成就极高，开辟了借史咏怀的新路，代表作为《咏史》八首。

陆机（261—303）

西晋文学家。东吴陆氏之后，陆逊之孙，陆抗之子。与弟陆云均以文才惊世，时称"二陆"。陆机是西晋诗坛的代表人物，他和潘岳正是太康诗风的代表。在诗歌技巧上，陆机讲究形式，追求繁复华美的辞采，大量运用排比对偶。代表作有《赴洛道中作》《拟西北有高楼》《猛虎行》等。

刘琨（271—318）

西晋名将、诗人，字越石。刘琨早年生活豪纵，和当时名士一样爱好庄、老，后来参加卫国战争，思想因之大变。刘琨的诗歌感情深厚、风格雄峻，诗作中往往表现了募兵北上抗击汉赵的悲愤之情。代表作有《扶风歌》《答卢谌》等。

郭璞（276—324）

东晋文学家、训诂学家。郭璞擅长游仙诗，借对神仙世界的描绘，抒发自我壮志难酬的悲切。郭璞还留下了大量训诂作品，如《尔雅注》《方言注》《山海经注》《穆天子传注》等。

王羲之（303—361）

东晋书法家、著名文士。出身琅琊王氏，官至右军将军，人称王右军。王羲之喜欢交游文士，曾在永和九年（353）三月三日举行兰亭之会，参会文士共著诗歌三十七首编为《兰亭集》，王羲之记录这次盛会的《兰亭集序》成为古今名篇，标志着诗人开始留意山水审美，从山水中体悟玄理。兰亭集会因为能体现古代文人情趣而成为文坛上的津津乐道之事。

兰亭雅集（353）

王羲之于三月三日上巳节在会稽山阴兰亭集合名流、赋诗饮酒，编成《兰亭集》，并作《兰亭集序》。

陶渊明（365 或 372 或 376—427）

东晋诗人，名潜，字元亮，谥靖节，号五柳先生。诗歌多描写田园风光和农村生活，表达厌恶污浊官场，向往太平盛世的心意，是田园诗歌的开创者。作品中有很多哲理成分，表达了对人生短暂的焦虑和乐天安命的观点。代表作有《饮酒》《归园田居》《桃花源记》《归去来兮辞》《五柳先生传》《闲情赋》等。

时间　265—589

干宝（？—336）

东晋文史大家，字令升，在东晋元帝时曾负责修国史，著有《晋纪》，享誉一时，但现在已经亡佚。干宝还爱好阴阳术数的学问，喜欢搜集灵异的故事，合编为《搜神记》，是中国古代神话传说的集大成之作，开创了神话小说的先河。

谢灵运（385—433）

南朝宋诗人，淝水名将谢玄之孙，小时候寄养在外，所以族内称其客儿，世称谢客。晋时封康乐公，故称谢康乐。其诗歌多描写会稽、永嘉、庐山的山水盛景，其语言精丽、描写传神，是中国山水诗歌的开创者。代表作为《登池上楼》。

刘义庆（403—444）

南朝宋文学家，字季伯。刘义庆是刘宋的宗室子弟，获封临川王，他爱好文学喜欢招纳文人雅士，撰有小说集《世说新语》，记录了从汉末到魏晋士大夫群体的言谈逸事一千多则，是魏晋南北朝志人小说的代表作，这种形式也称为笔记体。刘义庆是笔记体小说的开创者。

陶潜辞官（405）

陶渊明辞去彭泽令职位，返回故乡，作名篇《归去来兮辞》。

鲍照（约414—466）

南朝宋文学家，字明远，曾在临海王帐下任参军，故称鲍参军。鲍照出身寒微，对士族专权寒门无望的现状极为愤懑，诗歌中融入了大量的反抗精神。鲍照擅长乐府诗、七言诗，创造了以七言为主的歌行体，对李白、岑参等唐代诗人颇有影响，代表作有《拟行路难》十九首。

郦道元（约420—537）

北魏地理学家、散文家，字善长。郦道元博闻好学，曾经游历天下在各地考察河流和水道变迁以及城池兴废的地理现象。他根据自己的见闻和考证，为古代记录水的专著《水经》作注，这些注文就是中国古代地理名著《水经注》。《水经注》的内容其实在《水经》的二十倍以上，完全是一部独立的著作，记载了一千二百五十二条大小水道，引用书籍四百三十七种，文笔绚丽，文学价值极高，是中国游记文学的典范。

沈约（441—513）

南朝梁文学家，字休文。沈约是永明体代表诗人，永明体是中国新体诗形成过程中的重要产物。古体诗和新体诗的主要差别在于声律和对偶的讲究，而沈约是极大地发展了声韵理论的人，著有《四声谱》，提倡将声韵知识自觉地运用到诗文创作。

陶弘景（456—536）

南朝齐的道教思想家、医学家。曾在萧齐任左卫殿中郎将，后寻师学道，隐居茅山，创立茅山派。梁武帝经常向他咨询朝中大事，时称"山中宰相"。陶弘景的文学水准也很高，其《答谢中书书》是六朝山水小品名篇。

谢朓（464—499）

南齐诗人，字玄晖。官至宣城太守，时称"谢宣城"。谢朓是永明体成就最高的诗人，擅长描写自然景色。谢朓还以永明体的形式发展了山水诗，他的山水诗既有谢灵运细致、清新的特点，又有情景交融的深刻，所以后人称谢灵运为"大谢"、谢朓为"小谢"。代表作有《晚登三山还望京邑》，其诗中多有警句，是李白所推崇的诗人。

吴均（469—520）

南朝梁文学、史学大家，字叔庠。其诗文创作擅长写景抒情，文风清新，当时被人们称为"吴均体"。著有《吴均集》《齐春秋》等作品。

庾信（513—581）

北周文学家，字子山。曾任西魏开府仪同三司，时称庾开府。庾信等江左文人在西魏攻破江陵后被带至北方，导致齐梁文学的北传。随西魏北上是庾信文风的分水岭。在南朝时，庾信的文章不离风花雪月，到北朝后，他心念故国开始意识到国家和个人命运的更广阔层次，接受了北方劲健的风气，创作了《拟咏怀》二十七首。所以古人称"庾信文章老更成"。

《敕勒歌》（546）

北朝民歌《敕勒歌》作于此年，《敕勒歌》本为鲜卑语民歌，后来才翻译为南朝齐的语言。